«SAGGI»

DANIEL ESTULIN

# ISIS S.P.A.

Traduzione di Andrea Mazza

Sperling & Kupfer

Foto dell'inserto: © Mohamed Dahir/AFP/Getty Images, © Ben Hider/Getty Images, © Eric Drapper-White House/Getty Images, © Jim Watson/AFP/Getty Images, Pixabay, © AFP/Getty Images, © Giorgio Cosulich/AFP/Getty Images, © Eric Vandeville/Gamma-Rapho via Getty Images, Archivio dell'autore. Nell'impossibilità di rintracciare tutti i detentori dei diritti delle immagini, l'editore resta a disposizione per eventuali segnalazioni.

Realizzazione editoriale a cura di Valentina Castellani.

*Fuera de control*
© Daniel Estulin, 2015
© Editorial Planeta, S.A., 2015
Originally published in Spain by Editorial Planeta
Chapter 4 copyright © Daniel Estulin, 2016
© 2016 Sperling & Kupfer Editori S.p.A.
by arrangement with Il Caduceo Agenzia Letteraria
and Antonia Kerrigan Agencia Literaria

ISBN 978-88-200-6093-0

I Edizione settembre 2016

Anno 2016-2017-2018 - Edizione 1 2 3 4 5 6 7 8 9 10

*A Lorena, per sempre*

# Indice

# Introduzione

TANTO per cominciare, la «guerra globale contro il terrorismo» è un'invenzione basata sulla bugia, e sull'idea sbagliata, che un solo uomo come Osama bin Laden sia stato più furbo dei servizi di intelligence statunitensi, forti di un bilancio annuo di 40 miliardi di dollari. La «guerra contro il terrorismo» è una guerra di conquista. La globalizzazione è la volata finale verso il «Nuovo ordine mondiale», o verso l'«Impresa Mondiale S.p.A.», entrambe sotto il dominio di Wall Street, della City londinese e dell'apparato militare-industriale.

Avete notato che, ovunque ci sia un Paese con un governo indipendente e dotato di riserve petrolifere, risorse finanziarie, agricole o strategiche che non si sia ancora sottomesso al controllo delle multinazionali, viene prontamente lanciata una campagna guidata dagli Stati Uniti per distruggerlo? «Iran, Iraq, Afghanistan, Palestina, Egitto, Libia e Siria vivono questa situazione sulla propria pelle da anni, dal rovesciamento del presidente socialdemocratico iraniano Mossadeq nel 1953 fino all'attuale esempio dello Stato siriano, spazzato via con le sue politiche sociali e la sua relativa autonomia. Il Libano era una delle nazioni più progredite del Medio Oriente, finché Israele lo attaccò nel 1982: da allora è dilaniato dalla guerra

1

civile. Lo Stato sociale iracheno, che brillava nella regione per la sanità, l'istruzione, i servizi pubblici e i sussidi agricoli e alimentari, dal 1990 si è visto imporre una guerra civile che continua ancora oggi.»[1] L'Iraq di Saddam Hussein è stato annientato perché galleggia su un mare di petrolio. Come se non bastasse, dal 2011 la Siria è stata rasa al suolo da un conflitto interno fomentato da potenze straniere.

«L'Iraq è l'esempio di come in Medio Oriente, un'area in costante cambiamento, si possano controllare le fazioni in guerra allo scopo di scippare tutti dei loro beni. Ecco così anche i bombardamenti della NATO e il rovesciamento di Gheddafi (voluto da Al Qaida e finanziato dagli americani) in Libia, un Paese ancora più avanzato dell'Iraq dal punto di vista delle infrastrutture e delle politiche sociali […]. Istigare alla guerra civile rientra nella logica del *divide et impera*, particolarmente fruttifera in nazioni come Iraq, Siria e Libia, dove uno Stato sociale ben organizzato permette condizioni di vita molto migliori che nei Paesi vicini, proni ai diktat degli Stati Uniti.»[2] Sono state tutte campagne orchestrate per scatenare la follia settaria e provocare guerre fratricide. A sua volta, il saccheggio delle risorse pubbliche a opera di finanzieri e multinazionali estere (com'è accaduto in Russia negli anni Novanta e nella ex Iugoslavia, in Iraq, Libia, Siria e Argentina negli ultimi vent'anni) diventa più facile se prima si destabilizza il tessuto sociale non solo nei Paesi vittima di queste depredazioni, ma anche in quelli che le perpetrano.

Storicamente, il «fondamentalismo islamico finanziato dagli Stati Uniti, accoppiato alla monarchia assoluta, si è impadronito di ogni potere governativo e non, come in Arabia Saudita».[3] Alla fine degli anni Settanta, la politica condotta dagli americani consisteva già nel foraggiare e armare il fanatismo jihadista in tutto il Medio Oriente perché combattesse la guerra santa contro il «comunismo» ateo in Afghanistan. Ma dopo gli attentati dell'11 settembre gli Stati Uniti e i loro alleati nella regione hanno sponsorizzato sempre più il jihadismo di ogni sorta, pur di cancellare qualunque Stato sociale opponesse resistenza alle pretese egemoniche dell'impero, condannando le proprie vittime al massacro e alla miseria.

L'espediente di scatenare una guerra civile per devastare un Paese e poi saccheggiarlo liberamente è stato finora applicato più volte, dal Pakistan all'Iraq, alla Siria, all'Africa musulmana, per non parlare del caso dell'Ucraina in piena Europa. Come vedremo, lo Stato islamico di Iraq e Siria (ISIS) è uno strumento al servizio di questa strategia. È finanziato e armato dalle stesse forze che, sotto la guida degli Stati Uniti, lo bombardano in Siria e in Iraq. Siamo alla follia pura. Al cinismo somministrato a piccole dosi a uso di ingenui e fantocci.

Certo, si inizia a nutrire qualche dubbio, quando ci si domanda come faccia un convoglio di camion giapponesi nuovi di zecca, tutti identici e carichi di terroristi, ad attraversare il deserto a passo di lumaca in pieno giorno e al tempo stesso si sentono i leader politici e militari d'Occidente proclamare che «la guerra all'ISIS rischia di essere interminabile». Dietro la cortina di fumo e gli specchi, si comincia a intravedere un universo parallelo.

Per gli Stati Uniti, la Gran Bretagna e la NATO, ma anche per gli israeliani e i sauditi, un simile spargimento di sangue su scala mondiale è un indicatore di successo, così come il «terrorismo» in Libia, Siria, Iraq o Yemen sarebbe solo la riprova della viltà e bassezza morale del nemico. La manipolazione dei fatti e il ricorso a mezzi totalitari per quel «controllo della realtà» così magistralmente descritto da Orwell in *1984* sono mascherati dietro complessi sofismi.

Che sono però ormai triti e ritriti. Quando la guerra è chiamata pace, l'oppressione e la persecuzione vengono definite sicurezza, la schiavitù è ribattezzata libertà e lo sterminio liberazione, ecco operata una corruzione del linguaggio che getta le basi per la successiva corruzione della vita e della dignità umane. Alla fine, Stato, regime, classi sociali e idee rimangono intatti: ciò che finisce a pezzi è l'esistenza delle persone.

La «guerra globale contro il terrorismo» viene spacciata per «scontro di civiltà», per un conflitto tra valori e religioni, mentre in realtà risponde a spudorati obiettivi strategici ed economici.

ISIS, Al Qaida nel Maghreb islamico (AQMI), Fratelli musulmani, talebani, Hizb ut-Tahrir (HUT), Gruppo dei combattenti islamici libici (LIFG), Ansar al-Sharia, Scudo libico, Brigata dei martiri del 17 febbraio: sono tutti frutto di politiche a lungo termine concepite a Washington e a Londra e finanziate da organizzazioni «benefiche» saudite. L'ISIS è un prototipo, uno strumento in mano agli americani per intensificare il controllo sul Medio Oriente tramite il terrore, il caos e la devastazione sociale. Finché un nemico sempre mutevole potrà essere accusato di tutti i mali, nessuno punterà il dito contro il vero colpevole. Va compreso che la minaccia terroristica dell'ISIS e dei gruppi affini costituisce la pietra angolare della dottrina militare degli Stati Uniti e della NATO. Dottrina che, dietro il pretesto di un mandato umanitario, giustifica «operazioni antiterrorismo» su scala globale.

È una questione sia geografica sia politica. Si sta creando un nuovo ordine in cui le carte vincenti sono la geografia e il denaro, perché oggi è la geografia a presiedere alle decisioni economiche. La geografia è quindi il primo indicatore da seguire per capire la politica.

Questo per una ragione ben precisa.

All'inizio degli anni Novanta, fu presa la decisione di ritirare capitali dai Paesi del G7 per investirli a livello mondiale e garantire così il prevalere degli interessi della finanza in tutto il pianeta. È il cosiddetto «golpe finanziario». Ciò che sta accadendo in Russia, Cina, America Latina, Ucraina e Medio Oriente si inquadra nella contesa che determinerà se l'Occidente, forte dell'egemonia dei petrodollari, riuscirà o meno a imporre il proprio modello.

«Il presupposto essenziale di un mondo basato sui petrodollari è consentire all'Occidente, guidato dagli Stati Uniti, di vivere a spese del lavoro e delle risorse degli altri Paesi [...], facendo leva sul ruolo del dollaro, [la cui] funzione nel sistema monetario internazionale è di operare come principale mezzo di pagamento.»[4] Ciò significa che, data l'attuale struttura del sistema monetario internazionale, il primo accumulatore di attivi è la divisa statunitense e che sostituirla non avrebbe senso.

Chi controlla il denaro non accetterebbe mai di perdere il controllo su tutto il resto. I soldi vivono di logiche proprie: questa è la regola numero uno del potere assoluto. Piuttosto che gettare la maschera, l'élite preferisce abbassare la saracinesca del sistema, pur di salvare i propri privilegi e tutelare il sistema monetario internazionale.

Eppure, i media non ne parlano. Come scrive l'attivista indiana Arundhati Roy: «Negli Stati Uniti [e in Gran Bretagna] l'industria degli armamenti e quella petrolifera, i grandi network dell'informazione e anche la politica estera sono in mano ai medesimi gruppi imprenditoriali. Sarebbe da ingenui, dunque, pretendere di sentir parlare di armi, petrolio e accordi di difesa»[5] da parte di mezzi di informazione compromessi e corrotti fino all'inverosimile. Tra le centinaia di milioni di individui esclusi, tra i milioni che hanno perso tutto, tra le centinaia di migliaia che hanno visto massacrare i propri cari, le fandonie sullo «scontro di civiltà» e «il bene contro il male» fanno facilmente presa: la loro rabbia è tanta. Si tratta di propaganda, somministrata cinicamente dai portavoce dei governi come una dose quotidiana di vitamine o antidepressivi.

Con le linee di faglia aperte dalla crisi, tra crescita zero, deindustrializzazione, scarsezza di massa monetaria, depauperamento delle risorse naturali, incombenti carestie e crisi idriche in gran parte del pianeta, siamo andati di male in peggio. Abbiamo raggiunto il picco della confusione, della menzogna e delle baggianate. E ora siamo al picco della fine. La nostra impotenza di fronte alle nuove emergenze, che sono però questione di vita o di morte, rischia di presentarci il conto.

Le forze angloamericane stanno conducendo operazioni su operazioni per provocare cambiamenti di regime, tra rivoluzioni colorate e primavere arabe, al solo scopo di dare vita a un nuovo sistema per dominare il mondo, in sostituzione di quello vecchio ormai in declino, che finora aveva garantito la supremazia all'impero finanziario con sede nella City e a Wall Street. Gli eterni conflitti armati in seno alle nazioni e la guerra tra satrapie fanno parte del piano segreto per introdurre un nuovo Medioevo che permetta di assoggettare quelli che erano Stati sovrani.

In che cosa consiste il piano?

Per almeno un secolo e mezzo la strategia dei britannici, e poi degli angloamericani, è stata quella di strumentalizzare l'involuzione etnico-religiosa del Vicino e Medio Oriente e dell'Asia centrale per garantirsi il controllo di quelle popolazioni e mantenerle in una condizione di sottosviluppo.

Il metodo dell'assassinio e della destabilizzazione era prioritario e fondamentale: l'impero angloamericano ha fatto fuori Sadat, ha tentato di far crollare l'Arabia Saudita, ha distrutto l'economia mondiale orchestrando la crisi petrolifera del 1973, per non parlare della cacciata dello scià di Persia, Mohammad Reza Pahlevi, sostituito con l'ayatollah Khomeini. Sono tutte operazioni *made in England* perché, come dimostrerò, Londra è il centro nevralgico del terrorismo islamico.

E va ricordato che la destabilizzazione della quasi totalità del Medio Oriente e dell'Asia centrale costituisce per l'asse Stati Uniti-Gran Bretagna-Israele una strategia a lungo termine già dalla fine degli anni Settanta. Pertanto, ciò di cui siamo testimoni oggi non dovrebbe sorprendere nessuno.

Questo nuovo corso in Medio Oriente mira da un lato a ridisegnare le frontiere, in un tentativo smaccato di balcanizzare i Paesi islamici, in special modo Iran, Siria, Iraq, Arabia Saudita e Turchia. Dall'altro, l'obiettivo è permettere a Israele di espandersi mediante l'annessione diretta di territori arabi, oltre alla creazione di Stati cuscinetto sotto il controllo israeliano. Non si dimentichino poi i re sauditi, vili finanziatori del terrorismo in Medio Oriente, che fingono di avere una concezione moderna del mondo mentre incarnano l'estremismo wahhabita (una delle sette più rigide e reazionarie dell'islam) più retrivo e ributtante. Hanno devoluto miliardi a cause terroristiche in tutto il pianeta e hanno sulla coscienza centinaia di migliaia di morti.

Di recente, ha destato grande scalpore l'accordo sul nucleare tra l'Iran e il Gruppo 5+1, che giunge in un momento delicato non solo per gli interessi iraniani ma per quelli del Medio Oriente in generale. In questo modo, si liberano oltre 100 miliardi di dollari iraniani congelati dalla comunità internazionale a titolo di sanzioni. Il governo israeliano ripete che quel denaro sarà usato per finanziare il terrorismo; l'Iran ribatte di essere a tutti gli effetti un membro della comunità internazionale e di avere ogni diritto di gestire le proprie risorse. Ma, soprattutto, l'accordo dimostra che oggi come oggi le amicizie durature non esistono più, sostituite da una nuova filosofia: quella dei *frenemies*, amici e nemici al tempo stesso, Paesi accomunati di volta in volta da precisi interessi geostrategici.

L'intesa raggiunta con il Gruppo 5+1 rafforza l'Iran e gli permette di accedere alla SWIFT (Society for Worldwide Interbank Financial Telecommunications). Dal canto suo, la comunità internazionale potrà disporre di un milione e mezzo di barili di petrolio in più al giorno, che faranno scendere ulteriormente le quotazioni del greggio. Questo calo penalizzerà la Russia, fatto visto di buon occhio sia dagli Stati Uniti sia dall'Europa, e gioverà anche alla Cina, Paese dal fabbisogno energetico illimitato. Per chi crede nelle teorie della cospirazione, il giorno stesso in cui è stato stipulato l'accordo con l'Iran le industrie di armamenti americane hanno firmato contratti per 6 miliardi di dollari con gli Stati del Golfo Persico. In un momento di crisi economica globale, ciò rappresenta una boccata d'ossigeno per i produttori di armi statunitensi, che garantiranno sostanziosi contributi alle casse dei Democratici in vista delle presidenziali del 2016.

Il buon esito dei negoziati con l'Iran va invece contro gli interessi di Israele e dell'Arabia Saudita. Quest'ultima non solo ha provveduto a chiedere subito le armi agli americani, ma ha anche raggiunto un accordo di collaborazione con la Russia in materia di alta tecnologia.

Però, nelle profondità della geopolitica non c'è nulla di lineare. Con le sanzioni imposte alla Russia nel 2014, le imprese statunitensi hanno perso la possibilità di fare affari con quel Paese. Tra i gruppi più penalizzati c'è ExxonMobil, che avrebbe visto sfumare un giro d'affari di un miliardo di dollari. La storica azienda della famiglia Rockefeller non è certo rimasta con le mani in mano. I campi petroliferi iraniani sono vetusti e necessitano di massicci ammodernamenti, per un ammontare di 70 miliardi di dollari. E come si chiama l'impresa incaricata di questi lavori? ExxonMobil. Pura coincidenza? Nel mondo dello spionaggio, le coincidenze non esistono. Esistono operazioni ben fatte o pianificate male. Tutto il resto sono teorie del complotto.

Nulla di quanto sopra è dovuto al caso: risponde anzi a scelte deliberate delle stesse forze che negli anni Settanta hanno orchestrato una crisi petrolifera, negli anni Ottanta hanno sospinto la deindustrializzazione e poi hanno finanziato il terrorismo internazionale e creato i talebani e Al Qaida. I conflitti che ne sono scaturiti stanno seminando il caos in Medio Oriente e potrebbero provocare a breve il collasso tecnologico e il crollo della capacità produttiva di molti Paesi, oltre allo sterminio di vasti strati di popolazione, riportando indietro l'intera regione di diverse generazioni.

Loro speravano che ci bevessimo la favola delle rivoluzioni colorate e delle primavere arabe di tutto il mondo, spacciate per spontanee manifestazioni di idealismo, motivate dal rifiuto di sottostare ancora a dittature, ingiustizie e nepotismi secolari! Tutte panzane, perché le decisioni vere venivano prese da spietate consorterie di generali e alti funzionari prezzolati o ricattati dalla CIA, che agivano dietro le quinte per rovesciare o assassinare personaggi come Ben Ali in Tunisia, Mubarak in Egitto, Gheddafi in Libia e Assad in Siria.

Pensateci. Il sistema è andato in tilt per ragioni molto più gravi di quella che si suole definire «corruzione». E non potrà riprendere a funzionare, se una guerra mondiale e un collasso economico senza precedenti abbatteranno tutti i muri che hanno finora messo al riparo l'umanità dall'impensabile. «Ci siamo focalizzati così tanto su finte priorità che i veri problemi sono passati in secondo piano e la politica si è trasformata in puro e scaltro egoismo invece di restare un servizio sincero, leale. La politica non è un fine, è un mezzo.

«La situazione è critica e ci stiamo avvicinando a un punto di non ritorno. A breve sapremo se gli Stati Uniti e il resto del mondo continueranno o meno a vivere. In più, sapremo se puntare su una società civilizzata sia un'opzione fattibile a lungo tempo o un'utopia, caso in cui i barbari sfonderanno i cancelli e si avventeranno famelici su di noi.»[6]

# 1

# Il gioco del diavolo

In questo capitolo passeremo in rassegna le tecniche impiegate dall'impero britannico nel corso del Novecento per abbattere Stati-nazione sovrani, che vanno dalle iniziative contro lo sviluppo tecnologico alla deindustrializzazione, dalla crescita zero all'istigazione di fenomeni di controcultura, dal sostegno a movimenti sufi alla creazione di organizzazioni terroristiche con obiettivi specifici in ciascun Paese. Analizzeremo anche il modo in cui l'impero si è servito delle divisioni storiche in Medio Oriente allo scopo di imporre quel nuovo oscurantismo che oggi minaccia la sopravvivenza stessa dell'umanità.

Il periodo che va dalla caduta dello scià di Persia all'insediamento dell'ayatollah Khomeini ha segnato un punto di svolta nella storia del Medio Oriente e del mondo islamico. La creazione della Repubblica islamica dell'Iran[1] è stata il primo passo per imporre gli interessi economici angloamericani[2] e la strategia dei servizi segreti inglesi, che mira a far piombare l'intera regione «in un nuovo Medioevo».[3]
Il radicalizzarsi della follia islamica (in base al modello

dell'ISIS o secondo i suoi precedenti storici, come i Fratelli musulmani, Jamaat-e-Islami, Al Qaida, Ansar al-Islam, Tehrik-e-Taliban, Lashkar-e-Jhangvi, Abu Sayyaf e Hizb ut-Tahrir, per giungere fino alle varie confraternite mistiche sufi sparse per l'Asia) è un preciso progetto della City londinese.

Per quanto riguarda la strategia della mafia islamica inglese nell'imposizione del nuovo Medioevo, bastino due constatazioni. La prima è evidente: se si continuerà a permettere alla rivoluzione islamica di seguire il suo attuale corso, il Medio Oriente finirà raso al suolo e la popolazione musulmana si ritroverà ridotta alla metà, o anche a un terzo di quella che è oggi. Inoltre, come abbiamo toccato con mano nell'ultimo decennio di rivolte popolari e conseguenti colpi di Stato, a questi rivolgimenti seguono puntualmente il collasso dell'autorità centrale, il sorgere di rivendicazioni di autonomia da parte di capi settari e tribali, quindi il saccheggio totale del Paese a opera di orde di militari sbandati.

Stando alle dichiarazioni del colonnello generale Leonid G. Ivashov, ex capo del dipartimento per la Cooperazione militare internazionale del ministero della Difesa russo e vicepresidente dell'Accademia degli studi geopolitici, «la vera molla che fa scattare simili operazioni non sono le provocazioni di Siria o Iran, né Hezbollah, e neppure lo stesso Israele. La risposta va cercata invece nell'oligarchia finanziaria mondiale, indefinita dal punto di vista politico, che lavora in modo costante e persistente per cambiare l'organizzazione politica, economica e sociale della comunità internazionale, badando solo ai propri interessi.

«Tra gli obiettivi di questa oligarchia finanziaria: distruggere una volta per tutte il modello di Stato-nazione sorto con la Pace di Westfalia del 1648 per rendere possibile una dittatura globale; preparare il terreno per un attacco all'Iran per saccheggiarne le risorse, riflesso implicito in questo genere di dittatura; ridisegnare la cartina geografica del Medio Oriente».[4]

Questi metodi sono oggi applicati in Tunisia, Libia, Siria, Egitto, Sudan, Yemen, Bahrein, Algeria, Iraq, Turchia, Pakistan e Afghanistan. La frammentazione del Medio Oriente risponde al Piano Bernard Lewis (che esamineremo più avanti), così chiamato in onore dell'orientalista dell'Università di Oxford che collaborava strettamente con i servizi segreti britannici e israeliani. Quando ancora non esistevano i talebani, Al Qaida e l'ISIS, l'élite disponeva di altri eserciti per la propria causa. Uno dei primi furono i Fratelli musulmani (Jama'at al-Ikhwan al-Muslimin), setta fondamentalista generata dai servizi segreti inglesi con il contributo essenziale di esponenti degli atenei di Oxford e Cambridge e dei circoli del Rito Scozzese della massoneria, facendo bandiera di una vecchia eresia pagana che affligge l'islam fin dai tempi del profeta Maometto, nel VI secolo.[5]

Frutto di un movimento sorto nell'Ottocento, i Fratelli musulmani sono l'organizzazione islamica più antica e più vasta in Egitto e hanno dato origine a gruppi estremisti in tutto il mondo arabo.[6] Oggi sono un punto di riferimento per numerose società e fratellanze fondamentaliste sunnite e sufi, ma anche sciite radicali.[7] Ufficialmente, sono attivi in Medio Oriente dal 1928: sarebbero nati come reazione all'abolizione del califfato da parte del riformatore turco Kemal Atatürk nel 1924.

«I Fratelli musulmani sono sorti tra i culti islamici patrocinati dagli inglesi, tra cui figuravano società segrete sufi e gruppi come i bahai. Padrino politico dei Fratelli musulmani fu Jamal al-Din al-Afghani, con i suoi discepoli 'riformisti' dell'islam e il gruppo salafita.»[8]

Secondo le parole di Robert Dreyfuss, esperto in materia, «nell'insieme, i Fratelli musulmani non appartengono

13

davvero all'islam, ma alle religioni barbariche preislamiche adoratrici della Dea Madre»;[9] derivano dal mondo del misticismo satanico, dell'alchimia, della magia nera, della fattucchieria e della stregoneria che caratterizzava l'antica Arabia, con l'adorazione delle dee Allat, Uzza e Manat, a loro volta tributarie di culti più antichi come quello di Iside, Osiride, Apollo e la Grande Madre.

«I Fratelli musulmani non esisterebbero se gli orientalisti di Oxford e Cambridge non avessero indottrinato e blandito gli elementi della cultura musulmana più retrogradi e reazionari dal punto di vista epistemologico. Lungi dal rappresentare una vera espressione della storia e della cultura musulmane, il parassitismo della Fratellanza è frutto di un paziente lavoro di organizzazione del mondo islamico da parte di agenti dei servizi segreti come Arnold J. Toynbee,[10] Harry St. John Bridger Philby,[11] T.E. Lawrence, E.G. Browne[12] e molti altri ancora».[13]

In questo processo ha avuto una funzione chiave un piano inglese, vecchio di un secolo, che ambiva a spiegare così il declino dell'islam: secondo Londra, la decadenza e il crollo – e il successivo soggiogamento alle potenze imperialiste – del mondo islamico si dovevano a una debolezza intrinseca, a un presunto «difetto» della psiche musulmana. A furia di ripetere simili tesi, la mafia londinese degli pseudorientalisti è riuscita a inculcarle nella testa degli intellettuali musulmani. Per raggiungere il suo obiettivo, si è alleata con ciò che restava delle religioni preislamiche nella regione.

«Gli orientalisti britannici e gli specialisti di intelligence anglogesuiti ritennero utile usare le tradizioni 'nere' dell'islam (culti e confessioni misteriche) come strumento per imporre un'involuzione proprio mentre l'impero britannico cominciava a espandersi nel mondo islamico. Facendo leva sull'alleanza tra oscurantisti islamici e culti spirituali da un lato, e dall'altro sulla 'nobiltà nera' dell'oligarchia europea – che ha le sue origini all'epoca della quarta crociata –,[14] gli orientalisti inglesi dell'Ottocento promossero la crescita e lo sviluppo di un susseguirsi di culti istituzionali che servirono da base per la costituzione dei Fratelli musulmani e della loro progenie.»[15]

Va da sé che nessuna di queste operazioni avrebbe avuto la minima probabilità di successo se non fosse stata spalleggiata e finanziata dalle élite del potere. E che ad avere contribuito più di chiunque altro a unire questi jihadisti dispersi e poco organizzati, facendoli prosperare, siano stati i servizi segreti di Sua Maestà. Dai Fratelli musulmani ad Al Qaida, all'ISIS, quell'iniziale sostegno britannico alla Fratellanza ha finito con l'ottenere «la globalizzazione del terrorismo, che ha accolto sotto le sue insegne un'eterogenea galassia di gruppi armati sunniti, ampiamente identificabili come salafiti, più la pillola avvelenata dell'Arabia Saudita, i wahhabiti. Tutte forze che hanno avuto un ruolo di primissimo piano nell'ascesa dei Fratelli musulmani in Egitto, dopo il crollo del regime di Mubarak, con l'insediamento al Cairo di Morsi, ingegnere egiziano che ha studiato negli Stati Uniti».[16]

Il nucleo della rete dei Fratelli musulmani controllata dai servizi segreti britannici è costituito dalla Federazione delle organizzazioni islamiche in Europa, con sede a Londra, che funge da coordinatrice; il Consiglio islamico d'Europa;[17] la Fondazione islamica, di stanza in Inghilterra e diretta da Khurshid Ahmad, che costituisce il principale collettore dei finanziamenti provenienti dall'intelligence inglese e dagli Stati arabi del Golfo, primi fra tutti Kuwait e Arabia Saudita; la Fondazione Hanns Seidel, con sede a Monaco di Baviera, in passato guidata da Otto von Habsburg, della potente dinastia degli Asburgo.[18]

I finanziamenti ricevuti da queste organizzazioni per

condurre attività ricollegabili ai Fratelli musulmani provengono principalmente da due fonti. «Parte del capitale arriva
direttamente dalla Gran Bretagna, specie dall'aristocrazia
della Camera dei Lord, ma anche da banche e aziende di
grande rilievo nel Regno Unito. Tra queste figurano molte
istituzioni spesso identificate come sioniste, per esempio
il gruppo finanziario Lazard Frères.[19] Tuttavia, il grosso dei
fondi per la Fratellanza giunge da ambienti legati alla Gran
Bretagna in Arabia.»[20] «In passato, il denaro veniva passato
tramite il re saudita Abdullah e l'emiro del Kuwait, Saad al
Abdullah al-Sabah.»[21]

## Il CAABU e il MECAS

Con il rovesciamento del presidente egiziano Mohamed
Morsi nel 2013, si potrebbe avere l'impressione che i Fratelli
musulmani abbiano perso un po' del loro smalto: nulla di
più falso. La destabilizzazione di interi Paesi e del Medio
Oriente in generale prosegue, anche se in modi più subdoli,
il che rende la Fratellanza ancora più pericolosa.

Per capire quali forze la sostengano da Londra, occorre
soffermarsi su due classici pilastri dell'imperialismo britannico. «Il primo è il Council for Arab-British Understanding
(CAABU); il secondo, chiuso di recente dopo trentacinque
anni di attività, è un suo ente apparentato, il Middle East
Center for Arab Studies (MECAS). Quest'ultimo fu costituito
nel 1944, sotto l'egida del Royal Institute of International
Affairs (RIIA); il fondatore fu Abba Eban, poi diventato ministro degli Esteri e vice primo ministro israeliano. Il MECAS
aveva sede a Shemlan, nella periferia sud di Beirut, ed era un
centro di formazione dei funzionari dell'intelligence e del
ministero degli Esteri inglesi dislocati in Medio Oriente.»[22]

Il Royal Institute of International Affairs, o Gruppo della

Tavola rotonda, è l'emanazione di una società segreta creata dal magnate Cecil Rhodes con lo scopo di unire il mondo (a iniziare dalle colonie di lingua inglese) sotto la guida di un'élite di illuminati come lui. Il ramo statunitense prende il nome di Council on Foreign Relations (CFR), il più potente comitato di esperti in traffico di influenze.

«Al progetto MECAS erano legate figure di spicco in Gran Bretagna [...]. A partire dal 1940, ha formato centinaia di funzionari e agenti dell'intelligence inglese, insegnando loro la lingua, la storia e la cultura dei Paesi arabi. Fra gli ex studenti e gli ex docenti del centro figurano, tra gli altri, sir John Bagot Glubb, noto come Glubb Pascià, e suo figlio Faris; George Kirk, del RIIA; A.J. Wilton, ambasciatore britannico in Arabia Saudita; Kim Philby; sir Donald Maitland e il colonnello Bertan Thomas. Tra i membri di spicco compaiono anche i Lawrence d'Arabia contemporanei che hanno fondato il CAABU.

«L'elenco di imprese e banche inglesi che hanno sostenuto il CAABU nei decenni sembra il *Who's Who* dell'imperialismo: Barclays Bank, British Aircraft Corp., British Bank of the Middle East, Lazard Frères, Lloyd's International, Lonrho, National Westminster Bank, Rolls-Royce e Unilever. La Anglo-Arab Association di Glubb Pascià risulta legata sia al CAABU sia al MECAS. Glubb, ex comandante della Legione araba di Giordania, era una figura molto influente tanto in Gran Bretagna quanto in Medio Oriente. CAABU, MECAS, Anglo-Arab Association e Middle East International School racchiudono in sé l'élite che sostiene la struttura operativa dei servizi segreti che controlla i Fratelli musulmani.»[23]

Negli anni Settanta esistevano prove dirette che i circoli del CAABU costituissero il tramite dei Fratelli musulmani nell'Europa continentale. Robert Dreyfuss afferma che «ad Aquisgrana, la cosiddetta moschea Bilal,[24] legata al Consiglio islamico, [...] nel 1978 ha fatto da centro di coordinamento in occasione del complotto per destabilizzare l'Iran tramite Khomeini e i Fratelli musulmani, smistando da Parigi e Londra gli agenti dell'ayatollah in tutta Europa e in Medio Oriente. In questo caso, i canali utilizzati consistevano principalmente di gruppi islamici estremisti composti da studenti».[25]

Ma il contributo più determinante dei Fratelli musulmani all'impero britannico è stato la diffusione tra le masse egiziane e arabe, e nel mondo studentesco in particolare, di un estremismo oscurantista, della xenofobia e di un movimento anticulturale. Con l'emergere del sionismo, come vedremo a sua volta patrocinato da Londra, «i Fratelli musulmani si sono tramutati nel principale strumento di un antisemitismo agitatore e di un ingannevole nazionalismo islamico, che ha richiesto agli inglesi di mediare continuamente tra le fazioni in conflitto, tra arabi ed ebrei».[26] Basti pensare agli effetti della cosiddetta «rivoluzione» di Al Qaida e dell'ISIS in Afghanistan, Iraq e Siria sulle menti delle popolazioni musulmane, specie i giovani. Al suono dei diabolici canti dei seguaci di questa follia, si stanno distruggendo il pensiero e la creatività di un'intera generazione.

È indubbiamente questo che si prefiggevano gli inglesi. Cancellare ogni traccia di «influenze occidentali» nell'islam (leggasi progresso e tecnologie industriali) è un classico strumento coloniale: forzare l'involuzione per dominare.

## Il modello della psicologia di massa

Nell'imporre la loro controcultura in Medio Oriente, gli inglesi si sono basati su un precedente: le cerimonie dei culti pagani degli imperi egizio e romano in decadenza.[27] Che avevano una propria storia. Al riguardo, va sottolineata la continuità del culto di Apollo: ci sono famiglie della «nobiltà nera» di Roma il cui lignaggio e le cui tradizioni politiche risalgono all'età repubblicana.[28] «La repubblica e l'impero sotto cui vissero i loro antenati erano a loro volta controllati dalla branca romana del culto di Apollo. All'epoca, quel culto si presentava sotto forme diverse: con l'istituzione del recupero crediti più usuraio dell'intero Mediterraneo»,[29] con un servizio di intelligence politica, sotto forma di setta o con la creazione di ulteriori gruppi di seguaci.

Dalla morte di Alessandro Magno fino al momento in cui cessò,[30] cedendo il passo allo stoicismo che lo stesso Alessandro aveva istituito nel II secolo a.C.,[31] il culto di Apollo ebbe sede nell'Egitto tolemaico, da dove esercitava il proprio controllo su Roma. «In Egitto, sincretizzava i culti di Iside e di Osiride sul modello del culto frigio di Dioniso e della sua imitazione romana, il dio Bacco. Fu proprio in Egitto che il culto di Apollo diede origine alla setta dell'irrazionalismo stoico. Inoltre, ispirò il diritto romano sulla base dell'*Etica nicomachea* di Aristotele, tutt'altro che umanistica. È questa la tradizione trasmessa dalle famiglie 'nere' di Roma.»[32] Con il tempo, si affermò la «nobiltà nera veneziana», i cui membri occupano oggi posti chiave ai vertici di organizzazioni come il Club Bilderberg.

Si tratta dunque di una tradizione proseguita dietro il paravento di diverse istituzioni, ma sempre all'insegna della stessa visione del mondo e di un'unica dottrina. La monarchia britannica, la parassitaria aristocrazia dei lord, le fazioni feudali dell'Ordine di Malta dominate dagli inglesi sono espressioni delle consuetudini e delle politiche che rappresentano la continuazione diretta del culto di Apollo.

Chi crede nelle dottrine aristoteliche sa che, «a causa delle condizioni di istruzione e di libero pensiero necessariamente conseguenti al progresso scientifico e tecnologico diffuso, il cittadino mette in pratica il potenziale creativo della propria mente, in contrasto con il sistema dell'oligarchia.

«Ciò che gli aristotelici ripudiano e temono da millenni è il fatto che il progresso scientifico o tecnologico persistente e generalizzato, come politica che caratterizza la società, comporti un'egemonia repubblicana che elimina per sempre la possibilità di stabilire un governo oligarchico mondiale».[33]

Si è sempre fatto ricorso agli stessi metodi utilizzati dagli antichi sacerdoti di Apollo e da quelli di Iside – promozione delle sette dionisiache con il culto delle droghe, controculture orgiastico-erotiche, masnade di luddisti esaltati, maniaci terroristi – per mettere un'accozzaglia di matti contro le forze della società che lavorano per il progresso.

Il culto di Iside esiste tuttora e prevede sommi sacerdoti e riti segreti. Da secoli, la famiglia reale britannica e gli esponenti della classe dirigente a lei più vicini seguono questi rituali. Il culto fu praticato in Egitto sotto la III dinastia dell'Antico Regno, attorno al 2700 a.C., ed è essenzialmente pagano: è l'adorazione primitiva della Dea Madre. I sacerdoti formavano un circolo chiuso, i nobili che li seguivano detenevano il controllo della popolazione, che sfruttavano e soggiogavano. Il culto di Iside divenne molto popolare, ma senza i suoi segreti, grazie all'opera del sommo sacerdote Edward Bulwer-Lytton, *Gli ultimi giorni di Pompei*. Suo figlio Robert fu viceré e governatore generale dell'India dal 1876 al 1880, anni in cui l'esportazione di oppio del Bengala verso la Cina aumentò enormemente. Bulwer-Lytton fu mentore di lord Palmerston, ministro degli Esteri durante le guerre dell'oppio, che costrinsero la Cina non solo a proseguire ma anche a espandere la vendita di oppio nel Paese.

# Il sufismo

«Sotto la tutela britannica, il movimento sufi si inseriva alla perfezione nella strategia per imporre un nuovo Medioevo. Poiché si basa sull'introspezione, o sulla distruzione dell'ego e dell'io, il sufismo oscura l'intelletto a favore delle emozioni e della meditazione sessuale. Le organizzazioni sufi, così come le reti più convenzionali dei Fratelli musulmani, sono una struttura di controllo ideologico e una fonte di ispirazione per quello che oggi chiamiamo integralismo. L'oligarchia che mette in campo movimenti estremisti in tutto il mondo utilizza il sufismo come una dottrina reazionaria allo scopo di manipolare la popolazione e tenerla politicamente sotto controllo.»[34]

A partire dalla fine dell'Ottocento, mentre crescevano i sentimenti nazionalistici e antibritannici in Medio Oriente e soprattutto in Iran e in Egitto, i difensori inglesi del sufismo e del misticismo diedero vita a una dottrina panislamica xenofoba, antintellettuale e fondamentalista che poteva essere impiegata contro i movimenti repubblicani e anticoloniali emergenti nella regione.

Prima della Grande Guerra, così come durante il suo infuriare, Arnold Toynbee, storico e agente dei servizi di intelligence di Sua Maestà e direttore del RIIA, curò la supervisione di un «progetto sufi» e di altre operazioni in Medio Oriente, dalle quali sorsero Lawrence d'Arabia e i Fratelli musulmani. Quegli stessi ambienti inglesi finiranno con il finanziare il movimento nazista di Adolf Hitler e il fascismo di Benito Mussolini.[35]

Il sufismo è servito a dissimulare varie organizzazioni segrete fondate in Europa, le cui attività si iscrivono in un più vasto Programma mondiale unico. L'Organizzazione mondiale sufi, creata a metà degli anni Sessanta, vantava tra i suoi membri figure come Johannes Witteveen, ex direttore generale del Fondo monetario internazionale (FMI), e Alexander King, fondatore con Aurelio Peccei del Club di Roma, maltusiano ed ex direttore generale per gli Affari scientifici dell'Organizzazione per la Cooperazione e lo Sviluppo Economico (OCSE), a Parigi.

## Lo strumento dell'integralismo

L'integralismo islamico attuale è il risultato diretto di un progetto ideato immediatamente dopo la seconda guerra mondiale dal RIIA, il cui scopo era rendere il sufismo più universale e operativo.

I gruppi integralisti e il loro convergere verso il fondamentalismo rappresentano una minaccia per i governi nazionali in molte regioni del mondo afflitte da tensioni.[36] «Non sono movimenti spirituali sorti spontaneamente: si tratta del frutto di decenni trascorsi a intessere reti, creare ideologie e promuovere il consumo di droghe che annullano la mente, il tutto con l'obiettivo di dare vita a una forza da schierare in campo proprio in un periodo di crisi economica come quello attuale, in cui si rischia il collasso delle istituzioni nazionali. I movimenti integralisti scendono in campo, esattamente come fecero un tempo le forze dell'ayatollah Khomeini in Iran, per spodestare i governi laici e assumere il controllo di interi Paesi tramite una struttura ben precisa, fondata su credenze religiose irrazionali.

«Questi movimenti, ostentatamente cristiani, ebraici o musulmani che siano, si oppongono frontalmente al progresso tecnologico e all'esistenza degli Stati-nazione. Di fatto, l'integralismo recupera un ideale di uomo che rifiuta una concezione essenziale della civiltà occidentale, comune alle tre grandi religioni monoteistiche: quella racchiusa nel precetto 'E voi, siate fecondi e moltiplicatevi, siate numerosi sulla terra e dominatela'. Una visione dell'uomo che mira invece a distruggere i moderni Stati-nazione, che hanno rappresentato la base dei progressi economici, scientifici e politici dell'umanità.»[37]

Le sette fondamentaliste sono legate alle azioni terroristiche in Europa, con l'obiettivo di trasformarla in un'accozzaglia di minuscole province prive di potere, secondo criteri di separazione in apparenza etnici.

## Operazioni a marchio inglese

Il metodo dell'omicidio e della destabilizzazione, preso pari pari dal manuale del Tavistock Institute di Londra, si è rivelato più volte in tutta la sua evidenza. Nelle prossime pagine ci soffermeremo su quattro esempi che ben chiariscono la metodologia soggiacente al sovvertimento dell'ordine di vasta portata e sul lungo periodo.

Nei primi anni Settanta, gli intellettuali e le istituzioni dell'élite globalista individuarono nella crescita demografica e nello sviluppo industriale due dei nemici più implacabili della specie umana. «Le Nazioni Unite, il Club di Roma, il Tavistock Institute, l'Aspen Institute e molte altre organizzazioni che facevano da portavoce a chi deteneva il potere iniziarono a urlare ai quattro venti che si stava distruggendo l'ambiente e che l'industrializzazione si stava rivelando una paurosa minaccia. Le tecnologie, le scienze e il progresso dell'umanità stavano cadendo in disgrazia. Le élite si consideravano proprietarie delle risorse del pianeta e non avevano alcuna intenzione di condividerle con un Terzo Mondo emergente.

«Il rincaro dei prezzi energetici mise alla prova il grado di sviluppo del Terzo Mondo, ma comportò anche un notevole arricchimento del mondo arabo. Fu allora che i globalisti fecero ricorso ai loro alleati, gli islamici, per porre rimedio alla situazione. L'islam sarebbe stato usato per andare all'attacco dell'industria e della modernizzazione, facendo leva sulla menzogna secondo cui il progresso dell'umanità sarebbe contrario ai valori islamici e frutto di un complotto occidentale contro i seguaci di Allah. Il vero complotto, in realtà, mirava a colpire le masse del Medio Oriente, che avevano recentemente visto un lieve miglioramento della qualità di vita in termini di istruzione, occupazione, alloggio, igiene e alimentazione. Ciò nonostante, religiosi e intellettuali schierati in difesa dell'ignoranza, dell'arretratezza e della violenza fecero quadrato affinché il prospero Vicino Oriente ripiombasse nel Medioevo.»[38]

## La destabilizzazione dell'Arabia Saudita

Negli anni Sessanta, l'Arabia Saudita e l'Iran avevano stipulato un'alleanza strategica, che proseguì anche nel decennio successivo e prevedeva una stretta cooperazione politica, militare e di sicurezza.[39] Nel corso degli anni Settanta, l'Arabia Saudita e la sua produzione petrolifera, pari a un terzo delle importazioni mondiali di greggio, divennero bersaglio della cosiddetta «rivoluzione islamica». Poco dopo essersi insediata, la nuova cupola al potere in Iran si rivoltò contro l'Arabia Saudita.[40] «Tra le forze che intervennero nella destabilizzazione della famiglia reale saudita figuravano il governo iraniano dell'ayatollah Khomeini, i suoi simpatizzanti radicali nel mondo arabo e gli esperti di intelligence britannici, che avevano dedicato una vita a conoscere anche l'angolo più remoto d'Arabia.»[41] Ad avvantaggiarsi di questa disgregazione pianificata del governo più stabile dell'intera Organizzazione dei Paesi esportatori di petrolio (OPEC) furono le banche della City londinese e le multinazionali petrolifere sotto il loro controllo.[42]

A breve termine, l'obiettivo degli inglesi era imprimere una netta svolta alla politica dei sauditi, per spingerli a non sostenere più una quotazione del greggio stabilmente bassa[43] e ad abbandonare il dollaro a favore di un paniere di monete,[44] come i diritti speciali di prelievo del Fondo monetario internazionale. «Il collasso dell'Arabia Saudita avrebbe provocato una crisi petrolifera spaventosa: l'impennata fuori controllo del prezzo del greggio e la scarsità dell'offerta avrebbero portato all'imposizione di un regime energetico globale sotto gli auspici dell'Agenzia internazionale dell'energia, che mirava a conquistare l'autorità necessaria per stabilire tutte le esportazioni di petrolio e i consumi energetici.»[45]

Per dirla con Robert Dreyfuss: «Il segreto che si cela dietro la destabilizzazione dell'Arabia Saudita e la rivoluzione khomeinista è che Londra fece uso di antiche reti sovrapposte. Da un lato, i Fratelli musulmani con il loro fondamentalismo; dall'altro, i radicali di sinistra facenti capo al Fronte popolare per la liberazione della Palestina di George Habash.[46]

«Per intensificare ancor più le tensioni, i britannici cavalcarono la crescente minaccia rappresentata all'interno dello Stato saudita da una coalizione di forze tribali dissidenti e contrarie alla casa regnante. Secondo il classico modus operandi inglese, l'idea era quella di disintegrare interi territori e creare piccoli Stati facilmente controllabili dall'esterno. Per la precisione, si trattava dei tre gruppi etnici degli otaiba, dei qataniti e degli harb, oltre agli idrisidi nel Sudovest dell'Arabia».[47]

Queste tribù sono ciò che rimane della forza radunata da Thomas Edward «Lawrence d'Arabia» e dall'esercito inglese durante la prima guerra mondiale;[48] si tratta degli ex oppositori del re Saud bin Abdulaziz e della famiglia che avrebbe poi imposto la propria egemonia sull'intera Arabia Saudita.

«In questo senso, sono sotto il controllo di Londra, tramite i Fratelli musulmani.»[49]

## La «disintegrazione controllata»

Una delle strategie degli inglesi era strumentalizzare la rivoluzione islamica per innescare una «disintegrazione controllata» dell'economia mondiale, principalmente grazie al caos scatenato sui mercati valutari e petroliferi dal cambiamento di regime in Iran. E uno dei sistemi impiegati all'uopo era, come abbiamo visto, la destabilizzazione occulta dell'Arabia Saudita.

Pertanto, la devastazione dell'economia globale non è casuale, o frutto di un errore di calcolo dovuto a inettitudine politica: è un atto pienamente deliberato, perché l'impero sa benissimo di non poter sopravvivere in una realtà caratterizzata da un progresso tecnologico e scientifico generalizzato. Ha dunque bisogno di un mondo pieno di ignoranti, docili come pecore, per poter distruggere le strutture che, come gli Stati-nazione, permettono alle popolazioni di sopravvivere e avanzare. Così, per conservare il potere, ha preso volutamente di mira i Paesi indipendenti, le economie nazionali.

È tutto calcolato. L'impero non ha nulla a che vedere con un re o una regina che siede su un trono dorato: sta al di sopra dei monarchi, è un meccanismo di controllo capillare che si avvale di un sistema monetario sul quale intervengono grandi banchieri internazionali. La globalizzazione è solo una nuova forma di impero che mette fine alla libertà e ai diritti.

Devastando scientemente l'economia mondiale mediante una «disintegrazione controllata», si distrugge la domanda dei beni. È proprio questa la tesi di fondo di un rapporto elaborato nel 1978 da un potente comitato di esperti di politica internazionale americani, il Council on Foreign Relations, dal titolo *Progetto 1980. La disintegrazione controllata e lo smantellamento delle concentrazioni industriali e scientifiche avanzate nel mondo.* Il CFR, una delle istituzioni oligarchiche più potenti degli Stati Uniti, lo definisce «il progetto più grande della sua storia».

«Il rapporto del CFR, in 33 volumi, contiene piani che l'oligarchia ha messo in atto avvalendosi del proprio potere tra la seconda metà degli anni Settanta e gli anni Ottanta. Ha imposto uno dei cambiamenti più profondi nelle politiche economiche e nazionali del Novecento: l'adozione di un modello economico postindustriale.»[50]

Che cosa si intendeva per «disintegrazione controllata»? Che l'economia mondiale si sarebbe dissolta, ma non in modo casuale: era un'operazione che l'élite contava di poter tenere sotto controllo. Per compierla, sarebbe stato necessario provocare situazioni di choc: crisi petrolifere, strette sul credito, bruschi sbalzi nei tassi di interesse, tutti fenomeni che avrebbero portato prima alla crescita zero e poi alla decrescita.

A tempo debito, sarebbe stato istituito un mercato petrolifero in contanti, sarebbero stati creati gli eurobond e i derivati e sarebbe stato ampliato il sistema bancario offshore, di pari passo con il crescente riciclaggio degli ingenti proventi del narcotraffico tramite alcuni dei principali istituti bancari del pianeta, denaro che sarebbe poi stato usato per promuovere le reti terroristiche internazionali. Negli ultimi anni, alcune grandi banche sono state colte con le mani nel sacco a ripulire miliardi di dollari frutto del traffico di droga: Wachovia, Hongkong and Shanghai Banking Corporation (HSBC), Citigroup e Coutts, l'istituto di credito privato di cui è cliente la regina Elisabetta.

«Gli effetti di questa politica sono stati immediati e devastanti, specie perché l'oligarchia aveva già usato due false crisi petrolifere negli anni Settanta per far schizzare alle stelle il prezzo del petrolio. Negli Stati Uniti, la produzione industriale e quella agricola sono crollate», scriveva Richard Freeman nel 1999.[51]

Non suona forse come una marcia forzata verso una società postindustriale? Certo che sì.

## Bretton Woods e la crisi petrolifera degli anni Settanta

Tra la metà e la fine degli anni Sessanta, sotto il mandato del primo ministro Harold Wilson, gli inglesi presero una serie di provvedimenti per indebolire, anzi, per stroncare gli accordi di Bretton Woods del 1944, anche se ad annullarli definitivamente fu il presidente americano Richard Nixon, nel 1971. Da quel momento, potevano dirsi gettate le basi per abbandonare un sistema di parità di cambio fissa – che dava un genuino impulso alla produzione e agli investimenti – e gli speculatori cominciarono a sfregarsi le mani.

Nixon sospese il sistema aureo, cioè la convertibilità del dollaro in oro, facendo crollare l'intera struttura stabilita a Bretton Woods e spalancando la porta a tutte le manipolazioni cui abbiamo assistito da allora. Iniziarono così le fluttuazioni valutarie, i giochetti con il petrolio e infine tutte le bolle possibili e immaginabili. Fu proprio allora che nacque il gruppo Inter-Alpha, l'apparato bancario oligarchico in mano a Jacob Rothschild, che all'epoca si riproponeva di creare la bolla che oggi tutti conosciamo, dopo che ci è esplosa in faccia.

Il sistema di Bretton Woods aveva come obiettivo la stabilità; pertanto, per far piombare il mondo nel caos era necessario toglierlo di mezzo.

Ma come si fa a minare la stabilità dei mercati? Anzitutto, occorre disfarsi delle parità di cambio fisse, quindi cooptare la Banca Mondiale e l'FMI per piegarli ai voleri dell'impero, snaturandone il ruolo di organismi per la decolonizzazione, come invece voleva Franklin Delano Roosevelt.

All'inizio del 1973 il dollaro precipitò e le economie francese, tedesca e giapponese cominciarono a crescere davvero. Il marco tedesco aveva ormai polverizzato la sterlina e, tra luglio e agosto, conquistò un'egemonia a spese della debilitata valuta statunitense.

A maggio, il Gruppo Bilderberg si era riunito in un esclusivo hotel di Saltsjöbaden, in Svezia. «Alcune élite legate alle principali banche commerciali di New York decisero che era giunto il momento di provocare una forte crisi che cambiasse il corso dell'economia mondiale, anche a costo di una recessione di quella americana (che non le preoccupava più di tanto, finché avessero avuto il controllo dei flussi di capitali).»[52]

Il punto fondamentale all'ordine del giorno dell'incontro del Club Bilderberg fu lo choc petrolifero, per la precisione l'aumento del 400 per cento del prezzo del greggio dei Paesi OPEC in un futuro immediato. Come spiega lo storico dell'economia William Engdahl, «il dibattito non aveva per oggetto come convincere gli Stati arabi dell'OPEC a non alzare i prezzi in modo troppo brusco; la discussione verteva invece su cosa fare del fiume di petrodollari che inevitabilmente si sarebbe riversato nelle banche di Londra e New York grazie ai proventi del greggio dei Paesi arabi appartenenti all'OPEC».[53]

Il vertiginoso rincaro del petrolio nel 1973-'74 aiutò il dollaro (che, non dimentichiamolo, dal 1971 aveva perso il 40 per cento rispetto al marco e allo yen), che riuscì a stare a galla in quel mare di oro nero. In tal modo, si salvarono Wall Street e il potere finanziario del biglietto verde, ma non certo l'economia statunitense.

Lo scossone nei prezzi del greggio causato dall'OPEC stroncò la crescita in Europa, mise fine ai processi di industrializzazione in un Terzo Mondo che proprio in quegli anni stava beneficiando di una crescita rapida e dinamica e spostò nuovamente l'ago della bilancia a favore della Borsa americana e del sistema dollaro. Tutto ciò mirava a mettere in moto un processo sistemico che avrebbe consentito il saccheggio della ricchezza reale delle principali nazioni del pianeta. Di fatto, l'Arabia Saudita e gli altri Paesi del Golfo sono Stati fantoccio completamente in mano alla City londinese.

Vi starete domandando come sia possibile. Ebbene, «il mercato del petrolio non è controllato dall'OPEC ma dall'impero britannico, che tiene in pugno le gigantesche compagnie di cui si compone il cartello internazionale del greggio. Queste compagnie si occupano degli aspetti concreti, come il trasporto, la lavorazione e la distribuzione dei derivati del petrolio, ma il prezzo viene stabilito sui mercati finanziari. Una simile organizzazione permette al prezzo di fluttuare in modo del tutto scollegato dalla legge della domanda e dell'offerta. E ha comportato utili da capogiro per i finanzieri che controllano l'impero».[54]

In ultima battuta, la falsa crisi petrolifera provocò uno smisurato trasferimento di ricchezza solo teoricamente a favore dei Paesi dell'OPEC: in realtà, per essere gestito, tutto quel denaro andò a finire nella City e a Wall Street. In tal modo, l'oligarchia dei principali centri finanziari poté assumere il dominio assoluto del credito mondiale, allo scopo di assicurarsi che non sarebbe mai stato utilizzato per nessuna forma di sviluppo. Tutto ciò fu essenziale per la ristrutturazione di Wall Street negli anni Settanta e spianò la strada ai titoli spazzatura degli anni Ottanta e ai derivati del decennio successivo.

L'oligarchia sfruttò la finta crisi del petrolio per «finanziare operazioni che trasformassero gli Stati Uniti dall'interno, per esempio prendendo in mano le redini del sistema bancario del Paese e trasformando il mondo delle imprese in una congerie di cartelli, creati nascondendosi dietro eufemismi come 'fusioni' e 'acquisizioni'.

«Wall Street è così diventato un gigantesco casinò dove, anziché investire, si scommette sugli strumenti finanziari, senza più alcun rapporto con la realtà. A loro volta, i petrodollari hanno contribuito a finanziare operazioni inquadrabili in una guerra culturale contro la popolazione statunitense, con l'obiettivo di accecarla perché non si rendesse conto di ciò che è stato perpetrato, fino al punto di farle credere che quello fosse progresso».[55]

L'impero si è servito di una colossale truffa per lanciarsi alla conquista del mondo. «L'effetto di questo attacco sta diventando evidente. La bolla è scoppiata e il grande motore finanziario che avrebbe dovuto sostituire l'industria nel trainare l'economia si è rivelato tangibile quanto il vestito nuovo dell'imperatore. E ora ci ritroviamo con un sistema bancario fallito, seduto sui rottami arrugginiti dell'economia, e soggiogati alla 'compagnia mondiale' per molte delle nostre esigenze vitali.»[56]

Il progresso e lo sviluppo sono stati distrutti per fare il gioco dei cartelli che hanno in mano l'economia globale.

## La preparazione della rivoluzione iraniana

«La cambogizzazione dell'Iran è stata il risultato calcolato degli interventi attuati nel Paese negli anni che precedettero la caduta dello scià.»[57] La «crisi degli ostaggi» fu uno «strumento di gestione» politica «creato dalla fazione della CIA schierata con Bush padre e implementato grazie all'alleanza con i fondamentalisti islamici di Khomeini».[58] L'obiettivo era duplice: da un lato, liberare l'Iran dai comunisti ed evitare che la nazione si spaccasse; dall'altro, destabilizzare l'amministrazione Carter e collocare alla Casa Bianca George H.W. Bush.

La storia della rivoluzione iraniana è talmente intricata da far impallidire i romanzi di spionaggio. Per capire la verità, occorre gettare lo sguardo oltre le porte sprangate delle compagnie petrolifere, dei gruppi industriali e delle banche più potenti e prestigiose del mondo. E bisogna entrare nelle stanze dei bottoni di club esclusivi come il CFR newyorkese e il RIIA londinese.

«L'Iran è il campo di battaglia di una guerra combattuta nell'ombra tra i circoli internazionali dell'alta finanza e i loro amici nei servizi segreti dei Paesi appartenenti alla NATO, di Israele e del Medio Oriente.»[59]

A progettare l'operazione con la quale venne messo al potere l'ayatollah Khomeini furono il Club di Roma – l'istituzione più importante del pianeta che sostenga il piano di spopolamento maltusiano –, l'Institute for Policy Studies, l'Aspen Institute of Humanistic Studies (entrambi americani), il Tavistock Institute (inglese), la Compagnia di Gesù e il dipartimento di Sociologia e antropologia della Sorbona di Parigi. In collaborazione con membri della corte dello scià, che andavano da sua moglie Farah a funzionari dell'istruzione, della cultura e della pianificazione, a «filosofi di corte» come Seyyed Hossein Nasr, quelle organizzazioni crearono una rete dedita alla deindustrializzazione del Paese.

«Fuori dell'Iran, il Club di Roma ha preparato 'dissidenti' espatriati, ingaggiati dall'allora presidente iraniano Abol Hassan Bani Sadr, per dare vita a una classe governante impegnata nella causa cambogiana una volta esautorato lo scià.»[60]

Va capito che «l'Iran non è stato affatto vittima di una 'cospirazione comunista', né era impegnato a esportare alcuna rivoluzione».[61] Bani Sadr, Khalkhali, Ghotbzadeh e Yazdi non erano né «agenti comunisti» né agenti americani,[62] facevano

32

semplicemente parte della «cricca dell'intelligence indottrinata dai gesuiti che aveva attorniato l'ayatollah Khomeini fin dal suo arrivo a Parigi, nel 1978».[63] L'interpretazione della tragedïa iraniana sulla base di una «cospirazione comunista» (lettura propugnata da ambienti dell'intelligence britannica e tuttora molto popolare tra i seguaci del vecchio regime) illustra chiaramente la visione generale del Club di Roma, le sue politiche e le risorse di cui dispone per scatenare rivoluzioni giacobine.

Il progetto che questo gruppo oligarchico nutriva per l'Iran tra il 1968 e il 1975 era di trasformarlo in un braccio armato con cui gestire le crisi geopolitiche. Quando la NATO istituì il Club di Roma nel 1968-'69,[64] l'obiettivo era portare il mondo avanzato verso un'era postindustriale,[65] con l'argomentazione che l'eccessivo sviluppo minacciava di esaurire le «scarse risorse» del pianeta. Secondo lo stesso fondatore del club Aurelio Peccei, la propaganda sui limiti della crescita era parte di una «terapia d'urto» per preparare la popolazione mondiale a un'assegnazione sovranazionale delle risorse, escogitata dai membri del club stesso in seno alla NATO e alle Nazioni Unite.[66]

«Le proteste studentesche e di piazza si videro incanalate nei movimenti ecologisti sorti all'improvviso a fine anni Sessanta, come Greenpeace e il WWF, o altre sette della controcultura. Per mettere in atto una simile iniziativa era fondamentale screditare lo sviluppo industriale e nucleare, insieme con il suo principale difensore nel Terzo Mondo: lo scià di Persia.

«Dal settembre 1975, Peccei, Jacques Freymond e altri esponenti del Club di Roma mobilitarono la rete europea dei Fratelli musulmani con un duplice fine: primo, dare all'islam una 'prospettiva educativa'; secondo, usare una nuova versione sintetica dell'islam, basata sulla crescita zero, come arma puntata contro Europa e Stati Uniti. Il primo incontro per avviare questo progetto, denominato 'L'islam e l'Occidente', si tenne nel 1976 all'Università di Cambridge.

«Sotto la guida di Peccei, il britannico lord Caradon, Maruf al-Dawalibi – capo dei Fratelli musulmani – e altri personaggi misero a punto una direttiva sulle scienze e le tecnologie.»[67] Il programma vero e proprio, pubblicato solo nel 1979, fu invece steso dalla International Federation of Institutes of Advanced Studies, diretta da Alexander King, membro del Club di Roma e consigliere scientifico della NATO. Il nocciolo del documento è l'affermazione che «occorre tornare a una concezione più spirituale della vita. [...] La prima lezione della scienza islamica sta nell'accento che pone su un uso equilibrato delle risorse planetarie, tale da non distruggere l'ordine ecologico dell'ambiente da cui dipende, in ultima istanza, la nostra sopravvivenza collettiva».[68]

È questa l'argomentazione utilizzata per attaccare la scienza occidentale e il progresso tecnologico in Europa e Nordamerica dal Rinascimento in poi.


## Comincia a sfilare la parata militare

Robert Dreyfuss spiega che il secondo capitolo della destabilizzazione iraniana fu scritto nel 1977 dall'intelligence britannica e dall'Internazionale socialista, con la connivenza del presidente Jimmy Carter, dell'Institute for Policy Studies e di alcuni settori dell'intelligence israeliana.

«Il Club di Roma e il gruppo di pressione in materia di diritti umani, tra cui i suoi seguaci nel dipartimento di Stato americano, alleati con la Chiesa anglicana e le reti liberali facenti capo al Consiglio ecumenico delle Chiese, unirono le loro forze con il preciso intento di scatenare la 'rivoluzione iraniana'.»[69]

Nel novembre 1977 si tenne a Lisbona una conferenza sul dialogo interreligioso. «Gli organizzatori erano due gesuiti, William Ryan e Philip Land, che lavoravano a Washington in un centro affiliato al Club di Roma. L'obiettivo era stabilire legami tra le religioni del mondo e la conferenza 'Rimodellare l'ordine internazionale' del Club di Roma.[70] Intitolato *Il mutare dell'ordine mondiale: una sfida per le religioni del pianeta*,[71] l'evento di Lisbona radunò anche figure provenienti dall'Università di Princeton, numerosi esponenti dei Fratelli musulmani – come Ismail al-Faruqi, di formazione gesuitica e allora docente alla Temple University – e il pachistano Khurshid Ahmad, ex direttore della Fondazione islamica di Leicester, in Inghilterra […]. Questi personaggi ebbero un ruolo chiave nel dare vita alla piattaforma di appoggio internazionale a Khomeini, nel 1978.

«Prese parte alla conferenza anche il pensatore francese Roger Garaudy, vicino ai gesuiti, con il suo Istitut pour le dialogue des civilizations. Diventato consigliere di fatto dello scià in materia di pianificazione economica e 'strategie di sviluppo', era un eminente esperto in grado di controllare le menti dei giacobini antioccidentali in Iran, nonché di gestire la sinistra radicale algerina, il governo libico e gli avamposti africani del Club di Roma come il Senegal. Era anche una figura di spicco del movimento antinucleare europeo. Garaudy era un ideologo del Partito comunista convertito al cattolicesimo su influenza di padre Lebret, gesuita ed esperto nel mantenere le strutture sociali africane in condizione tribale.

«Garaudy, come molti altri, influenzò l'allora presidente iraniano Bani Sadr durante il suo esilio in Francia. Bani Sadr era molto caro agli stessi individui e istituzioni che crearono i movimenti ecologisti e gruppi terroristici come le Brigate Rosse in Italia e la banda Baader-Meinhof in Germania.

«L'esperimento Bani Sadr non è l'unico in tal senso. La

maggior parte dei suoi colleghi oggi a Teheran, e gran parte del gruppo che fino a questo momento consiglia Khomeini, è stata formata o negli ambienti della sociologia e dell'antropologia vicini al Tavistock Institute in Francia – come Bani Sadr – o in santuari iraniani per dirigenti del movimento radicale, o in istituti statunitensi che promuovono una ribellione contro la società industriale: il complesso Stanford-Berkeley in California e il complesso Harvard-MIT nel Massachusetts.»[72] Già nel 1946 il Tavistock Institute aveva varato due progetti segreti del governo americano (*La cospirazione dell'Acquario* e *Le mutevoli immagini dell'uomo*), assegnati allo Stanford Research Institute, per studiare il modello sociale postindustriale.[73]

In tutti questi casi, la futura élite iraniana fu indottrinata per odiare tutto ciò che fosse «occidentale», al punto che la semplice equazione «scià uguale Occidente» divenne la base stessa del suo sistema di convinzioni. A quel punto, fu facile programmare il passo successivo: un'ideologia maoista che difendesse la «rivoluzione culturale» e imponesse l'eradicazione forzata delle «cittadelle della scienza», nonché della vera religione.

## L'Iran e il «Progetto 1980»

Le mosse per portare al potere Khomeini sono definite nel già citato *Progetto 1980*. Tra i suoi ispiratori figurava una serie di consiglieri del presidente Carter e membri del governo, come il segretario di Stato Cyrus Vance e il consigliere per la Sicurezza nazionale Zbigniew Brzezinski. Trattandosi di una politica da portare avanti in Medio Oriente, i suoi punti essenziali erano due. «La prima strategia consisteva nell'usare la rivoluzione islamica come trauma per innescare quella che il CFR chiamava 'disintegrazione controllata' dell'economia mondiale. La seconda era quella di disegnare a tavolino quella stessa rivoluzione in termini tali da propagare il fondamentalismo in tutto il mondo musulmano.

«L'ondata di instabilità partita dall'Iran fu alla base della cosiddetta politica 'dell'arco della crisi' di Zbigniew Brzezinski, mirata a sfibrare il fianco Sud dell'Unione Sovietica con una serie di insurrezioni islamiche.»[74] Nei decenni a seguire queste sollevazioni torneranno, stavolta a fiaccare l'Occidente con un'ondata di terrore senza precedenti a New York, Londra, Parigi, Berlino e Madrid. Ne riparleremo in seguito.

In ogni caso, il bersaglio immediato dell'operazione non era l'Unione Sovietica. «L'obiettivo erano i legislatori di Germania Ovest, Francia e Giappone, che nelle carte del *Progetto 1980* sono bollati in termini allarmati come 'neomercantilisti' per la loro politica di aggressiva espansione industriale. Lo strangolamento petrolifero serviva a minare la leva finanziaria del Sistema monetario europeo (SME), guidato da Francia e Germania, sui commerci e gli investimenti mondiali, mentre il Piano Bernard Lewis avrebbe sovvertito i loro eventuali partner tra i Paesi produttori di petrolio.»[75] Sarebbero stati imposti «limiti alla crescita» laddove non erano mai esistiti.

Una delle principali funzioni della rivoluzione di Khomeini quale strumento dell'intelligence angloamericana fu quella di propagare i conflitti etnici, religiosi e settari in tutto il Medio Oriente e il mondo musulmano, come prescritto dal Piano Bernard Lewis negli anni Settanta per balcanizzare l'intera regione. Si voleva porre fine alla sovranità dei Paesi musulmani, in linea con la disintegrazione politica voluta dal CFR.

Eppure, nel suo insieme, la rivoluzione iraniana aveva un lato ancor più sinistro. Le conseguenze di quella fatidica decisione presa trentotto anni fa, gettando i semi del caos per mettere in difficoltà l'Occidente, sono evidenti nel disastro e nel terrore in cui versa oggi il Medio Oriente. Semi piantati nell'oscuro periodo che precedette l'imposizione del regime degli ayatollah agli ignari iraniani.

Lo ribadisco: la crisi degli ostaggi fu una trovata politica della fazione pro Bush in seno alla CIA e venne attuata tramite una spregiudicata alleanza con i fondamentalisti islamici di Khomeini. Il tutto con il duplice obiettivo, come abbiamo visto, di tenere i comunisti alla larga dall'Iran e di cacciare Carter dalla Casa Bianca per mettere al suo posto Bush padre. Il 26 aprile 1978, a meno di tre mesi dal ritorno in patria di Khomeini e più di un anno prima della crisi degli ostaggi, in Iran si tenne un incontro segreto. Stando a un documento riservato venuto alla luce quasi vent'anni dopo, «l'ambasciatore, riferendosi ai nostri illustri ospiti Ronald Reagan, George Bush e Margaret Thatcher, ha commentato che Teheran parrebbe essere il luogo ideale per ospitare un congresso politico dei partiti di opposizione». Questo fu senza dubbio il più sofisticato atto criminale del decennio. «Che quelli che detenevano il potere a Washington, Londra e Teheran si incontrassero per sovvertire i processi democratici dei loro Paesi era decisamente inedito. E che i loro metodi si basassero sul sequestro, l'estorsione e l'omicidio era semplicemente delittuoso.»[76]


## 4 novembre 1979, il giorno in cui il mondo si fermò

«I fatti di Teheran che sconvolsero il mondo [...] non furono certo opera di una banda incontrollata di mullah e di una folla pronta a sostenerli. La cricca dei Fratelli musulmani che aveva in pugno l'Iran, e che guidava tanto l'ayatollah Khomeini quanto il suo Consiglio rivoluzionario, era formata da marionette nelle mani dei servizi segreti britannici, israeliani e statunitensi.» Il traboccare dell'ira popolare davanti all'ambasciata americana di Teheran fu ordinato e tenuto sotto controllo in ogni dettaglio dal dipartimento di Stato e da quello della Sicurezza nazionale.

Fin dagli albori dell'Iran rivoluzionario, il Paese era stato governato dai Fratelli musulmani, che erano l'equivalente mediorientale della loggia massonica P2. Pochi sanno che Khomeini e quasi tutti i fascisti che dirigevano il suo Partito repubblicano islamico erano membri «di Fedayn al-Islam, il braccio iraniano dei Fratelli musulmani che si ispira al modello della massoneria. La Fratellanza era inoltre alla base del potere del dittatore militare pachistano Zia-ul-Haq e del suo alleato in Libia, la Fratellanza dei senussi, che sosteneva Gheddafi».[77] In Arabia Saudita, il capo dei Fratelli musulmani era il principe Abdullah, diventato poi re.

Inoltre, il padrino e maestro di Khomeini, l'ayatollah Seyyed Abol-Ghasem Mostafavi Kashani, «nel 1945 contribuì a fondare il ramo clandestino iraniano dei Fratelli musulmani, i Devoti dell'islam, capeggiati da un mullah radicale di nome Navvab Safavi».[78]

«Ciò significa a sua volta che a governare davvero in Iran sono i dirigenti aristocratici britannici dei Fratelli musulmani, figure come lord Caradon, sir John Bagot Glubb, sir Albert Beeley e il Royal Institute of International Affairs, oltre ai dipartimenti di Islamistica e Orientalistica delle Università di Oxford e Cambridge. Insieme con Henry Kissinger, Cyrus Vance e Zbigniew Brzezinski, costituiscono la fazione oligarchica che ha creato i Fratelli musulmani e che ora li schiera in campo.[79] Ecco il 'segreto' che si nasconde dietro l'ayatollah Khomeini.»[80]

Il deliberato intento di ordire una crisi in Iran, che si concretizzò il 4 novembre 1979 con la cattura di cinquantadue ostaggi nell'ambasciata statunitense di Teheran, e in generale l'intera storia dell'operazione angloamericana per mettere Khomeini al potere possono essere compresi solo nel contesto della battaglia sferrata dai massimi livelli della geopolitica e della finanza mondiale.[81]

«Il piano si basava su un dettagliato studio del fenomeno del fondamentalismo islamico condotto dal dottor Bernard Lewis, esperto inglese di islam all'epoca distaccato presso l'Università di Princeton. Il Piano Lewis, presentato all'incontro del Club Bilderberg tenuto in Austria nel maggio 1979, sosteneva il movimento radicale dei Fratelli musulmani che si celava dietro Khomeini allo scopo di promuovere la balcanizzazione di tutto il Vicino Oriente musulmano in base a linee di frattura etnico-religiose. Secondo Lewis, l'Occidente avrebbe dovuto sostenere gruppi autonomi come curdi, armeni, maroniti libanesi, copti etiopi, turchi dell'Azerbaigian eccetera. Il caos si sarebbe così propagato lungo quello che chiamò 'arco della crisi', che si sarebbe esteso anche alle regioni musulmane dell'Unione Sovietica.»[82]

Ma perché gli Stati Uniti e la Gran Bretagna innescarono deliberatamente una crisi che sarebbe potuta andare fuori controllo, degenerando fino al collasso dell'economia globale e addirittura a una terza guerra mondiale? La risposta è duplice.

In primo luogo, «a breve termine, la cricca di Londra e New York era determinata a distruggere il Sistema monetario europeo instaurato nel 1978 dalle potenze continentali, principalmente Francia e Repubblica Federale Tedesca.[83] Lo SME era stato pensato per sostituire, prima o poi, l'inefficiente Fondo monetario internazionale. Questo stravolgimento degli equilibri finanziari internazionali, che avrebbe spostato il baricentro del mondo postbellico dall'Atlantico al Reno, rappresentava per la classe dominante angloamericana una minaccia evidente e immediata».[84]

L'oligarchia riteneva che una crisi petrolifera, con una

nuova penuria d'offerta e un rialzo delle quotazioni del greggio, avrebbe indebolito due economie industrializzate come quelle francese e tedesca. E avrebbe fatto sfracelli anche nel Terzo Mondo, partner chiave del blocco SME dal punto di vista politico, oltre a ostacolare i negoziati tra il Sistema monetario europeo e il mondo arabo. La crisi voluta in Iran, Paese chiave sul piano strategico, fu orchestrata con questo preciso intento.

In secondo luogo, più a lungo termine, «la distruzione della nazione iraniana si sarebbe inquadrata nella strategia mondiale messa a fuoco nel *Progetto 1980*».[85] La devastazione dell'Iran avrebbe fatto crollare la crescita industriale in tutto il mondo, accelerando l'emergere di blocchi monetari regionali e la frammentazione degli scambi internazionali.

«Il regime dello scià, seppur disposto a prendere ordini da qualsiasi governo statunitense, era incapace di attuare una politica di autodistruzione per via costituzionale. Solo un Paese con una massa di popolazione psicotica, manipolabile a piacimento, può prestarsi a un processo del genere.»[86] Fino alla rivoluzione feudo-clericale di Khomeini, l'Iran rischiava di costituire un caso esemplare di industrializzazione: Reza Pahlevi contava di collocare il Paese tra le prime dieci potenze del pianeta entro il 2000.

La locomotiva economica iraniana era la produzione petrolifera, sotto la guida della National Iranian Oil Company, nel 1978 forse il principale ente petrolifero del mondo. Negli anni Settanta, lo scià si scontrò con il cartello del petrolio dominato dalla Gran Bretagna, che da decenni deteneva il controllo del greggio iraniano. Nell'ottobre 1978 fallirono i negoziati sulla cosiddetta «offerta» degli inglesi, che pretendevano diritti esclusivi sulla futura produzione petrolifera del Paese, pur non garantendone l'acquisto.[87] Il rifiuto di sottomettersi alle condizioni draconiane imposte da Londra per il rinnovo degli accordi venticinquennali,[88] che sarebbero scaduti a breve, fu un fattore chiave nella decisione di rovesciare Reza Pahlevi e di mettere al suo posto Khomeini.[89]

## Il fondamentalismo islamico

Nella strategia degli inglesi rientrava a pieno titolo la cospirazione per unire l'islam fondamentalista.

Il «fondamentalismo islamico» è sostanzialmente un culto irrazionalista preislamico, creato sulla base di credenze vetuste e di elementi sufi che si sono insinuati nell'islam. Per giunta, questo sufismo rivitalizzato è «essenziale per un risorgimento fondamentalista più generale,[90] che si nota anche nel cristianesimo. L'obiettivo comune di questo risveglio sufi, tanto nella versione islamica quanto in quella cristiana, è la distruzione dello Stato-nazione moderno».[91] Come nel caso dell'Europa, l'idea è creare un'entità priva di nazionalismi e unificata sotto una bandiera, una costituzione, una moneta e un ideale comuni.

Il movimento di Khomeini fu il frutto dei tentativi compiuti in questo senso fin dagli anni Trenta e Quaranta, sotto la guida dell'egiziano Hasan al-Banna, ideologo e fondatore dei Fratelli musulmani. Il giornalista e scrittore israeliano Ehud Yaari spiega che «il padrino di Khomeini, l'ayatollah Kashani, aveva incontrato al-Banna al Cairo nel 1948 per discutere della riunificazione dell'islam».[92]

Come afferma un ideologo fondamentalista, «per dare vita a una nuova civiltà islamica è necessario spazzare via la civiltà attuale, bruciare le bandiere e cancellare tutte le frontiere. Non esistono i Paesi, ma solo una comunità e un popolo». O ancora, come dichiarò Khomeini nel 1982, «esiste una contraddizione fondamentale tra islam e concetto di patria. Tutti i valori basati sul nazionalismo sono espressione dell'imperialismo occidentale [...]. Occorre creare un unico governo islamico universale».[93] L'idea di un Paese e di un governo unici e di una sola religione sincretica ricorda molto da vicino ciò che l'élite occidentale tenta di realizzare ormai da secoli.

Ma che cosa significa esattamente un unico culto sincretico, e come si lega ai movimenti sciiti e sufi nell'ideologia imposta dai britannici?

«Tra il Cinquecento e l'Ottocento, gli inglesi assunsero il controllo del movimento sciita-sufi in seno all'islam, abbinando la propria cultura gnostica e massonica ai riti del sufismo: ritenevano che ciò fosse essenziale per poter manipolare ideologicamente il Medio Oriente. Nel corso dell'Ottocento, anche i servizi segreti tedeschi cominciarono a infiltrarsi sistematicamente in varie società segrete sciite. Una delle figure chiave in contatto con i tedeschi era l'ayatollah Nagif, originario dell'area dell'attuale Iraq dove Khomeini visse in esilio. Uno degli aspetti più affascinanti del Grande Gioco, lo scontro segreto tra inglesi, francesi, tedeschi e russi in Medio Oriente e nell'Asia centrale, è che i servizi di intelligence tedeschi collaborarono con gli avi dell'Iran di Khomeni.»[94]

Ma attenzione, dietro il fondamentalismo islamico non si celava un autentico fervore religioso: come denunciò lo scià poche settimane prima di dover lasciare il Paese, era opera di forze al servizio della Corona e dell'intelligence britanniche.

«L'obiettivo della fase finale dell'operazione Reza Pahlevi della City londinese era la distruzione del Sistema monetario europeo. Il principale scopo degli inglesi era scatenare il caos in Iran e nel Golfo Persico in generale, così da poter stroncare la nascente cooperazione tra Francia, Germania Ovest, Stati socialisti e importanti Paesi del mondo islamico quali Arabia Saudita, Iran, Pakistan e Turchia.

«Nel dicembre 1978, questa strategia degli inglesi diven-

43

ne nota come 'politica dell'arco della crisi' [...] e mirava a ottenere due risultati: da un lato, infliggere un duro colpo al potenziale di sviluppo tecnologico della regione [...]; dall'altro, favorire uno scontro tra Stati Uniti e Unione Sovietica per la supremazia in Medio Oriente.»[95]

A partire dal 1973, con la spettacolare impennata del prezzo del petrolio voluta da Henry Kissinger e Richard Helms (l'ambasciatore americano in Iran), lo scià, da sempre nazionalista come il padre, cominciò ad accarezzare «l'idea di agire per conto proprio».[96] In particolare, vide la possibilità di trasformare velocemente l'Iran in una grande potenza industriale, come disse lui stesso.[97] Avviò quindi un programma di sviluppo altamente ambizioso, spinto da un massiccio aumento della spesa pubblica in infrastrutture e industria.

Il primo guanto della sfida alla strategia Kissinger-Helms fu lanciato pubblicamente dagli iraniani nel 1975, con la firma ad Algeri di un trattato di cooperazione con Saddam Hussein che poneva fine a una guerriglia di sfinimento ingaggiata dai curdi iracheni.[98] «Quella ribellione era stata fomentata da Helms e dalla CIA, dai servizi segreti britannici e dal Mossad. Il patto tra Iran e Iraq significava una pesante sconfitta per la politica della City in Medio Oriente.

«Ciò fece infuriare gli inglesi – che avevano sperato di persuadere l'OPEC ad abbandonare il dollaro a favore dei diritti speciali di prelievo dell'FMI – e anche Kissinger [...]. In quel momento, l'asse Iran-Arabia Saudita non solo minacciava di mandare all'aria i piani di Londra, che voleva un fronte Iran-Israele contro gli arabi, ma creava di fatto un'enorme potenza finanziaria che aveva tutte le intenzioni di allearsi con Giappone, Germania Ovest, Francia ed eventualmente Stati Uniti per promuovere lo sviluppo industriale. Intento, questo, che la diplomazia britannica cercava di evitare con ogni mezzo da più di un secolo.»[99]

# I burattinai della rivoluzione khomeinista

«Alla base dell'operazione inglese contro lo scià c'era la branca dell'intelligence britannica preposta alla guerra psicologica, che ha sede a Londra presso il Tavistock Institute e nell'Università del Sussex. Nel caso dell'Iran, per garantirsi il successo furono mobilitate tra venti e trenta diverse organizzazioni. Tra le più importanti figuravano la Fondazione per la pace Bertrand Russell, Amnesty International, l'Institute for Policy Studies, il Transnational Institute, l'Institute of Race Relations, l'Internazionale socialista, una decina di associazioni studentesche, l'International Human Rights System, l'American Friends Service Committee, 'la IV Internazionale trotzkista' e i maoisti.»[100]

Nel novembre 1976, Amnesty International pubblicò un rapporto sull'Iran in cui accusava lo scià e la Savak – la polizia segreta istituita nel 1967 con l'aiuto della CIA e del Mossad – di carcerazione illegale e tortura dei prigionieri politici.[101] Il documento, che ebbe grande spazio sui media americani e inglesi, fu reso noto in concomitanza con l'elezione di Jimmy Carter alla presidenza degli Stati Uniti. Poco dopo, il consigliere per la Sicurezza nazionale Brzezinski fece avviare dal dipartimento di Stato una vasta campagna per i «diritti umani».

Questa mobilitazione generale «fu solo il primo passo dell'operazione Pahlevi orchestrata dagli inglesi. Entrò in azione un esercito di agenti, con al centro un nucleo londinese».[102] Anzitutto, una fitta rete di organizzazioni e spie sul campo provocò una prima destabilizzazione dello scià a partire dal gennaio 1978.[103] È certo che i bahai,[104] una setta segreta pseudoislamica creata nell'Ottocento dai servizi segreti inglesi tramite il Rito Scozzese della massoneria, finanziò segretamente il movimento sciita di Khomeini.[105]

«La fede bahai, che conta tra i suoi membri moltissimi esponenti della vecchia oligarchia terriera iraniana, ha esercitato un'enorme influenza nel Paese: era questa una setta segreta infiltrata in tutti gli ambiti della società, persino a corte. Tramite Scotland Yard, i bahai costituirono inoltre il principale collegamento tra la classe dirigente iraniana e l'intelligence israeliana. Durante la prima fase delle azioni intraprese dallo scià per fermare l'operazione contro di lui, fu arrestato un gran numero di fedeli bahai, tra cui parecchi generali, il medico privato dello scià, il presidente della Banca Saderat e il primo ministro Hoveyda.

«[…] Stando a fonti iraniane attendibili, l'oligarchia bahai si componeva principalmente di uomini che erano stati dipendenti della British Petroleum (in passato, Anglo-Persian Oil Company) anche per quarant'anni.»[106]

Abbiamo poi il fanatico ayatollah Khomeini, nemico giurato della tecnologia, che non era un visionario né un rivoluzionario ma solo un discendente diretto di Jamal al-Din al-Afghani, il teologo sciita reazionario dell'Ottocento «che avviò un movimento di riforma dell'islam, una cui frangia degenerò poi nel salafismo rivoluzionario con il quale oggi il mondo deve fare i conti».[107] Al-Afghani era in realtà «un agente dell'intelligence britannica che in gran segreto non era affatto sciita, ma membro di una loggia massonica dei bahai che aveva sede a Londra». Fu il movimento da lui fondato a rovesciare la dinastia Qajar in Iran con la cosiddetta «rivoluzione» del 1906,[108] manipolando la popolazione sciita fondamentalista.[109]

Il «movimento di Khomeini», che era all'estero ormai da quindici anni, fu invece il movimento di Ali Shariati, ideologo della rivoluzione iraniana, membro dell'Institute of Policy Studies e dei Fratelli musulmani eterodiretti da

Londra. Robert Dreyfuss definisce quattro reti sovrapposte che possono essere ritenute «dalla parte di Khomeini».[110]

1. Il Transnational Institute di Amsterdam, un'emanazione dell'Institute for Policy Studies. Sotto la direzione dell'americano Marcus Raskin, mantenne un legame speciale con Khomeini durante il suo soggiorno parigino, dopo che Saddam Hussein lo aveva costretto a lasciare l'Iraq il 6 ottobre 1978.[111]

2. L'asse Parigi-Shariati. I consiglieri e responsabili politici parigini di Khomeini costituivano una variegata combriccola di francesi anglofili, esistenzialisti, ecologisti e antropologi legati a Jean-Paul Sartre, Jacques Soustelle e Claude Lévi-Strauss. Una creazione chiave degli esistenzialisti francesi fu la figura del defunto professor Ali Shariati, fanatico filosofo iraniano in strettissimi rapporti con Bertrand Russell, oltre che con gli stessi Sartre e Soustelle. In Iran divenne addirittura oggetto di devozione, un predicatore che aizzava la rivolta dell'islam contro i mali dell'Occidente industrializzato. Tra i principali consiglieri francesi di Khomeini figuravano René Dumont, Jean-Pierre Vigier e Michel Foucault, tutti in relazione con l'intelligence britannica legata al Centre national de la recherche scientifique (CNRS) di Parigi. Aveva contatti con il CNRS anche Abol Hassan Bani Sadr, che viveva in Francia da dieci anni ed era il consigliere economico dell'ayatollah. In una recente intervista concessa al quotidiano francese *Libération*, Bani Sadr spiega che il «sistema economico islamico» di Khomeini prevedeva la creazione di fabbriche sul modello maoista e di consigli di villaggio, la riduzione delle importazioni, della produzione petrolifera e degli investimenti esteri.

3. La parte essenziale del movimento Khomeini-Shariati in Iran, la rete fondamentalista dei Fratelli musulmani.
4. L'Institute for Policy Studies, fondato nel 1963 sotto la guida di McGeorge Bundy, consigliere per la Sicurezza nazionale del presidente Kennedy. Bundy fu uno degli artefici della politica statunitense in Vietnam, in particolare dell'infame programma strategico Hamlet e della spietata «Operazione Fenice» nel delta del Mekong.[112]

Riguardo all'Institute for Policy Studies, la sua principale missione consisteva nel controllo e coordinamento di un'ampia rete di organizzazioni, dalle comunità locali agli attivisti neri, alle associazioni contro le tecnologie, ai movimenti pacifisti, a gruppi di terroristi.[113] Il suo operato era agevolato dal montare delle proteste contro la guerra e la crescita industriale e dalle intemperanze dei fricchettoni del movimento ecologista, che potevano essere strumentalizzate con operazioni eterodirette dall'intelligence britannica, sempre propensa all'uso di organizzazioni private ma legate alle istituzioni di governo.

A metà degli anni Sessanta, la famiglia Rockefeller e i fondatori dell'Institute for Policy Studies, Hans Morgentau, Thurman Arnold e McGeorge Bundy – tutti esperti nell'agire per conto dei Rockefeller – avevano iniziato a costruire un paravento dietro il quale fomentare operazioni anarchiche, istituendo una vasta rete internazionale di agenti.[114] Questa politica fu attuata grazie alla cellula segreta del consiglio per la Sicurezza nazionale degli Stati Uniti (NSC) nota come «Personale speciale», che pianifica e coordina le operazioni psicopolitiche mirate a manipolare l'opinione pubblica americana, come nel caso della «rivoluzione khomeinista». Si prestò inoltre allo scopo una vasta struttura intergovernativa segreta che coinvolgeva i poteri legislativo, esecutivo e giudiziario, dal segretario di Stato a quello della Difesa, a quello Tesoro, al direttore della CIA, «che controllano i grandi organi di informazione, le televisioni, le radio e i giornali; dirigono i principali studi legali; sono a capo di università e comitati di esperti tra i più prestigiosi; presiedono le principali fondazioni private e sono alla guida delle più importanti aziende pubbliche».[115]

## L'assassinio di Anwar al-Sadat

Con Teheran saldamente in mano a un ferreo regime estremista, era giunto il momento di occuparsi dell'Egitto, il successivo obiettivo dell'oligarchia nel suo disegno per destabilizzare il Medio Oriente. Nel 2002 Michael Ledeen, uno dei principali neoconservatori dell'American Enterprise Institute – il potente think tank con sede a Washington fondato nel 1938 – confermava che le élite inglesi e americane avrebbero fatto tutto il possibile per sabotare ogni sforzo concertato di pacificazione della regione: «Noi non vogliamo la stabilità in Iran, Iraq, Siria e Libano, e neppure in Arabia Saudita. Che ci sia stabilità o meno non conta, conta il come. Bisogna garantire il successo della rivoluzione democratica».

L'uccisione di Sadat, avvenuta al Cairo il 6 ottobre 1981, fu perpetrata dalle stesse istituzioni e forze politiche che avevano esautorato lo scià nel 1979. In una rapida operazione dalla precisione chirurgica, i britannici e i servizi segreti loro alleati si sbarazzarono di uno dei principali ostacoli alla diffusione di un fondamentalismo islamico di stampo medievale in tutto il Medio Oriente e il mondo arabo.

«Gli inglesi avevano due motivi per fare fuori Sadat, entrambi riconducibili agli obiettivi dell'élite britannica e delle lobby finanziarie della City, di Venezia, di Wall Street e della Svizzera: imporre un programma globale di rigore e deindustrializzazione, in modo da poter attuare il loro piano di calo demografico su vasta scala in tutto il Terzo Mondo. Quel progetto sta alla base del *Rapporto globale 2000* del dipartimento di Stato americano, pubblicato nel 1980.

«La prima ragione per assassinare Sadat era la destabilizzazione del Medio Oriente [...]. L'Egitto era il centro scientifico e culturale del mondo arabo: forniva manodopera qualificata, ingegneri e manager all'intera regione, dal Marocco all'Iraq. Aveva inoltre un ruolo chiave nella sicurezza di Paesi arabi moderati come Sudan, Arabia Saudita, monarchie del Golfo e Giordania. L'eliminazione di Sadat perseguiva gli stessi obiettivi delle bombe israeliane sugli impianti nucleari iracheni: la distruzione del potenziale di sviluppo del mondo arabo.[116] La seconda motivazione derivava dal fatto che Londra si sentiva minacciata dalla sfida lanciata da Germania e Giappone alle politiche di Regno Unito, Svizzera e FMI per mantenere la stretta creditizia con tassi di interesse elevati.[117] In Medio Oriente, gli alleati scomodi erano Egitto e Arabia Saudita, i due Paesi che Londra voleva far precipitare nel fondamentalismo islamico.»[118]

Eppure, l'uccisione di Sadat non sarebbe mai stata possibile senza un'ampia collaborazione tra forze di destra e di sinistra, dagli inglesi ai sovietici, agli israeliani, al comunismo arabo e addirittura alla Chiesa anglicana e a quella ortodossa russa.

A Beirut, un gruppo denominatosi Organizzazione indipendente per la liberazione dell'Egitto rivendicò la paternità dell'omicidio.[119] Nel volgere di poche ore, il tenente generale Saad El Shazly, ex capo di stato maggiore e feroce oppositore della politica di pace in Medio Oriente di Sadat, chiamò i militari alla ribellione per «rovesciare tutto il regime».[120] Il profilo del generale Shazly e dei suoi seguaci pose questo militare al centro dell'alleanza, promossa dai britannici e dai sovietici, tra comunisti e Fratelli musulmani, che si sarebbe diffusa in tutto il Medio Oriente. In Iraq, il Partito comunista iracheno e la branca sciita dei Fratelli musulmani cooperarono contro Saddam Hussein. Questa insolita collaborazione era un riflesso dei singolari rapporti tra le intelligence inglese e russa in Medio Oriente.

Il Partito comunista egiziano fu fondato nel 1942 da Henri Curiel[121] (poi assassinato a Parigi il 4 maggio 1978 dal radicale palestinese Abu Nidal),[122] un ebreo egiziano «che aveva lavorato con i servizi segreti britannici e con la componente di sinistra della Compagnia di Gesù».[123] Era anche cugino di George Blake, alto funzionario dell'intelligence inglese smascherato nel 1961 come spia del KGB.[124]

Sorta a metà degli anni Cinquanta attorno alla guerra d'Algeria, quella che sarebbe diventata nota come «Rete Curiel» sembrava «planare sopra l'evanescente linea di demarcazione tra movimenti di sinistra, organizzazioni di sostegno al Terzo Mondo, spionaggio e terrorismo».[125] Il comunista Curiel era in contatto con il banchiere nazista François Genoud; dopo la morte di Curiel, «la leadership della rete organizzata passò nelle mani di un vecchio amico di Genoud, Jacques Verges, avvocato del criminale delle SS Klaus Barbie».[126]

In questo intreccio si inserisce il fatto che il «'centro autonomo' di collegamento con il Medio Oriente del KGB aveva sede a Berlino Est e dipendeva direttamente dal primo direttorato del KGB, dipartimento 9. A questo erano associati anche i 'centri autonomi' di Vienna e Karlovy Vary in Cecoslovacchia, dove venivano addestrati i terroristi internazionali.

«Perché mai il KGB doveva scegliere proprio Berlino Est come centro di collegamento con il Medio Oriente? Il servizio di intelligence della Germania Est, la Stasi, era l'erede più diretto delle antiche reti naziste in Medio Oriente. L'Università di Lipsia e il suo dipartimento di Islamistica erano stati un importante centro di cooperazione tra nazisti e comunisti. Quello stesso dipartimento aveva organizzato la propaganda del *Libro Verde* di Gheddafi […].

«In Egitto, la rete terroristica associata ai Fratelli musulmani è un progetto congiunto dei musulmani radicali e degli estremisti della Chiesa copta egiziana, che, come denunciò Sadat, tentarono di istigare la guerra settaria nel Paese. A sua volta, questa struttura è sotto la supervisione degli organismi di intelligence vicini alla Chiesa anglicana e alla sua antica alleanza con le fedi ortodosse orientali, come i copti o la Chiesa ortodossa russa, controllata dal KGB.»[127]

Sarebbe stato impossibile uccidere Sadat, se non ci fosse stata una collaborazione tra le intelligence britannica, sovietica e israeliana. Gli inglesi controllavano il movimento dei Fratelli musulmani in Egitto fin dalla sua fondazione, e tutto pare indicare che furono loro a manipolare il fervore religioso. Ciò portò all'alleanza tra gruppi islamici e Chiesa copta, repressa da Sadat.[128] Tutte queste forze avevano interesse a scalzare l'influenza americana in Medio Oriente.

«Dei rapporti tra le Chiese anglicana e ortodossa russa, profondamente legata al KGB, si occupano funzionari che hanno relazioni altrettanto strette con la Corona inglese e con l'arcivescovo di Canterbury, massima autorità degli anglicani. Esiste un gruppo poco noto, il Consiglio per le relazioni estere dell'arcivescovo di Canterbury, che definisce e attua le politiche anglicane in seno al Consiglio mondiale delle Chiese.

«L'ormai scomparso Canon Herbert Waddams, patrocinatore dell'organo che lo precedette (il Consiglio per le relazioni estere della Chiesa d'Inghilterra) sosteneva che la nozione di 'progresso dell'umanità' fosse sorpassata. Tra gli anni Quaranta e Cinquanta, Waddams si occupò di rivitalizzare i rapporti tra la Chiesa anglicana e l'ala della Chiesa ortodossa attiva in Unione Sovietica.

«Come Waddams amava ricordare, i legami tra anglicani e ortodossi risalivano a molto prima dell'era sovietica. Negli ultimi mesi del XIX secolo, W.J. Birkbeck, in rappresentanza dell'arcivescovo di Canterbury, intrattenne un fitto carteggio con la fazione della corte zarista che si opponeva all'Occidente industrializzato, guidata dal conte Sergej Witte. Tra i contatti di Birkbeck figuravano il procuratore del Santo Sinodo della Chiesa ortodossa russa, con il quale vagheggiava l'unione tra le due Chiese e la divisione in fazioni del Vaticano; è questo un altro precedente molto istruttivo per capire la gravità della minaccia scismatica nella Chiesa cattolica d'oggi.»[129]

## Politica ed economia

La strategia nei confronti del Medio Oriente era a lungo termine. Si basava anzitutto sull'idea che la sicurezza di Israele dipendesse dal mancato sviluppo del mondo arabo e sulla convinzione che Israele dovesse evitare con ogni mezzo che gli Stati Uniti stringessero i rapporti con gli arabi, in particolare con l'Egitto e l'Arabia Saudita.

Naturalmente, questa visione sul lungo periodo non era nuova. La Gran Bretagna imperialista, in una relazione presentata al primo ministro Henry Campbell-Bannerman nel 1907, sottolineava che i Paesi arabi e le popolazioni musulmane residenti nell'impero ottomano costituivano per gli europei una minaccia reale, suggerendo i seguenti provvedimenti: 1) fomentare la divisione e la disintegrazione dell'area; 2) istituire entità politiche artificiali, soggiogate all'autorità delle potenze imperialiste; 3) combattere qualsiasi tipo di unità, intellettuale o religiosa o storica, e adottare misure e prassi per separare gli abitanti della regione. Infine, per ottenere questi risultati, il rapporto proponeva la creazione di uno «Stato cuscinetto» in Palestina, popolato da una forte presenza straniera che fosse ostile verso i vicini e bendisposta nei confronti dei Paesi europei e dei loro interessi.

Fu nel corso degli anni Ottanta che vennero gettate le basi per diffondere il fascismo in tutto il mondo, con politiche monetarie ispirate alle teorie di Hjalmar Schacht, ministro dell'Economia della Germania nazista. «Si tratta di politiche che Milton Friedman – appartenente alla lobby per la legalizzazione delle droghe – e il fascista Paul A. Volcker – presidente della Federal Reserve – giustificano appellandosi a Friedrich von Hayek, capo della Società Fabiana inglese. La distruzione dell'economia britannica operata da Margaret Thatcher in ossequio ai perversi dogmi friedmaniani faceva il gioco di FMI, Banca Mondiale e BRI [Banca dei regolamenti internazionali]: seminare guerre, fame ed epidemie. Così come le politiche di Schacht condussero ai rigori dei campi di lavoro, le politiche di Milton Friedman stanno portando oggi a un genocidio su scala ben maggiore.»[130]


## Un passo indietro per capire: il Grande Gioco

Il già citato *Progetto 1980* del CFR prevedeva come obiettivi finali della «disintegrazione controllata» non solo mantenere l'Asia centrale in una condizione di sottosviluppo, ma anche fare leva sulle forze centrifughe, l'instabilità e la corruzione per giungere fino a Pechino e Mosca.

L'intelligence britannica, che agisce in nome dell'oligarchia maltusiana, non può operare in un mondo di Stati sovrani dediti al reciproco sviluppo. I Paesi che incoraggiano la creatività intellettuale della popolazione generano una comunità che finirà con il non tollerare alcuna forma di oligarchia, diversamente da un popolo analfabeta e tecnologicamente arretrato. L'impero del denaro prospera sulla negazione del progresso scientifico e del sapere, favorendo l'ignoranza e l'oscurantismo. Nel sistema imperialistico, che è totalitario, non c'è spazio per la verità, ma solo per l'arroganza del potere.

Secondo Londra, che guarda spocchiosamente la realtà dall'alto in basso, il mondo ha senso soltanto se diviso in blocchi imperiali. Questo le garantisce l'opportunità di insinuarsi negli interstizi e agire da intermediario, da eminenza grigia che sussurra all'orecchio, manipolando tutto e tutti.

David Urquhart, uno dei paladini inglesi del Grande Gioco, vide giusto quando nel 1848 disse a Daniele Manin, presidente della Repubblica di San Marco: «Venezia ha fatto della diplomazia il principale fondamento del proprio Stato, che per questo, nonostante le dimensioni ridotte, ha ottenuto la supremazia sui potentati moderni. Nell'Europa di oggi non si sa che cosa sia davvero la diplomazia, anche se i sussurri dei diplomatici hanno un gran potere. Il mondo è governato da enclave segrete e le nazioni non sanno né perché, né come».[131]

Da allora, la diplomazia non è certo diventata più onesta, gli eserciti non sono stati ridotti, i conflitti non sono cessati. Il sogno di vivere all'insegna della giustizia che avrebbe spodestato la forza – la speranza che ci ha sorretti durante le guerre – si allontana sempre più.[132]

«L'intelligence britannica ha aperto i suoi archivi storici, ha scosso la polvere dagli schedari contenenti il censimento di tribù, clan, famiglie e individui, vale a dire i dati raccolti con grande diligenza all'epoca dell'impero, e ha rimesso in moto il Grande Gioco. Non si limita a dare ordini agli agenti che partecipano alle operazioni, ma si serve dei metodi di Thomas Hobbes e John Locke, che toccano nella vittima le corde della passione e dell'ideologia. È stato questo il metodo utilizzato con grande successo dall'India Office [...]. In India, gli inglesi riuscirono a seminare la discordia tra comunità (indù, musulmani e sikh) [...]. L'idea era mettere gli uni contro gli altri inculcando in loro ideologie basate su rigidi imperativi etnici, religiosi o territoriali. Dove simili ideologie non esistevano, bisognava inventarle dal nulla; dove già c'erano, occorreva coltivarle ed esasperarle, ricorrendo ad agitatori e campagne di controinformazione per scatenare una violenta paranoia.

«Questo metodo fu impiegato con buoni risultati da lord Palmerston, per lungo tempo ministro degli Esteri e poi primo ministro britannico, grazie ai suoi agenti (tra i quali c'erano Giuseppe Mazzini e David Urquhart). Palmerston creò uno zoo virtuale di identità etniche, che si trasformarono in organizzazioni populiste ben strutturate, come la Giovine Italia, la Giovine Ungheria, la Giovine Polonia e la Giovine Germania, che scatenarono i moti del 1848 in tutta Europa.»[133] Gli obiettivi di Palmerston erano gli imperi zarista, ottomano e asburgico.[134]

«Successivamente, per oltre vent'anni il Grande Gioco passò dalle mani di Urquhart a quelle di Wilfrid Scawen Blunt, dell'intelligence inglese, per sua stessa ammissione attento spettatore del dramma in scena al Cairo.[135] Blunt creò l'Ufficio arabo con lo scopo dichiarato di 'organizzare un'alleanza islamica rivoluzionaria con l'impero britannico', che avrebbe avuto come bersaglio tanto l'impero zarista quanto quello ottomano.»[136]

## Il Grande Gioco contemporaneo

L'attuale instabilità in Medio Oriente e nel Subcontinente indiano è il riflesso di un piano dell'intelligence inglese ordito dopo la guerra arabo-israeliana del 1973. «Consiste nella propagazione di conflitti etnici e religiosi nell'area e nel fomentare movimenti fondamentalisti islamici. Fu questa la strategia che portò alla destabilizzazione del Libano.

La guerra in Libano vide contrapporsi le comunità cattolica, palestinese, musulmana sciita e sunnita, drusa e greco-ortodossa e si chiuse con la spartizione di fatto del Libano tra Israele e Siria.»[137]

Questa tattica, escogitata da Bernard Lewis, fu adottata anche dagli Stati Uniti nei confronti dell'Unione Sovietica. «Il fondamentalismo islamico è un baluardo contro il comunismo», fu il commento entusiastico del consigliere per la Sicurezza nazionale di Carter, Zbigniew Brzezinski. Il finanziamento di entrambe le fazioni durante la guerra tra Iran e Iraq estese ulteriormente l'arco della crisi. Inoltre, il 31 ottobre 1984 Indira Gandhi, primo ministro indiano, fu assassinata da un gruppo di terroristi sikh spalleggiati dagli inglesi, che in questo modo tolsero di mezzo un grosso ostacolo ai loro progetti nella regione. Secondo il piano dell'arco della crisi di Lewis, la frammentazione delle nazioni in unità in mano a tribù ed etnie sarebbe culminata con una serie di alleanze militari regionali controllate dalla NATO, che avrebbero così posto fine all'Unione Sovietica.[138]

Il Council on Foreign Relations, in qualità di principale comitato di esperti statunitense, esponeva così la visione di Lewis: «Se il potere centrale viene debilitato a sufficienza, non esiste più una vera società civile in grado di mantenere in piedi il sistema di governo, né un reale senso di nazione, né la lealtà di fondo allo Stato-nazione. Lo Stato allora si disintegra, com'è accaduto in Libano, e finisce in un caos di lotte tra sette, tribù, regioni e partiti».[139]

«Il Piano Lewis è ispirato ai metodi dell'impero romano: concedere autonomia locale a una miriade di gruppuscoli etnici sempre in conflitto tra loro e politicamente impotenti davanti alle imposizioni di Roma. Ai soggiogati si lasciava fare ciò che volevano, purché fossero leali a Roma.»[140]

Oggi ciò avviene usando organizzazioni come l'UNPO

(Unrepresented Nations and Peoples Organization), con sede all'Aia, una delle istituzioni chiave nell'arsenale del principe Filippo d'Inghilterra, o il WWF, che si cela dietro il progetto di disintegrazione degli Stati per convertirli in cosiddette «bioregioni». Il vero obiettivo dell'UNPO è geopolitico: mira a imporre un sistema neofeudale governato dall'ONU.

Questi avvoltoi vedono nell'attuale crisi economica globale un'occasione per banchettare. «L'UNPO fa un gioco pericoloso, ma del tutto in linea con la strategia geopolitica inglese. Appoggia gruppi separatisti e secessionisti, contando sull'abituale reazione di Cina e Russia, vale a dire repressione brutale dei movimenti 'etnici' in questione. Nell'immediato, questo dissuade altri dallo sfidare il potere dello Stato centrale, ma si ritiene che a lungo termine fomenti un clima di rivolta. È una trappola classica, utilizzata più volte negli ultimi decenni dall'imperialismo britannico per distruggere nazioni e imperi.»[141]


## Le mire sull'Asia

Il 26 novembre 2008, i terroristi perpetrarono un complesso attacco a Mumbai, la capitale economica e culturale dell'India. Con una serie di ordigni sincronizzati collocati in punti strategici, misero a ferro e fuoco la più popolosa città del Paese, lasciando sul terreno 173 morti e 308 feriti.

Ma il vero obiettivo era balcanizzare il Pakistan. Il piano nacque in ambienti militari britannici, statunitensi e israeliani. Per capirlo, occorre anzitutto porsi alcune domande. Chi vuole distruggere quella nazione, dotata di un arsenale nucleare, e perché?

Il Pakistan è uno snodo strategico della regione. Confina con Iran, Afghanistan, India e Cina e si trova subito a sud delle repubbliche ex sovietiche dell'Asia centrale, ricche di gas. «Con la guerra della NATO in Afghanistan, gli anglo-americani in Iraq e le forze statunitensi in Arabia Saudita e Kuwait, l'occupazione del Pakistan permetterebbe agli eserciti dell'impero occidentale di accerchiare l'Iran, obiettivo chiave in Medio Oriente. In questo modo, dopo avere balcanizzato Iraq, Afghanistan e Pakistan, entrerebbero anche in Iran, gettando le basi per il collasso politico e sociale del Paese.

«Un conflitto con l'India porterebbe non solo il Pakistan alla disintegrazione, ma intralcerebbe anche l'impetuoso sviluppo socioeconomico dell'India, la più popolosa democrazia del pianeta, obbligandola a sottomettersi alla protezione militare dell'Occidente e all'influenza delle istituzioni finanziarie internazionali. La stessa sorte toccherebbe probabilmente anche alla Cina, perché la destabilizzazione travalicherebbe i confini del Pakistan in direzione del gigante asiatico, con un aggravarsi delle tensioni etniche e sociali.

«Una forte presenza militare angloamericana, o delle forze NATO, o dell'ONU in Pakistan, sommata a quella già in atto della NATO in Afghanistan, costituirebbe un preziosissimo bastione contro l'espansione di Cina, Russia e India nella regione, nel caso in cui l'enorme aumento dell'influenza cinese in Africa dovesse rimettere in discussione la dominazione occidentale del continente.»[142]

Con gli attentati di Mumbai, l'India, il Pakistan, l'Afghanistan e altri Paesi dell'area si sono visti pesantemente indeboliti. «I beneficiari del massacro di Mumbai siedono a Londra e a New York, nei consigli direttivi e nelle assemblee degli azionisti delle principali banche internazionali [...]. Dopo avere dominato il Nordamerica e l'Europa per gran parte della storia recente, questi banchieri, perlopiù angloamericani ma anche europei, mirano ora al controllo assoluto delle risorse, delle monete e dei popoli del mondo. Per ottenerlo agiscono su più fronti: per esempio, la crisi economica globale, tesa ad acquisire il dominio sull'economia planetaria, o la 'guerra totale' in Medio Oriente, che probabilmente si aggraverà in una guerra mondiale contro la Cina e la Russia. Quest'ultimo spauracchio è perfetto per spingere le popolazioni ad accettare una forma di governo sovranazionale globale, che garantisca un futuro senza guerre e assicuri la stabilità economica, ossia la visione utopistica dell'Ordine Mondiale Unico.»[143]

La capacità di manipolare i fanatici musulmani a distanza deriva da una catena di comando perfettamente organizzata. Tra la cupola (il direttivo del RIIA a Londra, il CFR a New York e i dipartimenti di Islamistica di Cambridge e Oxford) e le masse per le strade del Cairo, di Teheran, Tripoli, Bengasi, Baghdad e Kabul c'è un'intricata rete a più livelli. «Subito sotto l'oligarchia angloeuropea e americana, che formula le politiche, c'è lo strato degli avvocati, orientalisti e altri professionisti con il compito di attuarle. Sotto di loro, e ben più numerosi, stanno gli intermediari diretti tra i leader arabi e i consiglieri della cupola: sono questi intermediari a patrocinare i seminari e a dirigere gli enti [...], sono loro a dispiegare sul campo gli agenti del livello inferiore.

«Ancora più in basso troviamo i comandanti sul campo dei Fratelli musulmani, i talebani, il ramo libico dell'ISIS, l'Esercito siriano libero, vale a dire il personale generale. Organizzati in cerchi concentrici, hanno la responsabilità diretta di organizzare le forze d'assalto e i capi religiosi secondo i principi metodologici che uniscono i Fratelli musulmani. Agiscono sempre con la protezione e il tacito appoggio di militari, governi e servizi segreti di ciascun Paese musulmano. Infine, per strada, ci sono i peones. La massa di povere anime manipolate, la carne da cannone del Grande Gioco.»[144]

## FMI e Banca Mondiale

È fondamentale capire il ruolo che queste due istituzioni svolgono nell'indurre crisi economiche, con la conseguente instabilità politica e sociale che sfocia sempre in guerre etniche, genocidi e «interventi di pace», come in Iugoslavia, Etiopia, Sudan, Mali, Nigeria, Libia, Afghanistan, Iraq eccetera.

Oggi, le crisi economiche hanno una portata ed effetti più ampi e devastanti che mai. Il fatto che il problema si stia estendendo a tutto il Terzo Mondo e l'esistenza di guerre regionali in Europa, Asia, Africa e America Latina rappresentano le condizioni ideali per lo scatenarsi della tempesta perfetta che permetterà di spazzare via gli Stati-nazione sovrani, con l'imposizione perpetua della «governance globale».

Va inoltre sottolineato che «le politiche di controllo demografico sono diventate un requisito chiave per l'erogazione dei prestiti di risanamento strutturale da parte della Banca Mondiale e dell'FMI [...]. Tra le condizioni poste, oltre alla svalutazione, alle liberalizzazioni e alle privatizzazioni di aziende statali, sanità e istruzione, figura ormai anche la richiesta di politiche di controllo demografico. L'imperativo ultimo di questi programmi è ridurre la crescita demografica nel modo più rapido e redditizio possibile».[145]

Ecco dunque come funziona: scatena una crisi economica, distruggi il sistema finanziario nazionale, chiedi una deregolamentazione draconiana, prendi il controllo di tutti i settori, fomenta conflitti regionali su base etnica, lascia che si scannino tra loro e poi offri un bel prestito agli sventurati sopravvissuti, a condizione che si assoggettino a drastiche politiche maltusiane di controllo demografico e accettino di ipotecare il loro futuro.

Sappiamo che le istituzioni finanziarie gettano spesso le basi dell'instabilità politica, «mentre il sostegno occulto dei servizi segreti occidentali a gruppi di estremisti e di sbandati crea le condizioni per una ribellione, che poi diventa il pretesto per un intervento militare. E sappiamo che la presenza militare imperialista permette di controllare le risorse e la posizione strategica di una data regione. È la solita, antica tecnica di conquista: *divide et impera*».[146]

Questa pressione permanente, applicata in modo strategico, porterà le nazioni al limite. Così, i Paesi dell'Asia centrale, del Medio Oriente e del Subcontinente indiano si sgretoleranno nei pezzi che li compongono: l'Azerbaigian separato da Unione Sovietica e Iran; il Kurdistan diviso da Iraq, Iran e Turchia; il Belucistan sui rottami di Pakistan e Iran; l'Arabistan staccato dall'Iran; il Turkmenistan mettendo insieme parti di Iran, Russia e Cina; il Khalistan scheggia di Pakistan e India. Le rivendicazioni pachistane sul Kashmir, con l'appoggio dell'Iran, accelereranno l'emergere di un'alleanza indo-araba e indo-israeliana. All'Iran verrà consegnato il Sud dell'Iraq, mentre negli Stati arabi del Golfo Persico sarà preparata una rivolta sciita. Le conseguenze di tutto ciò: un nuovo conflitto tra arabi e iraniani; una guerra tra Turchia e Iran, per l'appoggio di Ankara alle pretese azere sul Nord dell'Iran, e per l'appoggio iraniano alle rivendicazioni territoriali armene ai danni dell'Azerbaigian; la propagazione deliberata all'Arabia Saudita di una guerra civile programmata nello Yemen; le pressioni sull'Egitto perché entri in guerra contro il Sudan (per creare, nella zona di frontiera, una «Nubia» cristiana copta artificiale) e perché si impossessi della Libia; il conflitto manipolato tra tagiki iraniani e uzbeki turchi, che si estenderà all'area etnica turco-iraniana della vicina Cina, ma anche all'Afghanistan; la separazione dal Pakistan della provincia del Sindh, per la quale sono stati provocati disordini a Karachi, e la divisione del Paese tra Belucistan a Sud (che comprenderebbe parte del vicino

Iran), Punjab e un nuovo Pastunistan unificato creato a partire dall'Afghanistan.

«Verrebbero così distrutti gli Stati-nazione dell'area, sostituiti da satrapi senza poteri, asserviti ai servizi segreti e alla finanza inglesi. Per realizzare questi piani, l'intera regione che si estende dal Bangladesh alla Cecenia è stata trasformata in una polveriera, e la deflagrazione si sta propagando in cerchi sempre più ampi.»[147]

E non è tutto. La diabolica distruzione degli Stati-nazione si spinge molto più in là. Alla fine degli anni Settanta, «l'Egitto è stato devastato dallo scontro tra cristiani e musulmani, in un crescente isolamento dal mondo arabo, mentre prendeva il potere un'élite legata agli inglesi [...]. La guerra in Libano, diviso in regioni 'cristiane' e 'musulmane', ha generato a sua volta il caos e la destabilizzazione della Siria [...]. Il diffondersi dell'onda d'urto verso est e verso nord ha provocato il collasso dell'Iran come Stato-nazione funzionante; si sono innescate dispute famigliari e tribali in Arabia Saudita e in tutto il Golfo Persico, con l'irrompere di tribù e sette secessioniste in Turchia e lungo le frontiere con Iran e Iraq.

«Il nuovo assetto in Medio Oriente mira a disegnare frontiere diverse, [...] a espandere Israele [...] e isolare l'Egitto dal mondo arabo promuovendo l'ideologia 'faraonica', sviluppata da inglesi e copti tra gli anni Venti e Trenta».[148]


## «Divide et impera»

Va ribadito che destabilizzazione e balcanizzazione sono state spesso una strategia dell'asse angloamericano-israeliano già dalla fine degli anni Settanta e che dunque non sta accadendo nulla di nuovo.

In quel periodo, le idee di Bernard Lewis furono riprese negli ambienti della pianificazione strategica in risposta ai movimenti nazionalisti regionali in Medio Oriente e Asia centrale, ma anche per contenere la crescente influenza sovietica nell'area. «L'obiettivo era proteggere il petrolio del Medio Oriente, le riserve di gas dell'Asia centrale e gli oleodotti sotto il controllo angloamericano. Assicurarsi quelle fondamentali riserve energetiche rivestiva un interesse sia strategico sia economico, perché la maggior parte del pianeta si rifornisce là, e chi ha il controllo dell'energia controlla anche chi dipende da essa, cioè gran parte del mondo. Le compagnie petrolifere angloamericane hanno messo le mani su gas e petrolio, mentre i governi inglese e americano hanno instaurato regimi fantoccio che lavorassero per loro e provocassero conflitti con i Paesi della regione che perseguivano invece i propri interessi.»[149]

Non era dunque un caso se il *San Francisco Chronicle* notava nel 2001, subito dopo l'attacco alle Torri Gemelle: «La cartina degli obiettivi e dei santuari dei terroristi in Medio Oriente e Asia centrale coincide largamente con quella delle principali fonti energetiche mondiali del XXI secolo. La difesa di queste fonti, più che un semplice scontro tra islam e Occidente, sarà il principale focolaio di conflitti globali nei prossimi decenni. La lotta al terrorismo sarà inevitabilmente percepita da molti come una guerra in nome delle statunitensi Chevron, ExxonMobil e Arco, della francese Total Fina Elf, di British Petroleum, Royal Dutch Shell e altre grandi multinazionali che hanno investito centinaia di miliardi nella regione».[150]

Infatti, laddove è presente Al Qaida, compare anche l'esercito statunitense e nelle retrovie premono le compagnie petrolifere; dietro di loro, le banche fanno soldi a palate. È la dominazione totale. È Don Capitalismo, con una rasatura perfetta e un sorriso a trentadue denti che ti dice: «Fidati, ragazzo», come il cowboy della vecchia pubblicità delle Marlboro. Ma su questo torneremo più avanti.

## La balcanizzazione del Medio Oriente

Nel 1982 Oded Yinon, un giornalista israeliano molto vicino al ministero degli Esteri, scrisse per l'Organizzazione sionista mondiale un articolo in cui descriveva una «strategia per Israele negli anni Ottanta». E dichiarava: «La frammentazione di Siria e Iraq in province con un'unica etnia o religione, come il Libano, è l'obiettivo fondamentale di Israele sul fronte orientale. L'Iraq, ricco di petrolio e piagato da divisioni interne, ha tutte le caratteristiche per diventare un obiettivo di Israele. Per noi, la sua disintegrazione è ancora più importante di quella della Siria: l'Iraq è più forte e, nell'immediato, rappresenta la minaccia più grave per Israele. La guerra contro l'Iran lacererà il Paese e lo farà implodere prima che si compatti contro di noi. [...] In Iraq è possibile una divisione in province lungo demarcazioni etnico-religiose, come in Siria sotto gli ottomani. Esisterebbero così tre o più Stati attorno alle città principali: Bassora, Baghdad e Mosul, e il Sud sciita sarebbe separato dal Nord sunnita e curdo».[151]

La guerra tra Iran e Iraq, che durò dal 1980 al 1988 e fu provocata in gran parte dalla «rivoluzione» di Khomeini, non si concluse però con la frammentazione dell'Iraq. «Non la ottennero neppure la Guerra del Golfo del 1991, con la quale gli Stati Uniti distrussero le infrastrutture del Paese, e il lungo decennio di bombardamenti e sanzioni devastanti a opera dell'amministrazione Clinton. In compenso, un effetto certo fu la morte di milioni di iracheni e iraniani.»[152]

Nel 1996, un gruppo di esperti israeliani dell'Institute for Advanced Strategic and Political Studies pubblicò un rapporto dal titolo *Una svolta netta. La nuova strategia per garantire la sicurezza del Paese*.[153] Il documento, che formulava raccomandazioni per il primo ministro Benjamin Netanyahu,

sosteneva che Israele avrebbe potuto «collaborare strettamente con Turchia e Giordania nel contenere, destabilizzare e
ridurre alcune delle minacce più pericolose, tra cui Saddam
Hussein». Il dittatore iracheno fu poi deposto, catturato,
processato e giustiziato. Oggi l'Iraq è un vero inferno, né
più né meno come la Libia del dopo Gheddafi e ogni altro
Paese «liberato» dalle forze d'occupazione angloamericane.
Il rapporto consigliava poi di «cambiare la natura delle
relazioni con i palestinesi, preservando il diritto di agire in
tutte le aree palestinesi per ragioni di autodifesa», nonché
di «dare vita a una nuova base per i rapporti con gli Stati
Uniti in un'ottica di autonomia, maturità e cooperazione
strategica in ambiti di reciproco interesse, promuovendo i
valori propri dell'Occidente».

La relazione suggeriva a Israele di «assumere l'iniziativa
strategica alla frontiera Nord, attirando Hezbollah, Siria e
Iran come principali agenti aggressori in Libano» e di utilizzare «l'opposizione libanese per destabilizzare il controllo
siriano in Libano». Inoltre, «in collaborazione con la Turchia
e la Giordania, Israele può plasmare il proprio contorno
strategico, indebolendo, contenendo e facendo retrocedere la
Siria. Tale impegno può mirare a rovesciare Saddam Hussein
in Iraq, così da frustrare le ambizioni regionali siriane».[154]

Nel settembre 2000, il Project for the New American
Century (PNAC), un gruppo di esperti neoconservatori, mise
a punto un altro documento dal titolo *Ricostruire le difese
dell'America. Strategie, forze e mezzi per un nuovo secolo*, che
tracciava un piano per una *pax americana*, o impero statunitense.[155] Nel rapporto, dedicato soprattutto a Iran e Iraq,
si affermava che «a lungo termine, l'Iran può costituire una
minaccia non meno grave dell'Iraq per gli interessi degli Stati
Uniti nel Golfo».[156] Si aggiungeva che «il conflitto irrisolto
con l'Iraq fornisce la giustificazione immediata»; tuttavia,

«la necessità di una forte presenza militare statunitense nel Golfo travalica la questione del rovesciamento del regime di Saddam Hussein».[157]

Nel novembre 2003, poco dopo l'invasione dell'Iraq, il *New York Times* pubblicò un'analisi di Leslie Gelb, presidente emerito e membro del direttivo del CFR. L'articolo, dal titolo «La soluzione dei tre Stati», sosteneva che l'unica strategia sostenibile per l'Iraq fosse «correggere l'errore storico e avanzare gradualmente verso un assetto a tre Stati: curdi nel Nord, sunniti nel Centro e sciiti nel Sud». Citando l'esempio della disintegrazione iugoslava, Gelb sosteneva che americani ed europei «hanno dato a bosniaci musulmani e croati i mezzi per difendersi, e i serbi hanno accettato la separazione». Per illustrare la sua strategia, spiegava che «il primo passo dovrebbe essere trasformare il Nord e il Sud in regioni autonome, con frontiere che ricalchino il più possibile le demarcazioni etniche» ed «esigere elezioni democratiche in ciascuna regione». Inoltre, «inviare truppe statunitensi nel triangolo sunnita e chiedere alle Nazioni Unite di supervisionare la transizione all'autogoverno della regione». Tale politica, concludeva Gelb, «sarebbe tanto difficile quanto pericolosa. Washington dovrebbe mostrare tenacia e spietatezza, per attuare una simile disintegrazione».[158]

Il CFR detta spesso le strategie della politica statunitense ed esercita un'enorme influenza negli ambienti politici, ai quali fornisce quasi sempre le figure chiave. Insieme con altre organizzazioni, come il Club Bilderberg, la Commissione trilaterale e il Circolo Pinay, è stato essenziale per generare consenso nell'élite, nonché per legittimare il potere. Questi sono insomma i motori dell'ingegneria sociale. Nell'articolo appena citato, Gelb parlava di una guerra civile tra gruppi etnici come in Iugoslavia. Nei primi anni Novanta, «gli Stati Uniti appoggiarono e finanziarono le forze musulmane in

Bosnia guidate dai mujaheddin afgani, addestrati dalla CIA e tristemente noti per la guerra contro l'Unione Sovietica, voluta dalla CIA, tra il 1979 e il 1989».[159] In Bosnia, si facevano «accompagnare dalle forze speciali americane» e Bill Clinton approvò personalmente la collaborazione con «varie organizzazioni fondamentaliste islamiche, tra cui Al Qaida di Osama bin Laden».

Anni dopo, nel 1998-'99, «furono reclutati mercenari tra i mujaheddin in Medio Oriente e Asia centrale perché lottassero nell'Esercito di liberazione del Kosovo (UCK), che appoggiò fortemente l'impegno bellico della NATO». La Defense Intelligence Agency, l'MI6, i reparti speciali inglesi per le operazioni clandestine e varie imprese private di sicurezza britanniche e americane ebbero il compito di armare e addestrare l'UCK. Successivamente, «il dipartimento di Stato inserì l'UCK nella lista delle organizzazioni terroristiche finanziate con proventi del narcotraffico e prestiti concessi da individui e Paesi islamici, tra cui probabilmente anche Osama bin Laden». Inoltre, «il fratello del capo di una cellula del jihad egiziano, un comandante agli ordini di bin Laden, guidava un reparto scelto dell'UCK».[160]

Che sia la stessa strategia attuata in Iraq per disintegrare il Paese, in base a motivazioni analoghe? C'è da scommetterci.

Nel 2005, *Asia Times* informava che il piano di «balcanizzazione» dell'Iraq in vari Stati più piccoli «è l'esatta replica di un progetto dell'estrema destra israeliana (è essenziale balcanizzare l'Iraq per balcanizzare l'intero Medio Oriente). È curioso che Henry Kissinger vendesse la stessa idea già prima dell'invasione dell'Iraq nel 2003». E proseguiva: «È il classico *divide et impera*: l'obiettivo è perpetuare la mancanza di unità tra gli arabi. Potremmo chiamarla irachizzazione: febbre settaria tradotta in guerra civile».[161]

Nel 2006, l'*Armed Forces Journal* pubblicava l'articolo di

un tenente colonnello in pensione, Ralph Peters, dal titolo «Frontiere di sangue: che aspetto avrebbe un Medio Oriente migliore». Spiegava che il piano più adeguato per la regione sarebbe stato «rivedere» i confini: «Posto che, per risistemare le frontiere fallite, la politica internazionale non ha mai messo a punto strumenti efficaci (salvo la guerra), sforzandosi di comprendere i confini naturali in Medio Oriente si capisce quanto siano grandi le difficoltà che affrontiamo e continueremo ad affrontare. Ci stiamo destreggiando con deformazioni colossali, create dall'uomo, che non cesseranno di generare odio e violenza fino a quando non saranno corrette».

L'autore sosteneva che, dopo l'invasione del 2003, «sarebbe stato necessario dividere subito l'Iraq in tre Stati più piccoli». E agli occhi di Peters l'Iraq non era il solo Paese vittima della balcanizzazione: «L'Arabia Saudita potrebbe subire uno smantellamento paragonabile a quello del Pakistan», mentre «l'Iran, uno Stato dalle frontiere assurde, perderebbe gran parte del territorio in favore di un Azerbaigian unificato, di un Kurdistan libero, di uno Stato arabo sciita e di un Belucistan autonomo, acquisendo in compenso le province attorno a Herat nell'attuale Afghanistan». Peters ricordava che «correggere le frontiere» poteva essere impossibile. «Per ora. Ma con il tempo, e con gli inevitabili spargimenti di sangue che si verificheranno, sorgeranno confini nuovi e naturali. Babilonia è caduta più di una volta.»

Naturalmente, in base alla teoria di Peters, gli sconfitti di questo nuovo Grande Gioco sarebbero stati Iran, Iraq, Afghanistan, Kuwait, Qatar, Arabia Saudita, Siria, Turchia, Emirati Arabi Uniti, Cisgiordania e Pakistan. Sarà un caso? Inoltre, l'ex tenente colonnello rilasciava la sorprendente dichiarazione secondo cui i cambiamenti di confini sono quasi sempre possibili solo con guerre e violenze, svelando un «vergognoso segreto vecchio di cinquemila anni: la pulizia etnica funziona».[162]

Lo scrittore e giornalista Nafeez Ahmed commentava le affermazioni di Peters scrivendo che «la riconfigurazione radicale delle frontiere da lui proposta implica necessariamente una pulizia etnica generalizzata e, con questa, uno spargimento di sangue forse di portata genocida».[163]

La cartina di un nuovo assetto del Medio Oriente, pubblicata inizialmente con l'articolo di Peters, «è stata usata in un programma di addestramento del Defense College della NATO».[164] Nel 2006, una commissione indipendente voluta dal Congresso degli Stati Uniti con l'approvazione del presidente Bush, la Commissione Baker, «si mostrava sempre più interessata all'idea di separare le regioni sciite, sunnite e curde dell'Iraq come unica alternativa a ciò che Baker definisce 'darsela a gambe o tenere duro fino alla fine'».[165]

Quello stesso anno si leggeva sul *Telegraph*: «Il futuro federale dell'Iraq è già sancito dalla sua stessa Costituzione» e «il Parlamento iracheno (dominato da sciiti e curdi) ha approvato all'inizio di ottobre un disegno di legge che permette la creazione di regioni federali (con la maggioranza dei voti nelle province che desiderino unirsi)». Inoltre, «la legge, che come c'era da aspettarsi non ha ottenuto l'appoggio dei sunniti, sarà rivista nei prossimi diciotto mesi, nel tentativo di convincere chi si oppone». L'articolo aggiungeva però che, in luogo della soluzione a tre Stati, «un sistema a cinque regioni parrebbe avere maggiori probabilità di successo. Tale modello contemplerebbe due regioni nel Sud, una intorno a Bassora e una intorno alle città sante. Il Kurdistan e la regione sunnita rimarrebbero, ma Baghdad e dintorni formerebbero una quinta regione come area metropolitana».[166] L'autore del pezzo era Gareth Stansfield, membro del londinese RIIA, precursore ed equivalente del CFR americano.

## La fine del panarabismo e l'attacco alla Siria

L'inevitabile conclusione era che prima o poi l'alleanza angloamericana sarebbe giunta anche in Siria. Come scriveva nel 2014 Raja Abdulrahim sul *Los Angeles Times*, «negli ultimi mesi, un gruppo legato ad Al Qaida si è introdotto profondamente in territorio siriano, il che dà adito alla possibilità che questa nazione dilaniata dalla guerra finisca divisa tra gruppi islamici rivali armati. Una delle opzioni di disintegrazione della Siria, con la creazione di uno Stato alawita pseudosciita nel Nord o di un'entità autonoma della setta dei drusi lungo la frontiera con Israele, si inquadra a sua volta nella strategia della manipolazione ideata dall'intelligence britannica» con il sostegno di Israele.[167]

Il processo di frammentazione del Medio Oriente è stato agevolato non solo dal crollo dell'Unione Sovietica, ma anche da quella che Bernard Lewis chiamava «la fine del panarabismo».[168] A suo avviso, il colpo di grazia al nazionalismo arabo era stata la guerra contro l'Iraq capeggiata dagli Stati Uniti. Lewis affermava che si era trattato principalmente di una guerra tra Stati arabi, e che gli americani ci si erano gettati a capofitto. Il fronte comune arabo contro l'Iraq «ha comportato l'abbandono formale del sogno a lungo cullato di uno Stato arabo unico, ma anche di un blocco politico arabo. A suo avviso, la caduta del nazionalismo arabo ha posto fine alla minaccia dello sviluppo industriale e dell'indipendenza nazionale in Medio Oriente. In ogni riflessione di Lewis è implicita la conservazione dello status quo economico: il Medio Oriente potrà svilupparsi solo in circostanze controllate da forze estranee alla regione».[169]

Secondo Lewis, «l'eclissi del panarabismo ha trasformato il fondamentalismo islamico nell'alternativa più attraente per tutti quelli che pensano debba esistere qualcosa di meglio, di più autentico e più promettente delle inette tirannie dei loro governanti e della sensazione di fallimento imposta dall'esterno».[170]

Ancora una volta, siamo davanti all'opera deliberata delle stesse forze: «Dalla caduta del Muro di Berlino nel 1989, la monarchia britannica ha messo in moto i suoi agenti permanenti, dormienti e attivi, nelle intelligence regionali sparse in tutto il mondo islamico e in Transcaucasia, per istigare i conflitti più sanguinosi oggi in atto».[171]

Questi conflitti seminano caos e distruzione nella regione mediorientale. Inoltre, le guerre nel Caucaso interrompono le linee commerciali tra l'Europa e il Medio Oriente, impedendo la crescita economica che porterebbe con sé anche quella demografica.[172] Il problema curdo blocca la rotta europea per il Medio Oriente e l'Asia, mentre la possibile insurrezione nella provincia cinese dello Xinjiang ostacola lo sviluppo dei principali corridoi ferroviari che collegano la Cina con il Medio Oriente e l'Europa attraverso l'Asia centrale.

## Stato-nazione e governo unico

L'uomo ha bisogno del progresso tecnologico, scientifico e culturale, non solo per diventare più ricco o più potente, ma anche perché vuole essere immortale, più di qualsiasi animale. Spinti da questo tipo di etica, saremmo moralmente invincibili. Ridimensionando invece produttività, infrastrutture, innovazione e tecnologie, l'impero sta costringendo la popolazione mondiale a implodere e regredire. Quando sarà ridotta a una manica di ignoranti non troppo numerosa, la minoranza potrà tenerla in pugno.

Gli individui e i gruppi che pilotano queste operazioni a lungo termine vogliono possedere un impero. Molti credono che, per averlo, occorra il denaro, ma i soldi non sono determinanti né per la ricchezza né per l'economia in generale. E non incidono sul progresso del pianeta. C'è la convinzione illusoria che il denaro abbia un valore intrinseco, assoluto, però non è così: il suo valore è relativo all'aumento o alla diminuzione del potenziale fisico dell'individuo rispetto alla densità di popolazione. Il valore dei soldi non dipende dallo scambio individuale: il denaro è un'unità funzionale che esprime la dinamica integratrice del processo sociale di una nazione. Sapete invece che cosa influisce veramente sul progresso? La mente umana. Questo è il reale metro di giudizio.

A distinguerci dagli animali è la capacità di scoprire principi fisici universali, che ci permette di innovare e migliorare così la nostra vita. L'avanzamento dell'umanità, ma anche la formazione di un potere individuale e nazionale, dipendono dai progressi scientifici.

Creare infrastrutture significa modificare lo spazio-tempo fisico della biosfera, con concentrazioni sempre più alte di flussi energetici. Come per ogni grande conquista dell'umana creatività, non si tratta di un progetto che dà i suoi frutti nell'immediato, essendo mirato a creare nelle popolazioni un'identità e un'appartenenza che travalicano i limiti della percezione sensoriale e del benessere individuale, legandosi alle generazioni future che potranno così perpetuare il sapere lasciato loro in eredità.

Le idee di Stato-nazione e di progresso sono strettamente connesse. La crescita della popolazione mondiale dai livelli della fine del Trecento a quelli di oggi sarebbe stata impossibile, se non fossero sorte con successo tali entità politiche.

Per questo, se sei parte dell'élite il tuo obiettivo non può che essere quello di cancellare ogni Stato sovrano e instaurare un potere sovranazionale in mano ai plenipotenziari di forze esterne.

Di fatto, il piano di creare un unico Superstato europeo

controllato da un governo oligarchico è stato al centro di ogni ideologia fascista nell'Europa del Novecento: dal movimento sinarchico che precorse Hitler a Mussolini, dall'Unione Pan-europea alla Europe a Nation di Oswald Mosley. Per tutti, il piano consisteva nell'instaurare una dittatura imperiale in Europa, gestita tramite strutture di potere decentrate, schiacciando lo Stato-nazione sovrano fino a farlo sparire. Lo stesso metodo impiegato da Lewis e altri per disintegrare il Medio Oriente e il mondo arabo.

# 2

# I sauditi

Negli ultimi cinquant'anni, l'Arabia Saudita è stata un elemento chiave nella propagazione del radicalismo in Medio Oriente. I sauditi hanno finanziato ogni organizzazione terroristica del pianeta, nonché la creazione di migliaia di moschee, madrase ed enti religiosi in molti Paesi non islamici, per penetrare a fondo negli Stati del benessere dell'Europa occidentale.

Ovviamente, nulla di ciò sarebbe stato possibile senza il patrocinio del suo maestro: l'impero britannico, che, diversamente da quanto si pensa, non ha mai cessato di esistere. Per molti aspetti è anzi diventato più globale, potente e spietato di quanto lo fosse al suo apogeo, tra Settecento e Ottocento. Il regno dell'Arabia Saudita, creato dagli inglesi tra il 1902 e il 1932, è una propaggine chiave dell'impero. Oggi, Londra è epicentro e sede di decine di organizzazioni terroristiche internazionali tra le più violente, finanziate e protette dal governo e dalla Corona stessa.

In questo capitolo faremo una carrellata di alcune delle operazioni più indecorose e sconcertanti dei britannici, addentrandoci nel lato oscuro e occulto di Londra e Riyad, nei loro arcani più meschini ed esplosivi.

* * *

Come già si diceva nel primo capitolo, una delle sette più rigide e reazionarie dell'islam è quella wahhabita, nata dagli insegnamenti di Muhammad ibn Abd al-Wahhab, un fondamentalista vissuto nel Settecento e proveniente dalle regioni interne dell'Arabia Saudita. È la setta sunnita che domina ufficialmente quel Paese, che ha per unica costituzione il Corano. Predica una forma arcaica di puritanesimo che propugna il rifiuto della ragione e di qualsiasi interpretazione razionale del significato del libro sacro dell'islam e della predicazione del profeta Maometto.

«Come la maggior parte dei movimenti fondamentalisti sunniti, i wahhabiti sostengono la fusione tra Stato e Chiesa con la ricostituzione del califfato islamico, la forma di governo adottata dai successori di Maometto nell'epoca dell'espansione musulmana. A distinguerli da altri movimenti islamici sunniti è l'ossessione storica per l'epurazione di sufi, sciiti e altri musulmani che non si adeguino alla loro lettura distorta delle sacre scritture.»[1] Considerano inoltre infondate gran parte delle tradizioni di Maometto, specie quelle relative all'educazione morale e spirituale.

Il wahhabismo e la casa regnante dei Saud sono intimamente legati fin dalle origini. Il primo ha creato la seconda e la seconda ha diffuso il primo. «Nel 1744, al-Wahhab diede vita a una storica alleanza con il clan al Saud, sostenendolo nella lotta contro i rivali. In cambio, i Saud appoggiarono le campagne dei fanatici per ripulire la Terra dagli 'infedeli'.»[2]

Nonostante fosse stato sgominato nel 1818, il wahhabismo non tardò a resuscitare grazie all'appoggio del colonialismo britannico. «Dopo l'esecuzione capitale dell'imam Abdallah al Saud, governatore del primo Stato saudita, per mano degli ottomani, i superstiti del clan saudita cominciarono a vedere i fratelli arabi e musulmani come il vero nemico e a considerare amici la Gran Bretagna e l'Occidente in generale. Così, quando gli inglesi colonizzarono il Bahrein nel 1820 con il chiaro intento di ampliare la propria influenza nell'area, la casa dei Saud vide l'occasione per usufruire della loro protezione. Nel 1866, firmò con la Gran Bretagna un trattato di cooperazione simile a quelli già imposti ad altri burattini nel Golfo Persico. In cambio di aiuto, armi e finanziamenti, i sauditi accettavano di collaborare con le autorità coloniali inglesi nella zona.»[3]

## Largo all'impero britannico

A metà Ottocento, l'impero britannico deteneva il controllo di gran parte dell'Asia, India in particolare, e aveva la necessità di garantire le rotte commerciali verso l'Europa. «Gli inglesi firmarono accordi di protezione con i capi tribali lungo le rotte commerciali che attraversavano il Mar Rosso, il Mar Arabico e il Golfo Persico, allo scopo di impedire che altre potenze coloniali si avvicinassero a queste comunità. I capi dei territori degli odierni Oman, Dubai, Qatar, Bahrein e Kuwait ricevettero dal governo di Londra sovvenzioni economiche, armi e protezione in caso di attacco da parte di altre potenze imperiali, Turchia in particolare.

«Il Golfo in sé non ebbe alcuna importanza fino alla costruzione della ferrovia Berlino-Baghdad, nel 1907, e fino alla scoperta di grandi giacimenti di petrolio in Iraq e Arabia Saudita. Londra impiegò alla perfezione il metodo del *divide et impera*, mettendo ogni leader locale contro tutti gli altri e intervenendo al momento opportuno per appoggiare l'uno contro l'altro, allo scopo di garantire l'equilibrio di forze tra le diverse tribù arabe. E rendendole totalmente dipendenti dalla Gran Bretagna.»[4]

Dopo la crisi di Fascioda del 1898 tra francesi e inglesi,[5] risolta con l'Entente Cordiale del 1904, a partire dalla prima guerra mondiale Londra e Parigi furono impegnate in una serie di conflitti armati in Afghanistan, Turchia, Iraq, Siria, Palestina ed Egitto. Riuscirono a reprimere le ribellioni con la forza bruta, ma un governo coloniale militare diretto non era più possibile. L'arma d'elezione divenne quindi la diplomazia coercitiva.

Gli inglesi avevano capito che l'azione diplomatica senza sanzioni, economiche o militari, non porta a nulla, e che la forza non accompagnata dalla diplomazia risulta sterile e distruttiva. Anche il principio del negoziare da una posizione di forza suggerito da Dean Acheson, segretario di Stato americano nel secondo dopoguerra sotto la presidenza di Harry Truman, riconosceva implicitamente tale verità. La diplomazia coercitiva costituisce un'alternativa alla forza delle armi: mira non a costringere ma a convincere l'antagonista a rinunciare all'aggressione. La nuova strategia messa in campo dai britannici consisteva nel dare ai vari Paesi uno status di pseudoindipendenza, con il re saudita in cima alla gerarchia ma a sua volta soggiogato a Londra.

Per capire l'importanza della casa dei Saud per gli inglesi, non dimentichiamo che Saud bin Abdulaziz aiutò Gran Bretagna e Francia «a dividere l'impero ottomano in funzione dell'accordo Sykes-Picot del 1916, ma anche a portare i sionisti in Palestina. Raccogliendo un beduino nel deserto e trasformandolo nel 'guardiano'[6] delle città sacre di Medina e La Mecca»,[7] la Gran Bretagna si assicurò un'orda di servi. E Saud bin Abdulaziz stette ai patti fino in fondo, dando il benvenuto ai sionisti nel mondo arabo.

«Nel 1919, alla Conferenza di Parigi che seguì la prima guerra mondiale, Gertrude Bell, funzionaria dei servizi di intelligence britannici, difese la creazione di emirati arabi indipendenti nell'area appartenuta all'impero ottomano. Il 3 gennaio 1919, l'emiro Faysal e Chaim Weizmann, presidente dell'Organizzazione sionista mondiale, firmarono un accordo per la cooperazione arabo-ebraica [...].

«La dinastia hashemita, che rivendica la discendenza diretta dal profeta Maometto, tradizionalmente la componente araba più forte, aveva cessato di esserlo dopo che Saud bin Abdelaziz l'aveva espulsa da Medina e dalla Mecca. In segno di compassione», gli inglesi misero gli hashemiti Abdullah e Faysal rispettivamente a capo della Giordania (1921) e dell'Iraq. Faysal fu proclamato per un breve periodo re di Siria (1920), per poi diventare re dell'Iraq (1921).

Nei decenni che seguirono, tanto l'Iraq quanto la Siria cacciarono i capi religiosi dal potere e, con sommo disappunto dell'impero britannico, finirono in mano a partiti politici settari.»[8]

## Un salto agli anni Settanta e oltre

«Verso la fine degli anni Settanta, una serie di rivolte, colpi di Stato militari e omicidi politici sconvolse quello che Zbigniew Brzezinski chiamava 'arco della crisi', dal Sud dell'Unione Sovietica (Caucaso e Asia centrale) fino alla provincia occidentale cinese dello Xinjiang, gettando le basi per la guerra in Afghanistan e per quella tra Iran e Iraq. In Pakistan, il primo ministro Zulfiqar Ali Bhutto, convinto antimperialista, fu rovesciato con un golpe, incarcerato e assassinato nel 1979 dal generale Zia-ul-Haq. Questi avrebbe svolto un ruolo cruciale nel trasformare il Paese in un centro di scambio tra droga e armi e di reclutamento di mujaheddin islamici nella guerra contro i sovietici in Afghanistan, provocata quello stesso anno. Gli effetti della sua politica si vedono ancora oggi, nella corruzione di vasti settori dell'esercito e dell'intelligence pachistani.

«Tra il 1978 e il 1979 [...] vennero fondate numerose organizzazioni benefiche e umanitarie saudite. L'International Islamic Relief Organization (IIRO) nacque nel 1978 come emanazione della Lega musulmana mondiale con sede in Arabia Saudita: questo avvenne due mesi dopo il dispiegamento della Quarantesima Divisione dell'Armata Rossa in Afghanistan. Attualmente, la IIRO è attiva soprattutto in Pakistan. Nel 1979, la rivoluzione islamica detronizzò lo scià e fece dell'Iran una teocrazia. Quello stesso anno, il 'socialista' Saddam Hussein ordì un golpe di palazzo nelle file del partito Baath e si impossessò della presidenza dell'Iraq. Come per incanto, nel settembre 1980 scoppiò la guerra tra Iran e Iraq, che avrebbe devastato i due Paesi fino a non farli contare più nulla ma trasformandoli in uno snodo chiave del traffico di armi planetario in mano agli interessi britannici e israeliani, con la collaborazione degli Stati Uniti.

«[...] A metà degli anni Ottanta, gli inglesi firmarono con Riyad l'accordo Al Yamamah sullo scambio di petrolio contro armi. Con lo scoppio della guerra in Afghanistan nel dicembre 1979, Stati Uniti, Gran Bretagna e Arabia Saudita organizzarono gruppi d'appoggio alle fazioni in lotta per il potere, servendosi tanto dei signori della guerra autoctoni quanto dei mujaheddin non afgani, i cosiddetti *afgansi*.»[9]

## La creazione dei talebani: le madrase

Già dalla fine degli anni Settanta, la casa dei Saud destinò ingenti somme alla fondazione di madrase, scuole religiose per giovani in cui veniva diffusa un'interpretazione radicale e ortodossa dell'islam. Le basi del fondamentalismo in Pakistan furono gettate così. «Queste madrase sono sostanzialmente all'origine dei talebani in Afghanistan, nati alla fine degli anni Novanta. Gli studenti pachistani furono indottrinati e quindi, con l'aiuto dei militari, spediti in Afghanistan a prendere il controllo del Paese, che tradizionalmente ospitava una varietà di confessioni sunnite e non. Va però ribadito con forza che gli afgani non sono un popolo di estremisti e non volevano certo uno Stato confessionale, e che i talebani hanno avuto la meglio grazie al denaro dei sauditi. È stato questo concorso di forze a far nascere i talebani.

«L'obiettivo della creazione dei talebani era garantire un avamposto wahhabita alle soglie della Russia, vicino all'Asia centrale e in pieno Subcontinente indiano. Le motivazioni erano molteplici: da un lato, usare i wahhabiti come minaccia contro l'Iran»[10] e dall'altro consentire ai servizi segreti pachistani (ISI) di prendere il controllo di Kabul tramite un loro uomo di fiducia e un variegato gruppo di asserviti. Ai sauditi si associarono i servizi segreti inglesi, «che vedevano nei talebani un potente alleato nella difesa degli interessi britannici in Afghanistan e Asia centrale, minando ogni Stato-nazione sovrano. Il tutto mentre Washington osservava a distanza, sostanzialmente incoraggiando».[11] In realtà, gli Stati Uniti fecero molto più che limitarsi a osservare. L'Università del Nebraska pubblicò libri di testo jihadisti, pieni di immagini violente e insegnamenti bellici, il tutto a spese dei contribuenti.[12]

Non sorprende che le madrase più radicali di Pakistan e Afghanistan siano servite come centri per radicalizzare i giovani musulmani e fonte inesauribile di reclute per gli attuali gruppi insurrezionali. La storia di queste madrase è strettamente legata a quella della guerra.

«Il regno saudita non si limita a fare da partner alla Gran Bretagna in Arabia, ma si è spinto oltre, adottando in toto il metodo inglese di controllo del mondo islamico, creando profonde spaccature al suo interno per poi riempirle con il sangue dei musulmani.»[13] La presenza di truppe straniere in Afghanistan ha radicalizzato ulteriormente la situazione in Pakistan, dove ogni giorno si susseguono gli attentati contro gli sciiti e dove spesso questi passano al contrattacco ammazzando i sunniti. Ma ne riparleremo.

Dopo l'invasione sovietica in Afghanistan nel dicembre 1979, il «mondo libero» unì dunque le forze contro l'Armata Rossa. L'Afghanistan ricevette soldi dall'Occidente e dal Golfo Persico per proteggere la sua sovranità, preservare l'islam e fermare i comunisti. Dieci anni dopo, nel 1989, i sovietici lasciarono l'Afghanistan umiliati e distrutti. Ma la pace ebbe vita breve: ancor prima che si dissipasse il fumo dei carri armati russi, «i mujaheddin che l'Occidente stesso aveva creato si gettarono gli uni sugli altri, invischiandosi in una guerra civile. Nel corso degli anni Ottanta, le madrase radicali pachistane, finanziate dai sauditi, avevano pompato migliaia di afgani nel jihad contro i sovietici finanziato da statunitensi e sauditi. Per la prima volta nella storia, queste scuole avevano contribuito a creare stretti legami tra le tribù pashtun secessioniste e il governo di Islamabad, alleviando la pressione lungo la frontiera contesa con l'Afghanistan».[14]

Al termine delle disavventure sovietiche in Afghanistan, negli anni Novanta, mentre il Paese precipitava nella guerra civile, i sauditi cominciarono a finanziare una nuova ondata di madrase nelle zone a maggioranza pashtun del Pakistan, nei pressi della frontiera con l'Afghanistan, ma anche nella città portuale di Karachi e nel Punjab rurale.

«Nella Provincia della frontiera del Nordovest (NWFP), confinante con l'Afghanistan e naturale porta di accesso al celebre Passo Khyber, le madrase fornivano ai talebani come carne da cannone sia profughi afgani, sia cittadini pachistani. I petrodollari sauditi e del Golfo hanno finanziato un programma di istruzione basato sul jihad wahhabita. Tra le madrase di spicco figuravano il Darul Ulum Haqqania (Centro della retta conoscenza) nella città di Akora Khattak e la madrasa Binori, a Karachi. Il Darul Ulum Haqqania ha diplomato quasi tutti gli attuali dirigenti talebani, tra cui il leader supremo mullah Omar; la madrasa Binori, il cui muftì Shamzai è stato assassinato, veniva considerata il probabile nascondiglio di Osama bin Laden e il luogo dei suoi incontri con il mullah Omar per dare vita all'alleanza tra Al Qaida e i talebani.» Ma le scuole coraniche sono servite da base anche per gruppi terroristici di orientamenti diversi, che hanno tutti «condiviso campi di addestramento e altre strutture sotto gli auspici dell'intelligence pachistana».[15]

Come se non bastasse, la casa dei Saud ha creato queste madrase in combutta con Al Qaida. «Per esempio, il principe saudita Turki bin Faysal, a capo dei servizi segreti sauditi (GID) dal 1997 al 2001, conosceva bin Laden fin dal 1978. Bin Laden ha fatto da cinghia di trasmissione finanziaria tra GID e ISI in funzione antisovietica in Afghanistan, tanto che incontrò più volte Turki a Islamabad.»[16]

Lo ripeto: i talebani sono un prodotto di sintesi, creato in laboratorio per generare instabilità in tutta la zona. L'instabilità è fondamentale per gli imperialisti, e chiunque sappia come nacque l'impero britannico riconoscerà immediatamente il marchio di fabbrica. «L'ISI pachistano e i militari hanno addestrato questo gruppo di fanatici islamici indottrinati dal wahhabismo finanziato dall'Arabia [...]. Con la bandiera islamica in mano e i soldati pachistani come forze da combattimento, i talebani – e la casa dei Saud con loro – vagheggiavano di imporre il loro estremismo wahhabita al resto del pianeta.»[17]

# Le madrase li preferiscono molto giovani

Nel 2007, l'ex ambasciatore statunitense in Costa Rica, Curtin Winsor Jr., affermò che nonostante i radicali sauditi restino l'avanguardia mondiale del teofascismo islamico, il potenziale di crescita di tale ideologia si trova fuori del regno saudita.[18] «Negli ultimi due decenni, i sauditi hanno speso come minimo 87 miliardi di dollari per diffondere il wahhabismo all'estero, e si pensa che negli ultimi due anni il flusso di finanziamenti sia cresciuto di pari passo con l'escalation del prezzo del greggio. Il grosso dei fondi è destinato alla costruzione e gestione di moschee, madrase e altre istituzioni religiose. Viene utilizzato anche per la formazione degli imam, per colonizzare i media e le case editrici, per distribuire libri di testo wahhabiti e altre pubblicazioni, nonché per le donazioni alle università in cambio di un'influenza nella nomina dei docenti di Islamistica. A titolo di confronto, il Partito comunista dell'Unione Sovietica e il Komintern per diffondere la loro ideologia in tutto il mondo tra il 1921 e il 1991 spesero poco più di 7 milioni di dollari.»[19]

Come si evince da un cablogramma pubblicato dal quotidiano pachistano *Dawn*, pare che qualcuno stia fomentando il radicalismo religioso in regioni del Pakistan un tempo moderate, con la concessione di ingenti somme di denaro di provenienza saudita. «Il cablogramma, risalente a fine 2008, descrive l'inquietante situazione creata dalla potente influenza del denaro in queste zone sottosviluppate dell'Asia centrale, dove c'è bisogno di tutto. Bryan Hunt, alto funzionario del consolato statunitense a Lahore, informava di una serie di preoccupanti conclusioni tratte dalle sue visite nel Punjab meridionale, dove gli era stato riferito più volte dell'esistenza di una capillare rete di reclutamento jihadista» in alcuni distretti.[20]

Il documento spiegava come i reclutatori sfruttassero le famiglie numerose, specie quelle che vivevano gravi difficoltà economiche a causa dell'inflazione, dei cattivi raccolti e della crescente disoccupazione nelle aree meridionali e occidentali del Punjab. «Spesso sono le organizzazioni che si spacciano per caritatevoli [...] a individuare i nuclei famigliari ai quali avvicinarsi, inizialmente offrendo loro un aiuto.»[21]

## Il Bangladesh

Il vecchio piano inglese di usare il Bangladesh come una sponda da cui propagare la violenza tra le comunità indiane (attuato con il concorso di diverse organizzazioni wahhabite e finanziato con i fondi dell'accordo Al Yamamah, di cui ci occuperemo più avanti) è stato attuato a tappe spedite. «Poiché il Bangladesh conta milioni di poveri, per i wahhabiti dell'area del Golfo è stato relativamente facile reclutare lì, e in massa. Il metodo era lo stesso che avevano già usato per diffondere la propria versione dell'islam in Asia centrale dopo il crollo dell'Unione Sovietica.[22] Nel caso del Bangladesh è stato ancora più semplice, perché esisteva già dal 1971 il gruppo Jamaat-e Islami,[23] mai del tutto d'accordo con la maggioranza dei musulmani del Paese.»

Sul campo, le attività guidate dai wahhabiti sono eseguite da tre importanti organizzazioni terroristiche (ma vengono finanziati anche altri gruppi locali): Jamaat-ul-Mujaheddin Bangladesh (JMB),[24] Harkat ul-Jihad al-Islami (HUJI)[25] e l'apparentemente pacifico Hizb ut-Tahrir.

«L'HUJI è stata fondata in Pakistan nel 1980, quando il presidente Zia-ul-Haq chiese aiuto alla CIA e all'MI6 per reclutare mujaheddin che combattessero contro i sovietici in Afghanistan.[26] Fin da subito, i membri dell'HUJI vennero addestrati a usare le armi. A fondare questa organizzazione furono due gruppi wahhabiti pachistani, Jamiat Ulema-e-Islam e Tablighi Jamaat,[27] con sede in Gran Bretagna.»[28] Secondo il *Kashmir Herald*, «l'HUJI reclutò mujaheddin per l'afgano Hezb-e Islami».[29] Successivamente, l'HUJI ottenne il riconoscimento di Al Qaida e di Osama bin Laden.[30] Con l'appoggio economico di bin Laden nella fase iniziale, nel 1992 fu fondata un'organizzazione clandestina in Bangladesh.

«Il terzo gruppo terroristico è Hizb ut-Tahrir, che ha sede nel Regno Unito ed è attivo in oltre cento Paesi.[31] L'Hizb ut-Tahrir del Bangladesh, che punta a costituire uno 'Stato-ombra', ha per ora ridotto la sua presenza in Asia centrale, per esempio in Uzbekistan e Kirghizistan. Si sta preparando a prendere il controllo del Paese, servendosi del potere economico e politico dei bangladesi residenti all'estero e dei fondi neri dell'accordo Aĺ Yamamah.»[32]

## Il denaro può tutto

Tuttavia, come afferma il già citato ex ambasciatore degli Stati Uniti in Costa Rica, Curtin Winsor Jr., «il proselitismo wahhabita non si limita al mondo islamico» e la sua penetrazione «è più profonda nei Paesi del welfare dell'Europa occidentale, dove un tasso di disoccupazione cronicamente elevato ha determinato la formazione di vasti gruppi di giovani musulmani abili al lavoro che vivono perennemente a spese dello Stato, rinunciando alla propria dignità.

«Tra alienazione e ozio, si è venuta a creare la situazione ideale per favorire il reclutamento di terroristi. Gli autori degli attentati alla metropolitana di Londra del 2005 erano pachistani nati in Gran Bretagna, arruolati in loco e addestrati all'uso di esplosivi durante i soggiorni in Pakistan. L'olandese di origini marocchine che nel 2004 uccise il cineasta olandese

Theo Van Gogh (reo di avere prodotto un film di critica all'islam) era a sua volta frutto dell'indottrinamento wahhabita.

«Il progetto di diffusione delle madrase è in fase avanzata anche in Asia meridionale. Come indicano rapporti del 2004, l'ambasciata saudita di Nuova Delhi ha fatto pressioni sul ministero per lo Sviluppo delle risorse umane e sulla Commissione per le minoranze dell'India per la creazione di nuove scuole coraniche nel Paese, mentre la famiglia reale saudita ha approvato finanziamenti per la costruzione di 4.500 madrase in Bangladesh, Nepal, India e Sri Lanka, per un totale di 35 miliardi di dollari, allo scopo di 'promuovere un'istruzione moderna e liberale fondata sui valori islamici'.»[33]

Si tratta di un progetto macchiato di sangue e con tutti i requisiti per poter scatenare una guerra. «Non è finanziato interamente dai petrodollari sauditi; gran parte del denaro arriva dalla produzione di oppio ed eroina, i cui proventi sono riciclati con la complicità di banche offshore.»[34] E non stupisce che il 90 per cento di queste banche si trovi in ex colonie britanniche.[35] Ma sul narcotraffico torneremo più avanti.

Naturalmente gli Stati Uniti sanno da sempre che i sauditi, pur con tutte le loro pose da casa regnante filoccidentale, sono al potere grazie a una secolare alleanza con i fanatici wahhabiti. Ce lo conferma Stuart Levey, ex sottosegretario al Tesoro, in un'intervista rilasciata a ABC News l'11 settembre 2007: «Se con uno schioccar di dita potessi tagliare i fondi a un Paese, sceglierei l'Arabia Saudita».

Molti pensano che quando Obama ha stretto la mano al nuovo re saudita Salman in occasione della sua ascesa al trono, «gli Stati Uniti hanno formalizzato la loro quiescenza verso le politiche dell'Arabia Saudita, che finanzia Al Qaida – e gli stessi terroristi dell'11 settembre –, concorre a diffondere in tutto il mondo una religione intollerante e sostiene l'escalation di violenza globale in nome di Dio».[36]

Anche se il regno saudita è «la principale fonte di finanziamento del terrorismo jihadista globale», Washington «rifiuta di adottare qualsiasi misura di contrasto efficace. Dietro i sauditi, naturalmente, ci sono gli inglesi».[37]

Su *Executive Intelligence Review*, Jeffrey Steinberg afferma che «l'insabbiamento va ben oltre la scomparsa di un intero capitolo di 28 pagine dalla relazione d'inchiesta congiunta del Congresso sull'11 settembre, relative all'appoggio saudita agli attentatori e che non sono saltate fuori nemmeno sotto la presidenza di Obama. È passato quasi inosservato pure il documento di 335 pagine della Sottocommissione permanente d'inchiesta del Senato, che svela il ruolo della banca HSBC nel riciclaggio di fondi e nel finanziamento globale del narcotraffico e del terrore. Conteneva anche un capitolo di 50 pagine sui legami oscuri tra HSBC e Al-Rajhi, la più grande banca privata saudita, con oltre 500 filiali e attività per 59 miliardi di dollari. La banca è stata fondata dai fratelli Al-Rajhi, sotto la direzione di Sulaiman bin Abdul Aziz Al-Rajhi, il quale, stando a una serie di rapporti della CIA e del dipartimento del Tesoro americano, è tra i principali finanziatori di Al Qaida».[38]

Secondo il Senato degli Stati Uniti, «i rapporti tra HSBC e banca Al-Rajhi risalgono all'epoca in cui Edmond Safra vendette a HSBC la newyorkese Republic National Bank, già finita nella bufera per avere riciclato i proventi di una delle principali reti turche di contrabbando di eroina, che operava in Svizzera tramite la Shakarchi Trading Company. Quando HSBC ha acquisito Republic National Bank, la sede di New York ha avuto la gestione dei conti attivi di Al-Rajhi».[39] Anche Akida Bank Private Limited, una banca della *sharia* con sede in Arabia Saudita fondata dal solito Sulaiman bin Abdul Aziz Al-Rajhi, risulta implicata nel riciclaggio del denaro di Al Qaida.

Legami ben più profondi della tana del Bianconiglio di *Alice nel paese delle meraviglie*. Come emerge dalle relazioni del Senato americano, da quella della Commissione sull'11 settembre[40] e da altri documenti governativi, nel marzo 2002 «l'FBI e le autorità bosniache perquisirono una sede della Benevolence International Foundation,[41] ente di carità saudita che notoriamente canalizzava fondi ad Al Qaida.[42] Gli inquirenti rinvennero un hard disk contenente documenti sul sistema di finanziamento, battezzato 'Catena d'oro'. Tra i venti principali sponsor di Al Qaida figurava Sulaiman bin Abdul Aziz Al-Rajhi».

Secondo un'indagine finanziata dall'ONU, negli anni Novanta l'attuale re Salman avrebbe trasferito oltre 120 milioni di dollari da conti dell'Alta commissione saudita per gli aiuti alla Bosnia (e dai suoi conti personali) alla Thirld World Relief Agency, altro fronte di Al Qaida e canale d'invio di armi ai combattenti nei Balcani. La relazione, che riporta testimonianze di ex agenti della Nacional Security Agency (NSA) e della CIA, indica in re Salman il principale finanziatore delle operazioni di Al Qaida che portarono all'11 settembre, con l'uso di opere di carità come paravento.[43]

Nel 2003, la CIA stilò un rapporto riservato poi pubblicato dal *Wall Street Journal*, dal titolo *La banca Al-Rajhi. Un canale per la finanza estrema*,[44] in cui si affermava: «I radicali islamici usano la Al-Rajhi Banking & Investment Corporation (ARABIC) almeno da metà degli anni Novanta come canale per le transazioni dei terroristi, probabilmente trovando congeniale la capillare rete della banca e la sua adesione ai principi islamici, e forse perché lo trovano sensato sul piano ideologico».[45]

Inoltre, Wikileaks ha reso noto un cablogramma del dipartimento di Stato del 30 dicembre 2009, nel quale si riferisce che «i donatori sauditi costituiscono la principale fonte di finanziamento dei gruppi terroristici sunniti nel mondo» e che, malgrado una certa collaborazione di Riyad, «c'è ancora molto da fare, perché l'Arabia Saudita rimane una base di appoggio finanziario cruciale per Al Qaida, i talebani, Lashkar-e-Taiba e altre organizzazioni terroristiche, come Hamas, che probabilmente raccolgono ogni anno milioni di dollari da fonti saudite, spesso durante l'*haji* e il ramadan».

Ci sono altri istituti di credito e gruppi finanziari sauditi legati a questa macchina estremamente coesa, tutti sotto l'egida del ministero per gli Affari religiosi di Riyad.[46] Tra questi figurava la banca Al Taqwa,[47] a proposito della quale il dipartimento del Tesoro statunitense dichiarava nel novembre 2001: «Il gruppo Al Taqwa, con filiali in Svizzera, Liechtenstein, Italia e Caraibi, ormai da tempo funge da consulente finanziario di Al Qaida».

Nella deposizione rilasciata al Senato il 22 ottobre 2003, il francese Jean-Charles Brisard, esperto di terrorismo e investigatore in una delle cause civili presentate dai famigliari delle vittime dell'11 settembre, ricapitolava così l'intrigo saudita: «Nel giugno 2001, John O'Neill, allora a capo dell'antiterrorismo dell'FBI, mi disse: 'Ogni risposta, ogni chiave per smantellare la rete di bin Laden si trova in Arabia Saudita'. Oggi, tutte le piste e molte prove raccolte dai famigliari delle vittime dell'11 settembre collocano l'Arabia Saudita sull'asse portante del terrorismo e dimostrano che il governo saudita era al corrente della situazione, che avrebbe potuto cambiare l'operato delle sue organizzazioni, banche o imprese o associazioni caritatevoli che fossero, ma non ha voluto farlo».

A questo punto, va ricordato che Al Qaida, nata nel 1997 con il proclama in cui Osama bin Laden e Ayman al-Zawahiri dichiaravano la guerra santa contro gli americani e i sionisti, in origine era un'organizzazione poco strutturata di jihadisti salafiti e wahhabiti finanziati da un gruppo centrale, noto appunto come Al Qaida, sotto il controllo diretto di britannici e sauditi. «L'unico elemento ad accomunarli, oltre al fatto di essere terroristi, era considerarę come principali nemici gli sciiti e gli Stati Uniti (non l'Occidente in generale).»[48]

«Sebbene questi non fossero certo obiettivi condivisi dalla Gran Bretagna, che dalla caduta dello scià aveva sempre come nemico numero uno l'Iran, era interesse dei sauditi non solo minare l'Iran, ma anche diffondere la propria virulenta variante di islam in tutto il mondo musulmano [...]. Nonostante Al Qaida mirasse a creare un califfato che si estendesse dai Dardanelli al Volga, era anche violentemente antisciita, a conferma della sua totale dipendenza dall'Arabia Saudita.»[49]

Ora sappiamo che la giustizia, il governo, il Senato e il Congresso americani sono pienamente consapevoli che i sauditi appoggiano il terrorismo islamico. Ma il tradimento e il cinismo si spingono anche oltre. «Tanto l'amministrazione Bush quanto quella Obama hanno fatto di tutto per impedire alle famiglie delle vittime dell'11 settembre di chiedere conto al governo e alla casa regnante saudita.»[50] Nel 2005, su richiesta dell'amministrazione Bush, il giudice federale del Distretto di Manhattan respinse le accuse contenute nella denuncia dei famigliari contro il regno saudita, numerosi principi e associazioni benefiche, con la motivazione che l'Arabia Saudita, in quanto Paese straniero, era tutelata dal Foreign Sovereign Immunities Act.

## Il prezzo del tradimento

Anche se, come Al Qaida, il wahhabismo ha ricevuto sostegno e finanziamenti dal regno saudita, non avrebbe potuto agire senza che gli Stati Uniti ne fossero pienamente al corrente. «È emerso con chiarezza nel 2001, quando le forze speciali americane, con l'aiuto dell'Alleanza del Nord domi-

nata da tagiki, uzbeki e hazara, entrarono senza difficoltà
in Afghanistan assumendone il controllo in sei settimane,
davanti ai talebani impotenti. Nonostante l'amministrazione
Bush inizialmente non l'avesse rivelato, nel giro di poco fu
reso pubblico che Washington aveva consentito al governo
pachistano di salvare migliaia di talebani afgani, di pachistani loro alleati – ufficiali dell'esercito e dei servizi segreti –,
volontari di Al Qaida e membri del Movimento islamico
dell'Uzbekistan a Kunduz, nel Nord dell'Afghanistan. Proprio come, poche ore dopo gli attentati dell'11 settembre, i
componenti della famiglia bin Laden si volatilizzarono dal
Paese, pur con lo spazio aereo statunitense sigillato.»[51]

Ralph Pezzullo, ex comandante sul campo della CIA in
Afghanistan, racconta che «una volta sconfitti, i talebani e
Al Qaida fuggirono a Kunduz, e molti si arresero. Ma a quel
punto avvenne qualcosa di inesplicabile. Per tre giorni, gli
aerei militari pachistani effettuarono voli diretti da e verso
l'aeroporto di Kunduz, controllato dai talebani. Tutti i pachistani che contavano e i principali comandanti talebani
scapparono grazie a quei voli sicuri, una via di fuga chiaramente messa a disposizione dagli americani. Questa 'Operazione Ponte aereo del male', come la battezzarono i soldati
statunitensi, mandò su tutte le furie l'Alleanza del Nord».[52]


## Le intenzioni dei sauditi

Indubbiamente, i terroristi che sono stati addestrati e
armati in Afghanistan hanno ricevuto gran parte del denaro
dalle monarchie del Golfo, Arabia Saudita, Kuwait e Qatar
in particolare. Gli inglesi hanno definito la politica, stabilito
i mezzi per attuarla e preparato il terreno, proteggendo e
appoggiando i terroristi, ma i soldi sono sempre stati quelli
dei sauditi.

La casa dei Saud mira a diffondere con la forza la propria interpretazione ortodossa e radicale dell'islam. «La loro confessione religiosa [...] è stata promossa con l'intenzione di soggiogare l'intero mondo islamico. Ai terroristi è stata così inculcata la variante più violenta dell'ortodossia sunnita.»[53] L'indottrinamento è stato essenziale anche nella seconda parte dell'operazione di distruzione anglosaudita.

## I vari «stan» in pericolo

Dal crollo dell'Unione Sovietica, con la comparsa di Uzbekistan, Tagikistan, Kirghizistan e Turkmenistan lungo la frontiera afgana, i sauditi hanno iniettato fiumi di denaro per indottrinare i cittadini dei nascenti Stati. Loro hanno messo a disposizione i capitali e il Regno Unito la manovalanza sotto forma di gruppo religioso, il già citato Hizb ut-Tahrir, o Partito della liberazione, uno dei gruppi armati più violenti dell'Asia centrale.[54]

L'HUT è stato fondato da un religioso radicale siriano e da Mohamed Omar Bakri, membro dei Fratelli musulmani che si autodefiniva «la voce di Osama bin Laden» e, proprio come la casa dei Saud, predica il wahhabismo e addestra terroristi sanguinari e fanatici.[55] Pur essendo stato messo al bando in una serie di Paesi «stan»,[56] continua a prosperare nell'ombra, rappresentando una «crescente minaccia per il fianco Sud della Russia e servendo gli obiettivi politici inglesi, per non dire americani».[57]

Come si è accennato, un altro pericoloso gruppo terroristico è il Movimento islamico dell'Uzbekistan,[58] composto quasi esclusivamente da ex membri dell'HUT.[59] «Entrambi i gruppi si prefiggono di distruggere gli Stati-nazione islamici sovrani per fondare un califfato. È ciò che predicano Al Qaida e i sauditi.»[60]

Il modus operandi nell'ex Asia centrale sovietica è stato lo stesso già applicato in Bangladesh per reclutare tra i più poveri. «I sauditi hanno stampato a proprie spese migliaia di copie del Corano in Pakistan, che dispone di collegamenti aerei con Tashkent in Uzbekistan e Dušanbe in Tagikistan. Ciò ha permesso di spedire e distribuire in quei Paesi container pieni di versioni saudite del Corano. I wahhabiti [...] hanno aperto mense per i poveri e fatto proseliti tra la popolazione locale, esattamente come fanno i missionari evangelici. Molti di loro erano terroristi che reclutavano e armavano persone pronte ad attentare ai loro rispettivi governi. Hanno avuto gioco facile: per l'indigenza estrema, il malcontento era e-norme e non è stato difficile organizzare cellule di terroristi in un simile contesto.

«[...] L'interesse britannico è evidente. Londra sapeva che un sistema economico basato sull'usura e sul colonialismo non poteva più reggere. Per prolungarne l'esistenza, gli inglesi hanno fatto due mosse. La prima è stata incrementare gli introiti del narcotraffico. La droga è stata una delle principali fonti di capitali create con la guerra in Afghanistan, dopo l'invasione degli Stati Uniti e della NATO. La seconda è stata rispolverare con vigore la vecchia tattica coloniale di impossessarsi delle risorse altrui. Si pensi per esempio alla Libia, dove i cinesi avevano investito fortemente nell'industria petrolifera: l'invasione del Paese africano ha fatto perdere alla Cina tra i 2 e i 3 miliardi di dollari, a vantaggio di inglesi e francesi. Che tenteranno di mettere le mani sul gas e il petrolio dell'Asia centrale per impedire che venga canalizzato verso nord, verso la Russia, e convogliarlo invece verso sud e forse verso l'Europa. Anche questo elemento è previsto nel disegno: il Corridoio Sud.»[61]

# Il ruolo della BCCI

Nell'estate 1991, la Banca d'Inghilterra prese una decisione inaudita: chiudere uno dei principali istituti di credito al mondo, la Bank of Credit and Commerce International (BCCI), accusata di una serie impressionante di illeciti, dal riciclaggio al traffico di armi e droga, al terrorismo. In breve, la BCCI sfruttava una complessa alleanza tra organismi di intelligence, multinazionali, trafficanti di armi, narcos, terroristi, banchieri e alti funzionari di governo. Poteva contare sui leader di settantatré Paesi e formava quella che è stata descritta come «un'intricata ragnatela corporativa» fuori controllo.

Per capirci, la BCCI era un progetto dei servizi segreti utile a Stati Uniti, Gran Bretagna e Israele per i loro traffici di droga e armi. Il denaro sporco arabo depositato nella banca, con la collaborazione delle intelligence inglese e pachistana e della CIA, servì a proteggere e finanziare i Fratelli musulmani e altri fondamentalisti perché destabilizzassero il Medio Oriente ai tempi della rivoluzione iraniana.

Tra i clienti della BCCI figuravano Saddam Hussein, Abu Nidal e il Cartello di Medellín. «Nei memorandum, la BCCI appare legata all'intelligence israeliana e al crimine organizzato, dato che riciclava i fondi del narcotraffico e appoggiava i tentativi del Pakistan di mettere a punto l'atomica con l'aiuto del fisico israeliano Yuval Neeman. [...] Il dipartimento della Giustizia statunitense ha indagato altre 41 banche operative negli Stati Uniti».[62] Scopriamo così che tra queste ultime figuravano istituti israeliani sospettati di riciclaggio, come Leumi Bank, Republic National Bank, Israel Discount Bank, Barnett Bank e la National Bank of Florida di Miami, dove vengono gestiti i fondi dell'Anti-Defamation League.

Mohammed Irvani, della BCCI, era socio di Richard Helms, ex direttore della CIA. I prestanome della banca Kamal Adham e A.R. Khalil occupavano le massime cariche dell'intelligence saudita, oltre a essere i principali contatti della CIA in Medio Oriente. Oliver North, coordinatore dell'antiterrorismo statunitense implicato nello scandalo Iran-Contras, aveva depositato in vari conti della BCCI i proventi della vendita di cocaina e armi poi usati per finanziare i controrivoluzionari del Nicaragua. La banca aveva inoltre legami con alcuni degli sceicchi più ricchi del Golfo ed era considerata un fondo segreto della CIA.

Una relazione del 1992 sul «caso BCCI», presentata da una sottocommissione del Senato degli Stati Uniti, affermava: «Tra i reati della BCCI figurano l'evasione fiscale, della banca e dei suoi clienti, per miliardi di dollari; il riciclaggio di capitali in Europa, Asia, Africa e America; la corruzione di funzionari in quasi tutti questi Paesi; l'appoggio al terrorismo, il traffico di armi e la vendita di tecnologia nucleare; lo sfruttamento della prostituzione; il contrabbando e il favoreggiamento dell'immigrazione clandestina; gli acquisti truccati di banche e immobili; più una panoplia di reati finanziari lasciata all'immaginazione di funzionari e clienti.

«I principali meccanismi della BCCI per delinquere erano il ricorso a società fantasma, il segreto bancario e i paradisi fiscali; le complessità della struttura aziendale; l'uso di rappresentanti, prestanome, garanzie e opzioni di riacquisto; operazioni *back to back* tra gli enti controllati dalla banca; tangenti e corruzione; intimidazione di testimoni; pressioni per evitare l'intervento delle autorità».[63]

Venivano però sistematicamente omessi due dati essenziali. «Il primo era l'alleanza molto stretta tra la BCCI e alcune delle imprese e delle famiglie aristocratiche più potenti del Regno Unito. Tenuto conto della sede legale a Londra, e delle sedi operative sparse tra Hong Kong, le Isole Cayman e le ex colonie britanniche in Asia meridionale e in Africa, per chiunque avesse un minimo di dimestichezza con il modus operandi della monarchia inglese era evidente che la BCCI fosse una banca gestita dalla Corona. Il secondo dato era che la BCCI fosse diventata una banca 'mondiale', che gestiva principalmente i fondi segreti pompati nella guerra in Afghanistan.»[64] Inoltre, nei rapporti ufficiali viene menzionato solo di sfuggita che di fatto la CIA e l'intelligence pachistana usavano la BCCI come banca centrale per gestire i miliardi di dollari ottenuti grazie al traffico di armi e droga nella Mezzaluna d'oro, che tra il 1979 e il 1990 fiorì rigoglioso, consentendo di finanziare in gran parte la guerra afgana e di sconfiggere i russi.

«Quando le ultime truppe sovietiche ebbero lasciato Kabul, nel febbraio 1989, prese il via l'operazione di smantellamento del colossale piano segreto concepito dagli inglesi e attuato dagli americani per appoggiare i mujaheddin. La BCCI perse la propria ragione di esistere e fece la stessa fine di Investors Overseas Service negli anni Sessanta, o della Nugan Hand Bank australiana legata alla guerra in Vietnam: fondi sviati all'estero, invenzione di uno scandalo per distogliere l'attenzione e chiusura definitiva.

«Durante la guerra in Afghanistan, gli attivi della BCCI crebbero dai 2,5 milioni di capitale versato nel 1972 ai 4 miliardi di dollari del 1980, per poi toccare la vertiginosa somma di 23 miliardi nel momento in cui la Banca d'Inghilterra intervenne per farla chiudere. Il grosso di quei soldi scomparve, ancora oggi non si sa dove.»[65]

## Il «gioiello della Corona»

Nella sua spettacolare ascesa degli anni Ottanta, «la BCCI non fu affatto 'una banca del Terzo Mondo'. Fondata nel 1972 dal banchiere pachistano Agha Hasan Abedi e inizialmente finanziata dallo sceicco Zayed di Abu Dhabi, fu costituita nel Lussemburgo ma operava da Londra. È vero che Abedi intratteneva stretti legami con l'esercito pachistano, specie con il generale Zia-ul-Haq, salito al potere nel 1977, e che la BCCI fu impiegata per riciclare i fiumi di denaro provenienti dai laboratori che producevano eroina nella NWFP pachistana per immetterla sul mercato mondiale.

«La BCCI è diventata il 'gioiello della Corona' del sistema extraterritoriale a capitale volatile britannico, reso possibile dai legami con la City londinese. Nel 1976, la banca gettò le basi in Svizzera, acquisendo l'85 per cento della ginevrina Banque de Commerce et de Placements (BCP). [...] La BCP era amministrata da Alfred Hartmann, [...] che mentre faceva da 'nostro uomo in Svizzera' per la BCCI, agì sempre per conto della famiglia Rothschild. È stato infatti presidente della Rothschild Bank di Zurigo», oltre che di altri istituti nelle mani dell'élite.

Inoltre, «le filiali della BCCI in Svizzera, a Londra e nei Caraibi costituirono un canale essenziale per convogliare fondi al 'governo parallelo' in mano a Bush negli anni Ottanta. Stando alle dichiarazioni rilasciate al Congresso, il tenente colonnello Oliver North e il trafficante di armi inglese Leslie Aspin aprirono quattro conti cointestati presso la filiale parigina della banca. E quando il cartello di Medellín versò 10 milioni di dollari nelle casse di Bush per la guerra occulta, i fondi vennero trasferiti tramite un conto della sua filiale svizzera. Quando poi Mansur al-Kassar, trafficante di droga e armi siriano, concordò la vendita di armi all'Iran per 42 milioni di dollari nel quadro del piano Bush-North, lui e Aspin spedirono il ricavato alle Cayman sempre grazie alla BCCI».[66]

Anche Jack Blum, ex investigatore del Senato degli Stati Uniti, nel 1991 dichiarò al Congresso: «Quella banca era frutto della guerra in Afghanistan. Figure molto vicine ai mujaheddin hanno affermato che numerosi militari pachistani sostenevano il movimento ribelle afgano e ci rubavano i fondi che avevamo destinato alla cooperazione e allo sviluppo usando la BCCI per far sparire ciò che sottraevano. E anche per vendere armi americane dopo averle rubate, o per amministrare i proventi dell'eroina sintetizzata, a quanto pare, da un gruppo di mujaheddin».

Una volta tolta di mezzo la BCCI come banca d'elezione per il narcotraffico, il riciclaggio e in generale i crimini dell'élite, fino alla fine degli anni Novanta le subentrò HSBC.

Fondata nel 1865 «come perno della rete della Compagnia britannica delle Indie Orientali, in sostanza finanziava l'impero. A fine Ottocento, oltre il 50 per cento degli introiti dell'impero proveniva dall'oppio coltivato in India e venduto al dettaglio in Cina. Finanziò le guerre dell'oppio contro la Cina, segnando l'inizio del moderno narcotraffico. Da allora, è una sorta di banca di risconto impiegata per riciclare i fondi neri del traffico di droga, oro e diamanti».[67] Dato lo stretto legame tra Wall Street e la City londinese, il miliardo di dollari o poco meno generato ogni anno dal narcotraffico è diventato un'importante fonte di liquidità per entrambe le piazze finanziarie.

Nel 2012, vent'anni dopo lo scandalo della BCCI, una sottocommissione del Senato degli Stati Uniti accusava HSBC di incarnare «prassi di sistematica corruttela, ignorando le prove che le sue filiali venivano utilizzate per riciclare milioni di dollari dei cartelli della droga messicani».[68]

Il rapporto della sottocommissione rivelava che «una delle filiali messicane di HSBC aveva circa 50.000 conti nelle Cayman, dai quali sono stati portati negli Stati Uniti circa 7 miliardi di dollari in auto o in aereo. HSBC è stata inoltre accusata di offrire servizi monetari e finanziari a banche dell'Arabia Saudita e del Bangladesh che potrebbero avere convogliato fondi verso organizzazioni terroristiche come Al Qaida».[69]

Una delle principali basi operative di HSBC è a Dubai, centro del narcotraffico afgano in mano agli inglesi. È un mercato nero per eccellenza, un luogo nelle cui banche può passare beatamente ogni tipo di spazzatura.

Dubai, «paradiso turistico e immobiliare» oltre che ex protettorato britannico, è sorta con l'obiettivo di fare da puntello inglese al traffico dell'oppio afgano, ma anche al terrorismo in Asia meridionale e in Africa. Lo stesso ruolo che, fino al 1997, Hong Kong rivestiva per il narcotraffico nel Sudest asiatico. E, così come per Hong Kong, anche per Dubai la banca d'elezione è stata HSBC, forte di secoli d'esperienza nel gestire i proventi dell'oppio e dell'eroina.

Dubai è la «porta d'accesso al mondo dei terroristi, delle mafie della droga, dei trafficanti di armi e della tratta di schiavi, sia a scopo sessuale sia come forza lavoro. È lì che, alla fine degli anni Novanta, Osama bin Laden ricevette, tramite la Dubai Islamic Bank, un bonifico di 50 milioni di dollari di provenienza saudita; è lì che A.Q. Khan, trafficante di tecnologie nucleari pachistano, agiva totalmente indisturbato; è da lì che Dawood Ibrahim, esponente di spicco del crimine organizzato, finanziò lo spaventoso attentato di Mumbai nel novembre 2008; è lì che piovono i narcomiliardi afgani da consegnare ai terroristi, ossia al presunto nemico che Obama starebbe combattendo in Afghanistan».[70]

## Dubai: narcotraffico e terrorismo

Da trent'anni, il nome di Dubai ricorre in quasi tutti i più importanti attacchi terroristici, 11 settembre incluso: «Che si parli di narcotraffico, tratta di esseri umani o riciclaggio di capitali, tutte le strade portano a Dubai».[71]

Come scrive Misha Glenny in *McMafia. Droga, armi, esseri umani*, può essere considerato il principale covo di riciclatori del pianeta.[72] «Questo centro di riciclaggio si è visto facilitato con l'inaugurazione, nel 2005, del Dubai International Finance Centre (DIFC), una zona franca in cui gli stranieri possono detenere il 100 per cento di aziende e proprietà in totale esenzione fiscale»[73] e dove le attività bancarie offshore, flessibili e senza restrizioni, si sono trasformate in un business colossale. Molte delle maggiori banche del mondo operano a Dubai, soprattutto nel DIFC: Abbey National Offshore, HSBC San Marino, ABN Amro, ANZ Grindlays, BNP Paribas, Banque de Caire, Barclays, Dresdner e Merrill Lynch.

«Il fatto che il DIFC sia nato nel 2005 è ancora più significativo, se si pensa alla crescita della produzione di oppio afgano del 230 per cento tra il 2002 e il 2009.»[74]

Da allora, il traffico non ha fatto che aumentare. Secondo l'ONU, nel 2014 in Afghanistan c'è stato un raccolto record di oppio, con un incremento del 50 per cento rispetto al 2012. Oggi il Paese produce l'80 per cento dell'eroina mondiale, con miliardi di dollari che finiscono nelle tasche della potentissima mafia del narcotraffico. E non mi riferisco ai vari cartelli, bensì alle alte sfere di Londra e Wall Street, da cui questa mafia è eterodiretta. «Sotto l'occupazione militare statunitense, la produzione e lo spaccio di eroina sono fioriti e hanno trasformato l'Afghanistan in una narcocolonia.»[75] Poiché nel dicembre 2014 l'alleanza tra americani e NATO controllava il 90 per cento del Paese,[76] non è difficile immaginare chi abbia davvero in mano il traffico di droga.

L'alleanza tra narcotrafficanti afgani e mujaheddin islamici risale alla guerra contro i russi. «Con il procedere del conflitto i costi continuavano a lievitare; lungo la pipeline che alimentava i *mujaheddin* il denaro non bastava mai, e per questa ragione l'ISI e la CIA cominciarono a cercare altre fonti di finanziamento. Una che si dimostrò accessibile fu il contrabbando di droga [...] in breve, alla tradizionale economia agricola se ne sostituì una fondata sulla droga.»[77]

Negli anni Novanta, il leader supremo dei talebani, il mullah Omar, prese il controllo dell'Afghanistan e vi introdusse Al Qaida. «È il momento in cui il milionario fondamentalista saudita Osama bin Laden, sfruttando i propri contatti nel Golfo, strinse i legami con il cartello internazionale della droga, delle armi e del riciclaggio a Dubai.»[78] Nick Tosches, redattore di *Vanity Fair*, nel 2006 segnalava come il visitatore che metteva piede a Dubai rimanesse scioccato dai cartelli che pubblicizzavano la «bin Laden Costruzioni».

Che Dubai funga da epicentro del terrore, del narcotraffico e del riciclaggio è incontrovertibile. «Le forze dell'ordine e l'intelligence statunitensi hanno scoperto centinaia di migliaia di dollari inviati da Dubai e dagli Emirati Arabi Uniti a terroristi sotto accusa per l'11 settembre, tra i quali Mohamed Atta, Marwan al-Shehhi, Nawaf al-Hazmi e Khalid al-Mindhar.»[79] Nel rapporto della commissione d'inchiesta istituita sull'11 settembre, il grosso di queste operazioni è attribuito ad Ali Abdul Aziz Ali (alias Ammar al-Baluchi), nipote di Khalid Shaykh Muhammad, accusato di essere il cervello dietro gli attentati del 2001 sul territorio degli Stati Uniti.

Altrettanto irrefutabile è che gli americani si siano mostrati negligenti e reticenti a combattere, neutralizzare e smantellare le reti che finanziano il terrore. Le cellule cui è stato permesso di crescere e prosperare mentre gli Stati Uniti intervenivano in Afghanistan e in Iraq si sono oggi trasformate nell'ISIS, con guerre sanguinose in Medio Oriente e, ora, con attentati nel cuore dell'Europa.

E siamo solo all'inizio.

# Via libera a Dawood Ibrahim e al terrore in India

Il mafioso Dawood Ibrahim, che tra gli anni Ottanta e Novanta visse in quella che allora si chiamava Bombay, è stato per tutta la vita un trafficante di oro e droga. «È fuggito a Dubai dopo gli attentati alla Borsa di Bombay del 12 marzo 1993, che hanno fatto centinaia di morti e migliaia di feriti. Per anni ha aiutato Al Qaida, i talebani e i terroristi pachistani a spostare soldi, uomini ed equipaggiamenti.»[80] L'associazione a delinquere di Ibrahim, sotto il controllo dell'intelligence pachistana, l'ISI, ha mirato sistematicamente a destabilizzare il governo indiano, con disordini, attentati e disobbedienza civile.

Oggi Dawood Ibrahim, ricercato dall'Interpol e dalla giustizia indiana, si trova nascosto alla frontiera tra Pakistan e Afghanistan, a nord del Waziristan, mentre l'ISI gli sta approntando un «rifugio sicuro».[81] È un assassino ed è protetto da Londra, madre di tutti i legami tra sauditi, ISI e Dubai.

«Tra i suoi crimini figurano [...] il dirottamento di un volo Air India nel 1999, con lo scambio tra centinaia di ostaggi e il terrorista britannico Ahmad Omar Sai'd Shaykh, che poi ucciderà il giornalista Daniel Pearl in Pakistan; le esplosioni in diverse stazioni ferroviarie a Mumbai nel 2006, che fecero 207 morti e 600 feriti, e gli spettacolari attentati multipli di Mumbai del 2008», con oltre cento morti e duecento feriti nell'arco di tre giorni.[82]

L'ISI è strettamente legato all'MI6 e alla CIA, che sostengono buona parte delle sue operazioni.[83] Possiamo dare per assodato che Stati Uniti e Gran Bretagna conoscano il nascondiglio di Ibrahim? Certo. Allora perché nessuno muove un dito per catturarlo? Perché Ibrahim controlla le operazioni di narcotraffico e riciclaggio dei talebani e di Al Qaida.

Ancora una volta: perché nessuno fa qualcosa per fermare

le attività criminose di quelli che dovrebbero essere i nostri peggiori nemici? Perché favorire il narcotraffico significa prolungare la guerra in Afghanistan e fornire carne da cannone per i conflitti che destabilizzano il Medio Oriente e per gli attentati nel vecchio continente, necessari per mantenere soggiogata con la paura l'ingenua popolazione europea.

## Le mille rotte dei narcodollari

Una delle principali conseguenze della narcoinsurrezione in Afghanistan è il pauroso numero di morti tra i civili. Nel 2013 «si sono toccati i massimi dal 2001, specie per mano di emissari degli Stati Uniti e di ribelli talebani. Gli americani si sono alleati con figure potenti, signori della guerra che 'combattono il terrore' al loro fianco. Queste operazioni antiterrorismo consistono in incursioni notturne e omicidi selettivi. I signori della guerra sono al soldo degli Stati Uniti; mercenari, paramilitari a centinaia di migliaia in tutto il Paese. Oggi l'Afghanistan non ha un governo sovrano. È indebitato con l'estero a forza di aiuti e ha le mani legate da signori della guerra e capi locali».[84]

So bene che alcune cose non si possono dire pubblicamente negli Stati Uniti. Per esempio, che la CIA è complice della narcomafia afgana fin dal 1947. Quindi l'Afghanistan è diventato il primo produttore mondiale di eroina con il consenso della CIA? Proprio così. Il narcotraffico fomenta tutti i peggiori fenomeni criminosi, dal riciclaggio al contrabbando, dalla guerriglia al terrorismo.

Per uno Stato, sponsorizzare i terroristi comporta dei vantaggi: «La produzione e il traffico di stupefacenti aiutano gli Stati Uniti a raggiungere i loro obiettivi strategici in Afghanistan: tranquillizzare l'opinione pubblica, tenersi buoni i signori della guerra, depredare le risorse del Paese e assicurarsi basi militari sul territorio. Facendo leva sulla corruzione, possono mantenere un certo controllo sull'interno del Paese, ed è questa la loro strategia».[85]

Per non parlare del fatto che la droga uccide. Stando ai dati dell'ONU, negli ultimi dieci anni l'eroina afgana ha fatto almeno un milione di morti per overdose.[86] Quale modo migliore per togliere di mezzo un po' di «commensali inutili», come Kissinger e Rockefeller definiscono l'umanità?[87]

Alexander Mercouris, in un articolo pubblicato su *Sputink* e intitolato «L'impero del caos e la guerra al narcotraffico», getta luce su altre connivenze della CIA: «Durante la guerra dei francesi in Indocina, il Servizio di documentazione estera e di controspionaggio francese (SDECE) fece ricorso a contatti locali per organizzare il traffico di eroina, in parte per finanziare le operazioni contro i vietnamiti. Ai francesi subentrò poi la CIA, che assunse il controllo della coltivazione e lavorazione dell'oppio nel Triangolo d'oro; il tutto a opera di signori della droga cinesi associati al Kuomintang, il partito al potere in Cina fino all'avvento dei comunisti nel 1949. La collaborazione tra i narcotrafficanti e gli americani era tale che, negli anni Sessanta, la CIA organizzava voli per spedire l'eroina negli Stati Uniti».[88]

L'entità del complotto di CIA e SDECE con i signori della droga venne allo scoperto nel 1972, grazie allo storico americano Alfred William McCoy e al suo libro *La politica dell'eroina*.

Oggi nulla è cambiato: l'economia sommersa legata al traffico di armi e droga, un giro di 2 miliardi di dollari l'anno,[89] rappresenta «il polo logistico del nuovo terrorismo internazionale. Dai campi di oppio afgani alle piantagioni di coca colombiane, le legioni delle attuali guerre non convenzionali, gerarchicamente dispiegate dalle fazioni dell'oligarchia angloamericana (con il generoso supporto israeliano), sopravvivono o cadono in base alla 'logistica profonda' del sommerso legato ad armi e droga».[90]

Come dimostra la più volte citata inchiesta del Senato degli Stati Uniti, ormai tutti sanno che le principali banche commerciali di Wall Street e della City «riciclano ogni anno centinaia di milioni di narcodollari. I funzionari dell'intelligence statunitense riconoscono in privato che tutte le principali banche newyorkesi hanno emissari in Colombia, Perù, Paraguay e altri centri della Narcotraffico S.p.A., e che trattano con i trafficanti. Attorno ai narcodollari, principale fonte di liquidità nel mondo attuale, la competizione è spietata».[91] E questo accade proprio mentre il sistema finanziario globale è al collasso.

Stando a un'indagine del Congresso americano del 2001, le banche statunitensi ed europee riciclano ogni anno da 500 milioni a un miliardo di dollari della criminalità internazionale, metà dei quali nei soli Stati Uniti. In sostanza, negli anni Novanta le banche americane hanno ripulito tra 2.500 e 5.000 miliardi derivanti da attività illecite, immettendoli nei circuiti finanziari nazionali. Secondo osservatori informati, oggi la cifra potrebbe essere raddoppiata. Che cosa significa tutto ciò? Che senza questo fiume di denaro sporco l'economia degli Stati Uniti crollerebbe. Nel gennaio 2015, il deficit commerciale del Paese era pari a 42 miliardi di dollari.[92] Se lo raffrontiamo ai 250-500 milioni riciclati l'anno, è chiaro che i capitali illeciti finanziano parte del deficit commerciale americano. «Senza quei soldi, la bilancia dei pagamenti statunitense sarebbe insostenibile, il livello di vita precipiterebbe, il dollaro si indebolirebbe, gli investimenti e i prestiti diminuirebbero»[93] e Washington non potrebbe tenere in piedi il proprio impero globale.

Vogliono farci credere che il riciclaggio di denaro sia appannaggio esclusivo della mafia russa e dei suoi cugini italiani e colombiani, nonché di un manipolo di banchieri senza scrupoli. Tutte fandonie: in questo business sono coinvolte le più importanti banche americane. «Washington e l'apparato mediatico hanno dipinto gli Stati Uniti come un Paese in prima linea contro il narcotraffico, il riciclaggio del denaro e la corruzione politica; è stata data l'immagine di una nazione dalle mani immacolate in lotta contro il denaro sporco. In realtà avviene il contrario. Le banche statunitensi hanno messo a punto un complesso intrico di misure politiche per trasferire nel Paese fondi illeciti, investirli in attività lecite o in debito pubblico e, in questo modo, ripulirli.»[94]

Il ruolo chiave delle istituzioni finanziarie internazionali nel riciclaggio dei narcodollari fu messo in risalto già in una relazione dell'UNODC (l'Ufficio delle Nazioni Unite per il controllo della droga e la prevenzione del crimine) pubblicata il 29 maggio 1998, dal titolo *Paradisi fiscali, segreto bancario e riciclaggio di capitali*. Gli autori erano quattro esperti in materia: Jack Blum, Michael Levi, Thomas Naylor e Phil Williams. Blum è noto per essere stato consulente legale speciale dello United States Committee on Foreign Relations guidato da John Kerry, che ha messo a nudo il ruolo dell'intelligence statunitense negli anni Ottanta in un'operazione globale di scambio tra armi e droga, legata allo scandalo Iran-Contras e al finanziamento dei mujaheddin afgani. E che ha svelato il ruolo della BCCI nel riciclaggio dei narcodollari della Mezzaluna d'oro serviti per coprire i costi della guerra contro i sovietici in Afghanistan.

Quali misure sono state prese per porre un freno a tutto ciò? Nessuna. Anzi, oggi narcoterroristi, intelligence, cartelli bancari e governi sono legati sempre più strettamente. Non si può quindi parlare davvero di sgominare nessuna rete di terroristi, perché ciò significherebbe smantellare la colossale macchina mondiale che alimenta questo mostro e sopravvive grazie a esso. Nessun servizio segreto si azzarderà mai a perdere miliardi di dollari sporchi per smantellare gruppi terroristici che ha in suo potere, anche se il sacrificio in termini di vite umane è altissimo.

*Charlie Hebdo*? Sono danni collaterali.

Lo studio dell'UNODC sottolineava il crescere di pari passo del mercato unico europeo con l'espansione dei centri bancari offshore specializzati nel gestire transazioni finanziarie di stranieri. Secondo il *Guardian*, queste piazze offshore detengono attivi per 16 miliardi di dollari.[95] In questo modo, i 2 miliardi di dollari annui del traffico di droga, armi, oro e diamanti si mescolano con altri fondi, in maggioranza leciti, rendendo ancora più difficile ogni indagine penale. Finché esisterà la globalizzazione, la circolazione del capitale volatile renderà molto arduo porre fine al riciclaggio dei narcodollari.

Un altro esempio? La Siria è un Paese nemico degli Stati Uniti. Tutti lo sanno. Ma non tutti sanno che, negli ultimi trent'anni, la CIA aveva stretto un accordo segreto per proteggere la rotta siriana del narcotraffico. Vengono i brividi, vero?

La Valle della Bekaa, in Libano, è un'area fertile, adatta a coltivare l'oppio. Secondo WorldNetDaily, «com'è risaputo, Rifaat al-Assad, zio del presidente Bashar al-Assad, era il 'capo supremo' della grande industria dell'oppio nella Valle della Bekaa. Rifaat, una pedina della CIA, si stava preparando a succedere al fratello maggiore Hafiz, il padre di Bashar, alla presidenza della Siria. Era in rapporti stretti con Monzer al-Kassar, trafficante di droga e armi siriano».[96] Al-Kassar era del tutto in linea con le attività illecite di Oliver North che, come sappiamo, negli anni Ottanta fu consigliere dell'allora vicepresidente George H.W. Bush nell'operazione clandestina di contrabbando di droga per finanziare i contras nicaraguensi.

L'ingresso di trentamila soldati siriani in Libano alla fine degli anni Ottanta mirava non solo a separare le fazioni in guerra, ma anche a proteggere le coltivazioni di oppio. «Chi le sfruttava arrivava a pagare alle forze d'occupazione siriane fino a 2 miliardi di dollari l'anno, in cambio di protezione.»[97]

Si è accennato che negli anni Ottanta la CIA favoriva in segreto la rotta siriana. Vediamo come. «Ci sono stati diversi accordi in base ai quali i siriani – allora guidati da al-Kassar – avrebbero aiutato a liberare ostaggi statunitensi prigionieri in Libano. Uno di questi accordi fu l'operazione 'CIA Uno'. In cambio gli americani avrebbero tenuto al sicuro la rotta siriana del narcotraffico, che partiva dalla Valle della Bekaa, passava dall'aeroporto di Francoforte e giungeva negli Stati Uniti.»[98] La partecipazione finanziaria della CIA a questa operazione segreta fu possibile grazie alla rete occulta della BCCI. È significativo che la CIA, la Defense Intelligence Agency e il consiglio per la Sicurezza nazionale usassero la BCCI alla stregua di una banca privata per mandare miliardi in finanziamenti segreti a Paesi con i quali gli Stati Uniti sono sempre stati in conflitto: dai muhajeddin in Afghanistan (tramutatisi poi in talebani e nell'ISIS) all'ISI in Pakistan, da Saddam Hussein in Iraq al governo iraniano.

Già in un articolo pubblicato nel 1991 sulla rivista *Time*, Jonathan Beaty e S.C. Gwynne rivelavano che «la rete occulta è il logico risultato delle dubbie e delittuose alleanze della BCCI. [...] Inizialmente doveva servire a pagare bustarelle, intimidire autorità e insabbiare indagini. Ma a un certo punto, negli anni Ottanta, la rete ha cominciato a gestire in proprio traffici di droga, armi e denaro».[99]

Oggi, il fiume di soldi del narcotraffico è una delle principali ragioni della guerra in Siria. Controllare la Valle della Bekaa significa avere in mano la chiave del potere. L'ingresso nel narcotraffico di gruppi terroristici come Hezbollah si deve proprio all'insicurezza delle frontiere e, a questo riguardo, l'Africa è diventata molto interessante: la rotta africana mantiene attualmente l'ISIS, Boko Haram e Al Qaida.[100] Centinaia di milioni di narcodollari finiscono nelle casse delle organizzazioni più pericolose e sanguinarie del mondo. Anche dopo essersi fermati a riflettere, è una constatazione che fa infuriare.

Per gli Stati Uniti, questi gruppi sono alleati silenziosi. Tutto all'insegna del «purché non si sappia in giro»: se Allah è con noi, bene; se Allah decide che l'omicidio politico è lecito, meglio ancora. Come ogni operazione segreta, anche questa, per essere efficace, deve rimanere strettamente riservata. «Non ci sono fondi della CIA, né memorandum o comunicazioni al Congresso. Il Tesoro non sborsa un centesimo per finanziarla. Insomma, non rimane alcuna traccia. La Casa Bianca non deve far altro che strizzare l'occhio ai Paesi che danno copertura ai terroristi.»[101]

Il 25 gennaio 2015, BBC News informava che il movimento radicale Boko Haram finanziava le proprie lotte sfruttando la posizione della Nigeria come crocevia del narcotraffico globale.[102] Citava anche le conclusioni dell'International Crisis Group, secondo cui «Boko Haram ha stretto legami con i trafficanti di armi delle vaste regioni senza legge del Sahel». Come spiega Bill Weinberg su *High Times*, «molte delle loro armi, dei carri armati e blindati sono stati sottratti all'esercito nigeriano, anche se si pensa che parecchi provengano dalla Libia, dove dopo il rovesciamento di Gheddafi gli arsenali sono stati saccheggiati. I contrabbandieri, organizzati in reti, trafficano materiale bellico rubato in tutto il Sahel e il Sahara, sfruttando le rotte già esistenti per la droga e altri generi contrabbandati tra Africa occidentale, Europa e Asia».[103]

Nel febbraio 2012 Yury Fedotov, direttore dell'UNODC, informava il Consiglio di sicurezza dell'ONU: «La rotta del narcotraffico dell'Africa occidentale rifornisce un mercato europeo della cocaina che negli ultimi quattro anni è quadruplicato, raggiungendo i livelli di quello statunitense. Calcoliamo che il traffico di cocaina in Africa occidentale e centrale generi un giro di circa 900 milioni di dollari l'anno». Ma la droga non viene dall'Africa. «Attraversando l'Atlantico lungo la rotta del 10° parallelo seguita dai mercantili già nel primo Novecento, la cosiddetta 'Autostrada 10', i trafficanti trasportano droga nel tratto di oceano dove l'Africa e l'America del Sud sono più vicine.»[104] Così, la Guinea Bissau è diventata il primo «narcostato» d'Africa. Pur non possedendo né coltivazioni né produzione proprie, «grazie unicamente alla corruzione e all'anarchia, il Paese è diventato un interessante crocevia per i narcos del Sudamerica. La droga proveniente da Brasile, Colombia e Venezuela transita dalla Guinea Bissau per poi approdare nell'Europa del Sud, come sottolinea il dipartimento di Stato americano nell'*International Narcotics Control Strategy Report* del 2010».[105]

In queste attività sono coinvolte varie organizzazioni terroristiche. Stando a un rapporto del Pulitzer Center del giugno 2009, «la cocaina in transito dall'Africa occidentale è un importante introito per Hezbollah»[106] e altri gruppi.

Come se non bastasse, i media indiani hanno diffuso la notizia che le rotte di scambio armi-droga di Boko Haram sono sotto il controllo dell'infame Dawood Ibrahim, che come abbiamo visto è uno dei terroristi più ricercati del pianeta, nascosto e protetto da Pakistan, Gran Bretagna e Stati Uniti. Nel 2014, la testata *DNA India* sosteneva che «secondo i rapporti dei servizi segreti, il fratello maggiore Anees Ibrahim è stato di recente a Lagos, dove ha incontrato Abubakar Shekau, il capo di Boko Haram. Si segnala inoltre che Boko Haram si sta prefiggendo come obiettivo il lucroso mercato della droga indiano, sfruttando un'efficiente rete di bande N estesa in tutto il Paese». Con «bande N» si indicano i gruppi di narcotrafficanti che gravitano intorno a Dawood Ibrahim.[107]

L'idea che Al Qaida, Boko Haram, Hezbollah, Hamas e ora anche l'ISIS sfruttino il traffico di droga per finanziare il terrore dà quantomeno da pensare. Ma nulla di questo sarebbe stato possibile se CIA, MI6, ISI e Mossad non avessero creato insieme le rotte per il narcotraffico, le reti di riciclaggio e le infiltrazioni istituzionali necessarie per spostare fondi neri da un capo all'altro del pianeta mediante cyberoperazioni finanziarie altamente sofisticate.

È possibile che il governo degli Stati Uniti non sappia che organizzazioni che ha concorso a creare stanno riciclando sotto il suo naso miliardi di proventi di attività criminali? No, non è possibile. La famosa «talpa del Datagate» Edward Snowden, ex amministratore di sistemi dell'impresa Booz Allen che ha deciso di fare una serie di rivelazioni su argomenti molto scottanti, ha ribadito il concetto in un'intervista alla stampa cinese nel giugno 2013: «Noi [la National Security Agency] piratiamo le cosiddette *backbone networks*, paragonabili a colossali router che permettono di accedere alle comunicazioni di centinaia di migliaia di computer senza doverli piratare a uno a uno. [Questo dimostra] l'ipocrisia del governo statunitense quando afferma di non avere per obiettivo le reti civili, diversamente dai suoi avversari [...]. Non solo lo fa a sua volta, ma è talmente terrorizzato che lo si venga a sapere da essere disposto a tutto, anche all'intimidazione diplomatica, pur di tenerlo nascosto».[108]

Nel 2014 un quotidiano brasiliano, *O Globo*, pubblicò la notizia che la National Security Agency spiava la Society for Worldwide Interbank Financial Telecommunications, la rete che trasmette i bonifici internazionali di oltre diecimila banche di duecentododici Paesi. «È singolare, dato che gli Stati Uniti hanno già accesso ai dati SWIFT mediante il programma di controllo delle transazioni finanziarie dei terroristi TFTP, avviato a seguito degli attentati dell'11 settembre.»[109]

Dopo le rivelazioni brasiliane, anche *Der Spiegel* affermò che la NSA passava al setaccio le transazioni dei titolari di carte di credito in Africa, Europa e Medio Oriente: «Lo spionaggio avviene tramite il programma 'Follow the Money'. I dati raccolti vengono poi immessi in TracFin, la banca dati della NSA, che nel 2011 conteneva 180 milioni di voci».[110]

Non va dimenticato che il 90 per cento delle comunicazioni via internet transita dagli Stati Uniti: ciò dà al governo e all'intelligence statunitensi un enorme vantaggio sui rivali.[111] Un articolo apparso nel luglio 2013 sul *Washington Post* descriveva un altro programma della NSA, FAIRVIEW,[112] con il quale i servizi segreti avevano ottenuto un accesso privilegiato dalle grandi società di telecomunicazioni che gestivano la fibra ottica sotto gli oceani. La testata americana illustrava in dettaglio un caso del 2003, quando era stata annunciata la vendita agli stranieri di Global Crossing, un importante internet provider: «L'accordo di sicurezza su Global Crossing, che con la sua fibra ottica collegava 27 Paesi in quattro continenti, prevedeva un 'centro operativo di rete' su suolo statunitense, visitabile da un funzionario governativo con un preavviso di trenta minuti. Le operazioni di vigilanza dovevano essere condotte da cittadini americani scelti dal governo e obbligati al segreto (spesso al punto di non poter condividere le informazioni neppure con la dirigenza dell'azienda)».[113]

La vera forza della tecnologia odierna sta nel poter convertire in un solo istante dati opachi in informazioni utilizzabili dai servizi segreti per avere il controllo di operazioni, agenti e obiettivi delle intelligence di tutto il mondo. Questo si traduce in potere.

In altre parole, il governo americano e qualunque governo del «Primo Mondo» dispongono dei mezzi e delle tecnologie per tracciare il denaro, dunque per sgominare ogni cellula di terroristi del pianeta, perché nessuna di queste può agire senza soldi. Ma allora perché, se i governi sono in grado di porre fine al terrore nel mondo, preferiscono invece chiudere gli occhi e avere sulla coscienza decine di migliaia di innocenti? Che effetto fa sapere che la diffusione del terrorismo è frutto del cinismo delle autorità?

Ecco che «grazie ai finanziamenti dei due principali Stati wahhabiti dell'impero britannico, ossia Arabia Saudita e Qatar, e in minor misura a quelli di Turchia, Kuwait ed Emirati Arabi, i jihadisti si sono ampliati ben oltre le reti di bin Laden, dei mujaheddin e di Al Qaida [...]. Con la complicità totale degli inglesi, dell'amministrazione Obama e dello Stato saudita – un burattino in mano ai britannici –, la nuova Al Qaida ha avuto un'occasione d'oro per addestrare un esercito di combattenti provenienti da Arabia Saudita, Siria, Libia, Algeria, Caucaso, Turchia, Libano, Giordania, Egitto, Xinjiang, Ucraina e Gran Bretagna».[114]

Negli ultimi due anni, questi gruppi hanno ricevuto l'addestramento nel Sud di Iraq e Siria. In precedenza, con l'appoggio della NATO, si erano resi protagonisti del rovesciamento e dell'assassinio di Gheddafi. Morto il presidente libico, le armi della guerra libica sono finite in Siria, grazie a una rete intessuta tra Turchia, Arabia Saudita e Qatar scoperta dall'ONU. Lo stesso tipo di terroristi wahhabiti e salafiti «riceve oggi finanziamenti dai migliori alleati dell'Occidente in Arabia per spodestare e rovesciare il regime siriano, spalancando le porte all'anarchia».[115]

Per ricapitolare, gli angloamericani, in combutta con le ricche monarchie petrolifere capeggiate dai sauditi, hanno dato vita a un esercito del califfato composto di jihadisti saltati fuori da tre anni di guerra in Siria. I capi spirituali di questo esercito posano tronfi su YouTube, pronunciando *fatwa* che incitano al terrorismo di massa. Dal vecchio fondamentalismo islamico ad Al Qaida, all'ISIS, la connivenza tra il denaro dei sauditi e le trame degli inglesi non si è mai interrotta.

## La casa dei Saud fa strage di musulmani per volere degli inglesi

«Mentre l'ondata di presunto odio spontaneo degli islamici monta nell'intero pianeta, è fondamentale che tutti, politici e cittadini, abbiano ben chiaro chi è l'attore chiave di questo disegno di caos e disordini pianificati: l'Arabia Saudita. Questo Paese, che dipende dalla monarchia britannica, spende miliardi di dollari in tutto il mondo per mettere in atto il piano teso a diffondere guerre religiose e terrorismo. Gli emissari sauditi comprano e pagano la propaganda di istigazione all'odio, le armi e le bombe, come nel caso degli attentati dell'11 settembre 2001 negli Stati Uniti.»[116]

Un articolo apparso qualche anno fa sul giornale siriano *Tahwra al Wehda* con il titolo «La primavera americana di Al Qaida» sosteneva che l'organizzazione avesse sempre ricevuto finanziamenti dai Saud e che si stesse spostando dallo Yemen e dalla frontiera afgano-pachistana verso la Siria, per lottare contro il regime di Bashar al-Assad. Ciò che il quotidiano ometteva è che tale trasferimento di terroristi in Siria avveniva con la benedizione dei governi statunitense e inglese. L'articolo ricordava il ruolo del capo dell'intelligence saudita, il principe Bandar bin Sultan, in questo nuovo gioco: «La casa dei Saud ha fornito in esclusiva un appoggio economico, politico, religioso e mediatico ad Al Qaida, su istanza soprattutto di Gran Bretagna, Stati Uniti e Israele. La macchina della propaganda, specie occidentale, ha tentato invano di perpetuare il mito secondo cui bin Laden, nel frattempo assassinato, fosse nemico della casa regnante, tanto che dopo gli attentati dell'11 settembre gli era stato vietato l'ingresso in Arabia Saudita».[117]

La verità è ben diversa. L'Al Qaida di bin Laden era da sempre finanziata dalla casa dei Saud.[118] Per questa ragione, dopo gli attacchi sul suolo americano, Washington si decise a intervenire cancellando alcuni conti bancari usati dai sauditi per finanziare il terrorismo di Osama.[119] «Ma si trattò più che altro di un gesto di facciata.»[120]

## Osama bin Laden

Il ruolo chiave dello «sceicco del terrore» negli attentati dell'11 settembre non può essere colto se non si capisce che la famiglia bin Laden fa parte della ristretta oligarchia saudita.

«Il padre di Osama, Mohammed bin Laden, ha accumulato una ricchezza immensa grazie all'aiuto della famiglia reale e del clero wahhabita, i due pilastri del potere saudita da quasi tre secoli. Fra gli anni Trenta, sotto il regno di Abdulaziz, e gli anni Sessanta, sotto re Faysal, quasi tutti i più importanti interventi edilizi voluti dalla monarchia saudita furono affidati all'impresa bin Laden, che si aggiudicò l'appalto per la ristrutturazione dei tre luoghi più sacri dell'islam: i due santuari della Mecca e di Medina, nonché la Cupola della Roccia a Gerusalemme. [...] Mohammed bin Laden fu nominato ministro e ottenne il titolo di sceicco.

«Quando morì in un incidente aereo, nel 1967, ai suoi funerali parteciparono diecimila persone. Tutti i suoi figli, tra cui Osama che all'epoca aveva dieci anni, diventarono automaticamente miliardari e membri dell'élite saudita. Un decennio dopo, quando l'Arabia Saudita scese in campo accanto a Gran Bretagna, Stati Uniti e altri Paesi per fomentare la guerra dei mujaheddin contro i sovietici in Afghanistan [...], la monarchia saudita voleva mettere un principe a capo delle operazioni belliche. Poiché nessun membro della casa reale accettò quel ruolo, la scelta cadde su Osama bin Laden, devoto wahhabita, che da allora sarebbe stato la star dei sauditi nel teatro afgano.»[121]

Osama si era messo in luce grazie all'operato del cugino e mentore Salem bin Laden, uno dei quattro sauditi ammessi nell'esclusivo Club 1001 del principe Filippo d'Inghilterra, il braccio finanziario del WWF. «Nel 1979, lo sceicco Salem era socio in affari di George W. Bush, tramite l'impresa di famiglia Zapata Oil and Arbusto Ltd.»[122] Allo scoppio della guerra in Afghanistan nel 1979, era ormai una figura di spicco della BCCI.

«Nel corso degli anni Novanta, mentre Osama bin Laden scorrazzava tra Pakistan, Afghanistan, Sudan e Inghilterra, l'intelligence britannica volse lo sguardo altrove. Il londinese *Times* scrive che, nella seconda metà del 1996, bin Laden compì frequenti viaggi a Londra, sicuramente sotto la protezione delle autorità britanniche.»[123] La stessa testata assicurava di averlo visto anche nella casa londinese di Khalid bin Mahfouz, facoltoso banchiere saudita, membro di spicco dei Fratelli musulmani e finanziatore di un'ampia gamma di gruppi jihadisti, oltre che grande azionista della BCCI.[124]

Nel 1999, il Parlamento francese aprì un'inchiesta sul riciclaggio globale. Dopo una serie di rapporti su Lichtenstein, Monaco e Svizzera, mise a punto una relazione dal titolo *La City di Londra, Gibilterra e le dipendenze della Corona: centri extraterritoriali e paradisi dei fondi neri*, con un allegato di 70 pagine dal titolo *L'ambiente economico di Osama bin Laden*. La conclusione: circa quaranta fra banche, imprese e singoli individui inglesi erano legati alla rete di bin Laden, tra cui organizzazioni di Londra, Oxford, Cheltenham, Cambridge e Leeds. La struttura della rete finanziaria di bin Laden era sorprendentemente simile a quella impiegata dalla BCCI nelle operazioni fraudolente degli anni Ottanta.

E non è tutto. Due esperti di intelligence, Guillaume Dasquié e Jean-Charles Brisard (consigliere del presidente Chirac), rivelarono in un libro del 2001, *Ben Laden: La vérité interdite*, che il primo mandato di arresto dell'Interpol contro bin Laden era stato spiccato dalla Libia nel marzo 1998. Per nascondere la scomoda verità di un ordine di cattura proveniente proprio dalla Libia, l'intelligence angloamericana minimizzò la gravità della minaccia. E ad agosto Al Qaida uccise duecento persone negli attentati contro le ambasciate degli Stati Uniti di Kenya e Tanzania.

## Tutte le strade portano a Londra

Considerare l'Arabia Saudita l'unica responsabile sarebbe però un'offesa alla giustizia. «È più che evidente che la Gran Bretagna dà rifugio a terroristi di ogni credo e colore, ma soprattutto ai jihadisti islamici, dato che l'impero britannico ha praticamente disegnato la cartina dei Paesi islamici e rimane comunque il loro 'protettore'.»[125]

In un articolo pubblicato sul *Guardian* il 14 febbraio 2002, gli autori scrivevano che «la documentazione raccolta dal nostro giornale a Madrid, Milano, Parigi e Amburgo indica che la maggior parte degli attentati pianificati o eseguiti da Al Qaida negli ultimi quattro anni presenta legami con il Regno Unito. Magistrature inquirenti, forze di polizia e agenti dei servizi segreti di questi Paesi ritengono che i capi spirituali islamici residenti in Gran Bretagna abbiano svolto un ruolo essenziale nell'indottrinamento e forse anche nel dare il via libera agli atti terroristici».[126] I giornalisti affermavano poi che la polizia e i servizi segreti francesi, spagnoli, tedeschi e italiani erano certi che, negli ultimi anni, almeno sette luogotenenti di bin Laden avessero agito a partire dalla Gran Bretagna. Sostenevano infine che i religiosi liberi di predicare apertamente il jihad nel Regno Unito costituissero un «tornello d'ingresso» per l'islam radicale e il terrorismo.

Non è certo un caso che negli attentati e negli estremismi di tutto il mondo siano immancabilmente coinvolti musulmani britannici. Se i terroristi possono vivere in Gran Bretagna, Paese piccolo ed efficientemente controllato dai leggendari servizi segreti di Sua Maestà, è perché godono della protezione delle autorità.

«La formazione e il reclutamento di terroristi islamici è una politica deliberata degli inglesi. A garantire un risultato micidiale è la combinazione tra il controllo dell'intelligence britannica e i soldi dei sauditi, pompati tramite una rete di cosiddette 'organizzazioni caritatevoli' islamiche internazionali.»[127]

Un comitato di esperti inglesi conservatori, il Policy Exchange, ha pubblicato due rapporti proprio sulle modalità di reclutamento di terroristi ed estremisti nelle città del Regno Unito, documentando come l'esecutivo di Londra, al tempo in mano ai laburisti, e il ministero degli Esteri abbiano tollerato e fomentato l'islam più radicale e reazionario, a spese della maggioranza moderata dei musulmani che risiedono nel Paese.[128] Dei trenta gruppi fondamentalisti citati, «non meno di dieci hanno sede a Londra e altri quindici hanno nella capitale importanti basi operative. [...] Sotto questo regime di controllo e finanziamento saudita, dal 1970 in poi l'orientamento religioso è cambiato radicalmente sia in Pakistan sia in Gran Bretagna, con la crescita incontenibile della corrente di pensiero deobandi legata ai sauditi, che prima non superava il 20 per cento del totale».[129]

Nel settembre 2007, il *Mail Online* scriveva che «quasi la metà delle moschee britanniche sono nelle mani del movimento deobandi».[130] A questa corrente è legato anche il grosso del terrorismo islamico in Asia meridionale, e il resto ad altre sette sempre finanziate dai sauditi.

## MI5 e MI6: i registi

Alcuni dei terroristi e dei reclutatori più noti sono ritenuti collaboratori diretti dei servizi segreti inglesi. «Per esempio Abu Hamza al-Masri, che per anni ha arruolato terroristi in qualità di imam della principale moschea londinese, quella di Finsbury Park, di cui erano membri anche Zakariya Musawi e Richard Reid, 'l'uomo delle scarpe'.»[131] Un altro caso clamoroso è quello di «Abu Qatada, uno dei più noti esponenti di Al Qaida a Londra, un cittadino giordano al quale il Regno Unito concesse l'asilo nel 1994.[132] Anche il Times rivela che nel 2004 Abu Qatada era un agente dell'MI5.[133] Ovviamente, mentre stava reclutando per Al Qaida all'estero, garantiva all'MI5 che mai e poi mai avrebbe agito contro gli interessi della Gran Bretagna.[134] [...] Altro esempio eclatante è quello dello sceicco Ahmad Omar Sai'd Shaykh, il terrorista anglopachistano condannato per avere sequestrato e ucciso il giornalista americano Daniel Pearl nel 2002. [...] Nelle sue memorie pubblicate nel 2006, Confini di fuoco, l'allora presidente del Pakistan Pervez Musharraf scrive che lo sceicco era un probabile agente dell'MI6».[135]

Un simile plotone di agenti attivi ovunque garantisce a Londra un'ineguagliabile capacità di manipolare gli eventi. La copertura ai terroristi è l'essenza stessa dei metodi dell'intelligence britannica: sostenere i fanatici più violenti di ogni fazione in conflitto, creandoli dal nulla, se occorre, e perpetrare massacri per assicurarsi che scompaia la minaccia ultima, quella della pace. È prassi consolidata fin da prima di lord Palmerston e della regina Vittoria. Ma il ruolo britannico al riguardo non è passato inosservato, già a partire dagli anni Novanta.

Il 3 novembre 1995, sotto il titolo «La provvidenziale nebbia di Londra», sull'ondata di bombardamenti del GIA

(Gruppo islamico armato) in Algeria e in Francia, *Le Figaro* scrisse: «Le tracce di Boualem Bensaid, capo del GIA a Parigi, portano oltre la Manica. La capitale britannica è servita da base logistica e finanziaria ai terroristi». Il giorno dopo, *Le Parisien* informava che l'autore degli attentati del GIA in Francia era Abou Fares, che aveva ottenuto la residenza a Londra sebbene fosse già ricercato per l'attacco all'aeroporto di Algeri dell'agosto 1992.

Il 3 marzo 1996, dopo l'esplosione a Gerusalemme di una bomba di Hamas in un mercato rionale con una dozzina di morti, l'ambasciatore israeliano a Londra incontrò il ministro degli Esteri Malcolm Rifkind, esigendo che il Regno Unito smettesse di proteggere quell'organizzazione. L'indomani, il quotidiano londinese *Express* scriveva che «stando a fonti di sicurezza israeliane, dopo gli attentati i fanatici vengono finanziati e tenuti d'occhio grazie a cellule segrete che operano qui. Pochi giorni prima dell'ultima campagna di terrore, a Gerusalemme alte cariche dell'esercito hanno spiegato in dettaglio come i gruppi islamici abbiano raccolto 7 milioni di sterline in donazioni da parte di associazioni britanniche».

Il 27 agosto 1996, il quotidiano ufficiale del governo egiziano *Al-Ahram* rivelava che la Gran Bretagna offriva rifugio a numerosi gruppi terroristici, come il Jihad islamico egiziano, il GIA algerino e le Tigri Tamil dello Sri Lanka. Il giornale denunciava che varie organizzazioni terroristiche avevano raccolto in tutto il Regno Unito quasi 140 milioni di dollari, con il benestare dell'intelligence. «L'MI5 non ha fatto nulla per impedire che quel denaro si tramutasse in bombe», scriveva. L'articolo definiva Londra «la capitale mondiale della diffusione di messaggi, volantini, riviste e comunicati stampa contenenti minacce e ordini di commettere atti violenti».

«Gli egiziani erano particolarmente indignati dal fatto

che il governo britannico avesse annunciato formalmente l'intenzione di permettere a circa 14.000 terroristi arabi e islamici di tenere nell'ottobre 1996 una conferenza con il patrocinio di Osama bin Laden che, con le tasche stracolme di soldi e comodamente residente in Gran Bretagna, mandava veterani mujaheddin a seminare il terrore in tutto il mondo. Il 23 settembre 1997, il quotidiano del Bahrein *Al Ayam*, citando fonti governative, accusava il Regno Unito di ricorrere al terrorismo per ristabilire il controllo imperiale sul Golfo Persico.»[136]

Eppure, gli inglesi hanno sempre avuto piani molto più raffinati della mera provocazione e di qualche omicidio che finisse in prima pagina.


## Provocatori ebrei e islamici

«Per scatenare la massima tensione in Medio Oriente», scrive Joseph Brewda nella sua inchiesta sul terrore globale, «è necessario che Hamas, il Jihad islamico o Hezbollah lancino attacchi mortali contro ebrei israeliani e che i coloni ebrei attacchino i palestinesi, per preparare il terreno. Ma tutte le fazioni sono controllate da Londra, e tutte collaborano segretamente sul campo.»[137] Si pensi al caso di Hamas a Londra.[138] L'organizzazione, che dispone di un braccio militare e di uno politico, è stata creata nel 1987 nei territori occupati a partire dal ramo palestinese dei Fratelli musulmani. È frutto delle reti di Glubb Pascià,[139] «che schierò gruppi islamici ribelli in tutto il Medio Oriente con il pretesto della lotta al comunismo. Inoltre, tenne a battesimo il Jihad islamico,[140] mentre i correligionari britannici che operavano nella città sciita di Najaf, in Iraq, diedero origine a Hezbollah.

«Fin da subito, le operazioni militari e terroristiche di Hamas contro l'esercito e i civili israeliani servirono anzitutto a fiaccare la campagna di resistenza civile dell'OLP all'occupazione israeliana, l'Intifada, che portò la parte più ragionevole di Israele a capire che la pace con i palestinesi era un'esigenza strategica, rendendo possibili gli accordi di Oslo.

«Il centro operativo di Hamas fuori dei territori occupati non è in Medio Oriente ma a Londra, dove ha sede anche la sua ala più radicale, quella del provocatore Ezzedin al-Qassam. A Londra è inoltre pubblicato il mensile del gruppo, *Filistee al-Muslima*».[141] Nel 1996 il periodico diffuse una fatwa che ordinava tali attentati; subito dopo iniziarono a saltare in aria gli autobus, per mano di Hamas e del Jihad islamico. «L'ondata di terrore provocò la sconfitta del Partito laburista di Shimon Peres alle elezioni di maggio e la nascita di un governo di coalizione con il Likud di Netanyahu. Hamas aveva dichiarato sul suo mensile che il suo obiettivo primario era il governo laburista.

«Gli attentati di Hamas e del Jihad islamico del luglio 1997 diedero al governo Netanyahu la scusa che cercava per dichiarare nulli gli accordi di Oslo. Il fallito piano israeliano per assassinare in Giordania il capo di Hamas, Khaled Meshal, portò alla liberazione negoziata del fondatore di Hamas, lo sceicco Ahmed Yassin, di alcuni alti esponenti dell'organizzazione e di oltre cinquanta militanti dalle carceri israeliane. La popolarità e il potere di Hamas crebbero considerevolmente.»[142]

Poi, c'è Al-Fatah. «Pochi si rendono conto dell'influsso politicamente distruttivo di Al-Fatah sul nascente movimento palestinese negli anni Sessanta. Finanziata da subito dal reazionario re Faysal, burattino nelle mani del consorzio Aramco di Rockefeller, Al-Fatah ha sempre agito per stroncare qualsiasi accenno di sinistra in ogni componente del movimento palestinese, persino nei campi profughi o nelle proteste studentesche. Ha fatto ricorso a due metodi in apparenza opposti. Da un lato si è comportata come la classica organizzazione di centro, suggerendo 'moderazione' ai gruppi più radicali, con occasionali purghe ai danni delle frange socialiste e comuniste dell'OLP. La copiosità di fondi sauditi che ha a disposizione le ha permesso di tenere in vita un esercito permanente e di schiacciare l'OLP a suon di propaganda, anche grazie al discreto appoggio della maggior parte dei regimi arabi.

«[...] Il secondo metodo è il terrore. Salah Khalaf (Abu Iyad), seconda carica di Al-Fatah fino alla morte, avvenuta nel 1991, era ampiamente noto come capo dei fanatici di Settembre Nero, responsabile di una serie di atroci crimini. Tutto ciò è servito a screditare le organizzazioni palestinesi che rifiutano il terrorismo, facendo di un'erba un fascio. In questo modo, Al-Fatah ha stabilito con i palestinesi un rapporto di ambivalenza. [...] L'accoppiata tra Arafat e Abu Iyad ha permesso ad Al-Fatah di rispondere a critiche e contestazioni a tutti i livelli, agevolando al tempo stesso le manipolazioni della CIA nei meandri della politica mediorientale.»[143]

Con questo doppio gioco tra terrore e «moderazione» per conto dei servizi segreti statunitensi, già nei primi anni Settanta Al-Fatah era riuscita a sottomettere l'OLP ai voleri di re Faysal e a far anteporre il tornaconto dei Rockefeller al superiore interesse dei palestinesi moderati.

## Le origini di Al-Fatah

«Dal punto di vista politico, il gruppo era privo di un orientamento chiaro. In compenso, seguiva una politica militare non ideologica. Al-Fatah è stata decisiva nel mettere in giro teorie suicide, come quella che l'unico obiettivo legittimo per i palestinesi fosse liberare la loro terra – riducendo un movimento potenzialmente rivoluzionario a una mera crociata antisionista e compiacendo così l'Arabia Saudita e altri regimi reazionari –, o quella che la violenza fosse il solo strumento per risolvere la questione palestinese.

«L'impulso politico alla base dell'improvvisa comparsa di Al-Fatah, con il concorso dei petrodollari sauditi, fu la decisione statunitense e saudita di dare vita a un 'patto islamico' attorno ai sauditi come contrappeso a Nasser in Egitto. A renderlo necessario era la minacciosa tendenza di Nasser a spostarsi verso i sovietici e il potere di attrazione che questo avrebbe potuto esercitare su altri Paesi arabi [...].

«A metà degli anni Sessanta, Nasser aveva cominciato a oltrepassare i limiti di quello che la CIA era disposta a tollerare. L'intervento nello Yemen, con oltre 75.000 soldati inviati da Nasser in appoggio al golpe fomentato dall'Egitto nel 1962, minacciava di consolidare la posizione sovietica in quell'area ricca di petrolio. Terrorizzato, nel 1964 Rockefeller abbandonò il vulnerabile re Saud a favore di Faysal.»[144]

Said Abu Hisham, rappresentante di Al-Fatah in Arabia Saudita, nel 1973 dichiarava: «Non sveliamo alcun segreto se affermiamo che l'Arabia Saudita è tra i primi fautori del movimento palestinese già dalla sua creazione, il 1° gennaio 1965, per aiutarci a liberare tutti i territori occupati e i loro luoghi santi. All'epoca, l'incontro tra re Faysal e i membri del nostro movimento ha fissato la politica irrevocabile del regno rispetto ad Al-Fatah».

Ma la politica del regno, com'è risaputo, è la fotocopia di quella dell'americana Standard Oil. In *Arab Nationalism, Oil, and the Political Economy of Dependency* (Nazionalismo arabo, petrolio e politica economica della dipendenza) Abbas Alnasrawi sostiene che Al-Fatah è stata creata «dai sauditi e dal cartello del petrolio statunitense per purgare la resistenza palestinese di tutte quelle che non siano tendenze nazionalistiche islamiche e arabe».[145] Inoltre, gli attentati suicidi di

Al-Fatah e dei suoi alleati in Israele «offrirono all'imperialismo americano e israeliano il pretesto per la brutale guerra del 1967, che devastò l'esercito egiziano e permise di porre fine alla presenza sovietica in Medio Oriente».[146]

## Islamismo e sionismo

L'inganno di Londra non sarebbe totale se non si estendesse, oltre che al mondo musulmano, al sancta sanctorum dello stesso Israele.

Le radici di Israele affondano nel sionismo, «sogno nevrotico dell'ebreo piccoloborghese ottocentesco per sottrarsi alla politica operaia. Il sionismo ha sempre fatto comodo ai potenti. Da un lato, ha fornito manodopera a buon mercato a schiere di capitalisti, come i coltivatori di agrumi ai quali il barone Rothschild 'permise' di colonizzare la Palestina deserta e malarica nel primo Ottocento. Dall'altro, il movimento sionista ha rafforzato la divisione tra ebrei e contadini o operai di altre nazionalità, aspetto cruciale per dare impulso alle campagne antisemite di cui capitalisti e nobili si sono serviti per placare il malcontento popolare. Dal 1917, quando gli inglesi si impegnarono a fondare 'una patria ebraica' in Palestina in collaborazione con il re beduino saudita, il sionismo è stato la cortina fumogena dietro cui nascondere gli interessi britannici e dei Rockefeller, allo scopo di tenere a bada i Paesi arabi, ricchi di petrolio, aizzandoli contro Israele.

«I piccoli borghesi che si stabilirono in Palestina tra il 1904 e il 1922 facevano parte del movimento giovanile sorto con le rivolte contro le autorità. David Ben Gurion e il secondo presidente di Israele, Itzhak Ben-Zvi, più una lunga teoria di altre figure di spicco, giunsero in Palestina con queste ondate migratorie».[147]

«Con l'evolvere del sionismo, la differenza con quella che oggi conosciamo come ideologia fascista divenne sempre più sottile. Nei primi anni di Hitler gli ebrei andarono a gonfiare in massa le file del movimento sionista, e nel 1933 il caporedattore del settimanale sionista coniò lo slogan 'Portatela con orgoglio, la stella gialla!', cinque anni prima che un editto rendesse obbligatorio quello stigma.[148]

«La stessa voragine economica che tramutò il proletariato e la piccola borghesia in un'unica orda rabbiosa, facilmente manipolabile da Hitler e dai suoi, rappresentò un duro colpo per gli ebrei. Nei primi cinque anni di nazismo, i gruppi sionisti reclutarono attivamente in collaborazione con i nazisti giovani da portare in campi di addestramento dove prepararli all'emigrazione in Palestina. Nei campi sionisti, come in ogni altro luogo diretto da fascisti, i giovani venivano indottrinati a sacrificarsi per 'la nazione' e imparavano a coltivare la 'terra santa'. Dopo dodici ore di lavoro o più, ballavano, raccontavano storie popolari ed esternavano i propri sentimenti in una sorta di terapia di gruppo (o di lavaggio del cervello). Nemmeno i gruppi con un'ideologia più marxista e filosovietica riuscirono a evitare di finire nelle braccia dei nazionalisti [...].

«Così si gettarono le basi della psicosi israeliana che sarebbe poi stata strumentalizzata per controllare il Medio Oriente e per cercare di trascinare il mondo verso la guerra nucleare.»[149]


## I primi frutti del sionismo

«I primi leader di Israele, dei quali gli attuali tessono le lodi, furono socialfascisti fin dall'inizio. Furono loro a creare le istituzioni e il clima che permisero di mettere i coloni ebrei contro gli arabi, con l'aiuto di quinte colonne nell'esercito britannico e nel mondo della finanza ebraica. [...]

«Le principali istituzioni che manipolarono i palestinesi per trasformarli in un popolo disposto a immolare la propria vita e quella altrui per 'salvare lo Stato' furono i kibbutz e le forze armate.

«I kibbutz israeliani, creati per ragioni ideologiche ed economiche dai pionieri sionisti del Novecento, diedero subito prova di efficacia come centri di indottrinamento. I principali frutti che vi crescevano erano esseri umani schizoidi e paranoici. Ecco perché le associazioni caritatevoli angloamericane hanno preso il kibbutz come modello e l'hanno esportato nelle regioni sottosviluppate dell'Africa. In altre parole, le istituzioni del kibbutz divennero un sistema deliberato e micidiale per reprimere ogni rivolta, nell'eventualità di una lotta di classe contro le forze di Rockefeller e dei suoi seguaci.

«Il paranoico vede il mondo secondo la propria cartografia interiore di emozioni e percezioni e pretende di imporre questa sua visione infantile al mondo circostante. Il suo ego (l'io cosciente) è incapace di sottrarsi al regno dell'es (paure e piaceri infantili) e di agire secondo i dettami del superego (senso di identità).

«Solo chi soffre di gravi turbe psichiche può accettare le privazioni infernali e il clima da Stato di polizia che regnano in Israele oggi, pur di trasformarsi in un falco della guerra. In questo senso, ebrei e arabi sono accomunati. Gli uni e gli altri, quando soffrono di un disturbo mentale grave, sono pronti a subire queste privazioni senza perdere di vista l'obiettivo ultimo: la distruzione totale dell'altra razza, che è la loro unica speranza.

«Nel kibbutz vigeva il rifiuto dell'individualismo, della responsabilità e del pensiero soggettivo. In nome dell'armonia e della collaborazione, il collettivo azzerava il singolo. In termini psicodinamici, questi giovani avevano scelto volutamente di distruggere il proprio ego e superego nella speranza di tornare all'accogliente e insulso tepore della Madre Terra e dell'amore materno, vale a dire al mondo dell'es: la nuova Madre sarebbe stata la Terra senza re di Palestina.»[150]

Forse non vi sorprenderà sapere che questa struttura è stata progettata a tavolino. Le tecniche di manipolazione psicologica della società sono molto antiche: per mantenere il potere e dissuadere da ogni cambiamento, i signorotti feudali ricorrevano a torture e punizioni. Lo scopo di misure anche disumane non è l'eradicazione immediata della ribellione:[151] «La controinsurrezione non può procedere soltanto dagli orrori; richiede una consapevole e sistematica applicazione da parte della classe dirigente o dei suoi fantocci».[152] Questo è esattamente ciò che avvenne negli anni Trenta, con l'evolversi della psicologia e della psichiatria.[153]

## La guerra psicologica

La guerra psicologica consiste nel terrorizzare il nemico e per riuscirci occorre anzitutto capirne la psiche, che cosa lo faccia amare, odiare, lottare, fuggire. L'avversario può essere straniero o meno, può trattarsi di un esercito o di una massa di persone infuriate. Per trovare l'antidoto efficace in ogni frangente, il londinese Tavistock Institute, il centro mondiale dell'ingegneria sociale, ha bisogno di capire come il nemico reagirà in situazione di stress. Lotterà con più foga o si arrenderà? Commetterà errori che lo porteranno alla sconfitta? Nelle operazioni di guerra psicologica, gli sbagli più gravi sono quelli dovuti alla scarsa conoscenza di chi ci si oppone. Le «truppe d'assalto» del Tavistock conoscono molto bene la psiche umana, e questa conoscenza è in sé una sorta di magia nera. Poiché stiamo parlando di una guerra di percezioni, di «modi di guardare il mondo», è fondamentale

che tutti gli omuncoli polverosi che lavorano per l'istituto
– psicologi, psichiatri, sociologi, antropologi non meglio
identificati – colgano l'impatto delle espressioni culturali e la
loro capacità di rappresentare il mondo.[154] Come dichiarava
lo stesso direttore generale John Rawlings Rees nel 1945, «le
guerre non si vincono uccidendo l'avversario, ma minando
o distruggendo il suo morale e conservando il proprio».

La proposta più significativa del Tavistock Institute durante la seconda guerra mondiale e negli anni successivi fu
la concezione di un «fascismo dal volto umano». Il tratto
psicopatologico che accomuna tutte le rivendicazioni fasciste è l'infantilismo, evidente nel tentativo di imporre la
propria famiglia ampliata ignorando la realtà del mondo
esterno: «nazionalismo» (madrepatria), «razzismo» (madre),
«gruppo linguistico» (lingua madre), «gruppo culturalmente
affine» (tradizioni di famiglia), «comunità» (famiglia allar-
gata, vicinato).[155]

I sociologi del Tavistock sono stati i primi a capire che
imporre un'organizzazione di stampo fascista a piccoli gruppi
– per esempio, riforme strutturali corporativiste – può portare
un'intera popolazione a un'ideologia fascista. «Le orde di
agenti autoritari, com'erano presenti nel nazismo, possono
essere ridimensionate, se si inducono coerenti forme di fascismo in piccole comunità autogestite, che condizioneranno
la loro stessa esistenza alla capacità di influire sui compor-
tamenti dell'ambiente circostante.»[156] Ne scaturirebbe una
forma di fascismo più efficiente, che avrebbe l'apparenza
di una democrazia peculiare. In altre parole: «Se il mondo
atomizzato dell'individuo si trasforma in un ambiente controllato in base alle 'riforme strutturali' fasciste, la mente della
vittima scoprirà che solo il suo potenziale ego paranoico le
permette di vivere in armonia con tale ambiente sotto con-

trollo».[157] Il fascismo diventa così il mondo vagheggiato nei sogni paranoici dell'inconscio.

Ecco il nucleo psicopatico usato come mattone dal Tavistock Institute per creare un regno irreale: il gruppo sociale. Si obbliga l'individuo a cedere la propria identità al gruppo, che la sottoporrà a forme di suggestione estrema. Una volta distrutta la vera identità del singolo, lo si può manipolare come un bambino.[158]

In un articolo intitolato «L'ampio sorriso del Tavistock Institute: operazioni a bassa intensità», il ricercatore statunitense Minnicino spiega: «Un leader esperto sa come servirsi del proprio gruppo per creare un 'ambiente famigliare' potente, anche se artificioso. Dopodiché, può manipolare ogni membro del gruppo non con un attacco diretto, ma con una sottile manipolazione degli altri componenti, per esempio con la forza della suggestione. Se la vittima è stata portata a credere che il gruppo la accudisca con sentimento materno, quando il gruppo manipolato le si rivolterà contro, l'impatto sarà paragonabile al rifiuto materno».[159]

Grazie al lavoro svolto sui gruppi, il Tavistock Institute ha studiato le modalità di manipolazione delle masse in base alle ideologie. «Sarebbe possibile instaurare un ordine fascista autoregolamentato, creando in primo luogo più gruppi sociali e sottoponendoli a una situazione competitiva, subordinando ogni vittoria di un gruppo alla sconfitta degli altri. Basta atomizzare la popolazione, impiegando un arsenale di armi sociologiche e psichiatriche che riescano a dividere e creare contrasti.»[160]

Uno degli obiettivi dei lavacervelli del Tavistock era aumentare la produttività e il rendimento dei lavoratori, a costo della loro salute. I Rockefeller promossero la distruzione autoprogrammata dell'io, per creare una società di zombi che si accontentino di sopravvivere in un clima di fame e

131

sadomasochismo, in una sorta di olocausto psicotico. Il tutto nel quadro del modello di società fascistoide illustrato da Rees: «L'obiettivo è funzionare in una spirale discendente del reddito e delle condizioni di lavoro».[161]

Di qui le capziose, rivoltanti idee di copartecipazione, qualità di vita, codecisione, umanizzazione, relazioni umane e altri eufemismi, sotto l'egida della «società postindustriale», vera e propria porcheria patrocinata dalla Fondazione Ford che, in modo non certo disinteressato e come arma ideologica repressiva, si è inventata la nozione protofascista di «crescita zero».[162]

«La manodopera schiavizzata e i campi di sterminio nazisti non sono stranezze frutto del capriccio di Hitler e compari, bensì l'espressione intrinseca delle politiche essenziali di ogni economia a 'crescita zero'. È impossibile varare politiche di questo tipo oggi senza provocare uno sterminio di massa domani.»[163]

## Gli inglesi preparano il terreno

I britannici avevano un piano di controinsurrezione già dimostratosi efficace in India e Arabia Saudita. Promettevano aiuto a tutti i capi locali, in modo che ognuno ingaggiasse una lotta senza quartiere contro tutti gli altri per strappare loro terreno e godere della protezione inglese.

In questa strategia rientrava anche la situazione di costante incertezza della popolazione ebrea. «Gli ebrei si videro intrappolati in un ambiente privo di amici e nemici certi, senza nemmeno sapere da dove venissero gli attacchi. In queste circostanze, la mente umana tende a perdere il contatto con la realtà e a cadere in una paranoia infantile. Nel caso degli ebrei palestinesi, ciò esasperò la rivendicazione di uno Stato totalmente ebraico e l'isteria per la sopravvivenza (con la creazione di un campo militare sotto una parvenza di Stato socialista). Per gli inglesi, prolungare l'incubo nazista con la sensazione di assedio costante non fu difficile.»[164] Le riviste di psicologia sono piene di analisi accademiche sull'adattamento israeliano al terrore e al lavaggio del cervello costanti, di studi su come portare la mente umana a sopportare e venerare uno Stato di polizia fascistoide.[165]

Alla fine, gli inglesi se ne andarono dalla Palestina lasciando gli ebrei a difendere il proprio diritto di esistere contro milioni di civili e soldati arabi. Le inevitabili vittorie di Israele permisero a Rockefeller e al Tavistock Institute nuovi esperimenti: la creazione di campi profughi recintati di filo spinato dove stipare centinaia di migliaia di rifugiati. Nei decenni a seguire, quei luoghi sarebbero diventati terreno fertile in cui reclutare emarginati, terroristi e radicali suicidi.

## Da Stato a piazzaforte

La creazione dello Stato israeliano segnò l'inizio di una nuova fase. Mentre venivano alla luce tutte le atrocità commesse dai nazisti, gli ebrei, disperati e scioccati per quanto accaduto durante la guerra, non vedevano l'ora di dimenticare ciò che avevano vissuto e ripartire da zero. Ma dimenticare era l'ultima cosa che volevano psicotici come Ben Gurion e Moshe Dayan: «Nel loro interesse e in quello dei loro capi, l'olocausto doveva rimanere sempre in primo piano, così da spingere gli ebrei a valorizzare le terre desolate appena conquistate».[166]

Nel 1972, sorse apparentemente dal nulla un'organizzazione terroristica araba, Settembre Nero. «I massacri di ebrei all'aeroporto Ben Gurion di Tel Aviv e alle Olimpiadi di Monaco fornirono agli estremisti israeliani la scusa perfetta per nuovi bombardamenti, proprio quando pareva che la pressione internazionale stesse per trascinare il governo al tavolo negoziale.»[167] Oggi abbiamo le prove che Settembre Nero fu una creazione dell'MI6 e del consiglio per la Sicurezza nazionale americano, sotto il diretto controllo di Kissinger.[168]

Il 15 luglio 1975, in un articolo pubblicato dal *Philadephia Inquirer* («Come un nazista è diventato un agente degli Stati Uniti»), Roy Frankhouser, ispettore della CIA, era indicato come testimone chiave in un'indagine segreta sulle attività di Settembre Nero. «L'articolo citava una trascrizione del Gran Giurì, coperta da tre sigilli, sull'infiltrazione di Frankhouser nelle operazioni di Settembre Nero. La decisione di apporre il triplo sigillo proveniva direttamente dall'NSC guidato da Kissinger. Pertanto, solo un'alta carica dell'NSC può avere autorizzato la fuga di notizie al *Philadelphia Inquirer*, con tanto di documenti che dimostrano come le principali azioni terroristiche internazionali siano state pianificate e coordinate dal consiglio per la Sicurezza nazionale e dalla Rand Corporation: il massacro alle Olimpiadi di Monaco, gli attentati dell'Aia, l'assassinio di due agenti della sicurezza estera francese attribuiti a Ilich Ramírez Sánchez, detto 'Carlos lo Sciacallo'.»[169]

Nella strage degli atleti israeliani del 1972, così come nelle scorribande di Carlos lo Sciacallo, negli attentati della banda Baader-Meinhof e nelle avventure dell'Esercito di liberazione simbionese (la più singolare organizzazione terroristica di estrema sinistra mai esistita negli Stati Uniti), emerge un metodo comune: la creazione di squadroni di zombi pilotati da enti governativi legati alla CIA.

## La Auschwitz israeliana

I manipolatori del Tavistock Institute sono quasi riusciti a creare un prototipo di campo di concentramento in Israele.

Guardata a vista da un esercito di stampo nazista, ricattata economicamente, minacciata da amici e nemici, la popolazione israeliana va dritta verso un olocausto psicotico. «La sua psicosi è l'ossessione della sopravvivenza, per cui il diritto degli israeliani giustifica la sofferenza di chiunque altro. Dopo le atrocità dei nazisti e delle guerre contro gli arabi, l'unica cosa che conti è sopravvivere fisicamente sotto la protezione di uno Stato rigidamente antiarabo.

«Tutta questa rabbia può essere scaricata solo contro un elemento: il nemico arabo. I sionisti non solo interruppero la tradizione di sofferenza degli ebrei, ma risposero alla disintegrazione sociale e personale subita assumendo gli stessi tratti dei loro carnefici. I militari ebrei, che magari avevano avuto le famiglie massacrate nei pogrom russi e ucraini del 1860 e del 1880, eseguirono gli ordini di Moshe Dayan e Ben Gurion, radendo al suolo interi villaggi arabi, fino all'ultima pietra.»[170]

Quale miglior sistema per creare terroristi?

## Le sette del Monte del Tempio londinese

Avvicinandoci al presente, dall'occupazione di Gerusalemme Est nel 1967 – e in particolare della Cisgiordania –, la monarchia britannica ha agito tramite la loggia massonica inglese Quatuor Coronati e altre organizzazioni per sovrintendere alla creazione di sette ebraiche dedite a scatenare guerre religiose in Medio Oriente. Sette che pretendono di distruggere i luoghi santi dell'islam sulla Spianata delle Moschee per ricostruirvi il tempio di Salomone (eretto dai primi massoni, secondo la leggenda). È evidente che l'obiettivo sia la guerra. Tra queste organizzazioni figurano Ateret Cohanim, Gush Emunim, la Lega di difesa ebraica e il partito Kach ed Eyal, un cui membro assassinò il primo ministro Yitzhak Rabin durante una manifestazione per la pace il 4 novembre 1995.

Tra gli inglesi alla guida del progetto spiccano lord Harlech, lord Carrington e la galassia di interessi attorno al gruppo anglocanadese Hollinger, che pubblica il *Daily Telegraph* e il *Jerusalem Post*.

«Malgrado il razzismo estremo verso i musulmani, le sette del Monte del Tempio cooperano con Hamas e con il Jihad islamico, con cui condividono l'avversione per la pace. Per esempio Avishai Raviv, capo di Eyal che organizzò la campagna d'odio contro Rabin e ordinò la sua uccisione, collaborò spesso con entrambe le organizzazioni per sabotare gli accordi di Oslo, come lui stesso ha dichiarato alla stampa.

«Una dimostrazione dei possibili effetti di tale collaborazione si è avuta il 13 ottobre 1997. Un gruppo armato ebreo di Kiryat Arba, che operava tra le sette del Monte del Tempio, si è sciolto dopo avere venduto 45 chili di esplosivi a due palestinesi, sorpresi mentre tentavano di far saltare in aria il principale centro commerciale di Tel Aviv, in mezzo ai grattacieli. Se fosse andato a buon fine, l'attentato sarebbe costato centinaia di vite umane e Netanyahu sarebbe apparso sulle televisioni del mondo intero ad annunciare una nuova avventura per farla finita con il terrorismo. La Gran Bretagna ha sguinzagliato i suoi burattini 'islamici' ed 'ebrei' perché effettuino azioni sanguinarie, così da condannare il Medio Oriente alla guerra.»[171]

Ma le reti terroristiche legate a Londra non finiscono qui.


## Il Khalistan

Ha base nella capitale inglese anche il movimento terroristico sikh, che mira a un Punjab indipendente dall'India, il Khalistan.[172] Fino alla morte avvenuta nel 2007, il capo

136

della rete era Jagjit Singh Chauhan, residente in Gran Bretagna e presidente dell'Organizzazione mondiale sikh, che ha a sua volta sede oltre Manica e che partecipò al complotto per assassinare il primo ministro indiano Indira Gandhi nel 1984 e il governatore del Punjab, Beant Singh, nell'agosto 1995. «Dalla creazione del movimento nel 1978, in India sono state uccise decine di migliaia di persone.»[173]

Il gruppo più attivo, più temuto e meglio armato è Babbar Khalsa International, con basi a Londra e Toronto, un tempo comandato dal defunto Talwinder Singh Parmar.[174] Secondo la stampa indiana, i separatisti sono stati addestrati dallo Special Air Service britannico e dai servizi segreti pachistani.

## Il Fronte di liberazione del Jammu e Kashmir

Il JKLF, fondato nel 1966, fino a pochissimo tempo fa era diretto da Amanullah Khan (morto nell'aprile 2016) dal Regno Unito. Il gruppo si impegnò subito in una guerriglia nel Kashmir, con decine di migliaia di vittime. Pur avendo perso parte del suo smalto, nel 1971 sequestrò un volo della Indian Airlines e nel 1984 assassinò a Birmingham Ravindra Mhatre, alto commissario aggiunto per l'India. Con il JKLF collabora strettamente il Movimento mondiale per la libertà del Kashmir, sempre con base a Londra.[175]

## Le radici del massacro di «Charlie Hebdo»

Nonostante i media si affannino a ricondurre questo attentato al ramo yemenita di Al Qaida, si è parlato molto meno dei legami tra gli assassini e la Gran Bretagna. I due fratelli che hanno ammazzato dodici persone a Parigi erano membri di una rete jihadista di reclutamento che operava sotto la protezione della monarchia inglese. Un articolo apparso sul *Guardian* sostiene che la mente dietro i due assassini sia Djamel Beghal, franco-algerino emigrato nel 1997 a Londra, «dove è diventato un assiduo della moschea di Finsbury Park e discepolo dei predicatori radicali Abu Hamza al-Masri e Abu Qatada, che ora si trova in Giordania».[176] Secondo lo stesso quotidiano, i servizi segreti britannici e francesi lo ritengono uno dei principali reclutatori di Al Qaida in Europa. Nel 2012, Abu Hamza fu estradato negli Stati Uniti e processato per la partecipazione ad atti di terrorismo e attività di reclutamento. «La sua principale argomentazione davanti al giudice è stata che, pur cercando uomini per conto di Al Qaida e altre organizzazioni jihadiste, lavorava in segreto anche per l'MI5.»[177]

Beghal, che si trasferì a Leicester con la famiglia nel 1997, era membro di una corrente radicale del GIA, al-Takfir wa l-Hijra,[178] succursale di Al Qaida[179] creata dall'esercito algerino[180] e guidata dal vice di Osama bin Laden, Ayman al-Zawahiri. Ma Beghal è solo uno dei tanti uomini del Gruppo islamico armato legati ad Al Qaida che godono della protezione di Londra. Per esempio, il GIA si è macchiato degli attentati alla metropolitana di Parigi nel 1995, con un bilancio di otto morti e centocinquantasette feriti. Il presunto mandante era Rachid Ramda, un algerino che all'epoca viveva in Gran Bretagna[181] e fu arrestato dagli inglesi, i quali continuarono però a rifiutarne l'estradizione in Francia, anche dieci anni dopo.[182] Ramda è stato infine riconosciuto colpevole di numerosi capi d'accusa per gli attentati di Parigi, tra cui quello di averli finanziati con un bonifico bancario dal Regno Unito in favore di Ait Ali Belkacem, il basista locale. «Durante il processo è emerso che a Londra, in una perquisizione del domicilio di Ramda, era stata trovata una ricevuta di versamento della Western Union con le sue impronte digitali, per un importo di 5.000 sterline, agli attentatori di Parigi. Non veniva però chiarito dove avesse preso quella somma.»[183]

Il 2 ottobre 2001, il governo russo dichiarò che la Gran Bretagna dava asilo ai terroristi: «Riteniamo che nel 2000 i militanti ceceni abbiano ricevuto aiuti da un centinaio [...] di enti pubblici, fondi e società estere. [...] Chiediamo che si presti attenzione all'esistenza di una rete tra queste organizzazioni, per esempio a Londra [...]. Una di queste è Al Muhajroun, e il capo del movimento è Omar Bakri, che figura sempre tra i patrocinatori morali e politici dei militanti ceceni».[184]

Il 2 novembre dello stesso anno, *USA Today*, il quotidiano più letto negli Stati Uniti, pubblicò un articolo intitolato «Londonistan: il centro nevralgico del terrorismo», in cui si affermava che «non si conosce nessun altro Paese occidentale che dia asilo a così tanti terroristi legati a bin Laden». Religiosi radicali come Abu Hamza al-Masri, un membro di Al Qaida di cui lo Yemen ha più volte chiesto l'estradizione, reclutavano indisturbati nuovi terroristi nel Regno Unito, «centro nevralgico dell'Occidente assolutamente cruciale per gli estremisti islamici determinati a fare la guerra agli 'infedeli'».

Quello di *USA Today* era l'ultimo di una serie di servizi apparsi su *Time Europe*, *Newsweek*, *Le Monde*, ABC News e sulle testate londinesi *Daily Telegraph* e *The Times*.

Per giunta, «le autorità britanniche hanno concesso a due gruppi terroristici egiziani, Jihad islamico e Gruppo islamico, di aprire sedi a Londra dalle quali condurre campagne sui media e raccolte di fondi. Non è difficile immaginare quali attività di impresa vi si svolgano. Il giorno stesso in cui veniva inaugurata a Londra la sede del Gruppo islamico, suoi adepti hanno trucidato dieci copti davanti a una chiesa nella provincia egiziana di Alminia e altri tre in una fattoria nella stessa città. Un portavoce dei terroristi, messosi in contatto con il quotidiano arabo internazionale *Al-Hayat*, si è attribuito la paternità dell'attacco e non ha smentito che l'ordine fosse partito dal braccio londinese del gruppo».[185]

Gruppo islamico e Jihad islamico sono organizzazioni terroristiche gemelle i cui capi, Abdul Majeed al-Zindani e Adel Tawfiq al-Sirri, hanno ottenuto asilo a Londra.[186] Entrambi sono stati condannati in contumacia al Cairo, per attentati commessi in Egitto e altrove tra il 1994 e il 1995. Al-Zindani, fondatore e presidente dell'Università Al-Iman nello Yemen, nonché reclutatore per i campi di addestramento di Al Qaida, è stato inserito dal dipartimento del Tesoro americano nella lista dei terroristi che rappresentano una minaccia globale.[187] Inoltre, partecipò all'assassinio di Sadat nel 1981[188] e quello stesso anno fu accusato di avere pianificato l'evasione dal carcere di Abboud Azzummer e Khalid Islamboli, esecutori materiali dell'omicidio del presidente egiziano. Venne assolto, ma finì nuovamente in carcere per altre accuse. «Rimesso in libertà, nel 1990 Abdul Majeed aprì uno studio legale in Egitto e nel 1991 fece un viaggio negli Stati Uniti in compagnia di Montasser el-Zayat, capo del collegio di difensori di El Sayyid Nosair, presunto assassino dell'israeliano Meir Kahane, ucciso a New York nel 1990.»[189]


## La partizione inglese dell'India

Com'è stato possibile che Londra si sia trasformata nel centro nevralgico del terrorismo? Per capirlo, occorre soffermarsi sulle moschee britanniche e sul loro «ruolo in diverse attività geopolitiche.[190] Negli anni Cinquanta cominciarono ad arrivare nel Regno Unito musulmani provenienti dal Jammu e Khasmir, lo stato conteso del Subcontinente indiano».[191] Il gruppo più numeroso di immigrati pachistani è quello dei musulmani di lingua punjabi, provenienti dal Punjab e dal

Kashmir pachistani. Quelli che arrivano dal Kashmir conteso sono i mirpuri della regione di Jammu e Kashmir, giunti in massa per lavorare nell'industria tessile quando il loro territorio fu inondato dalle dighe artificali volute dai pachistani; investirono l'indennizzo avuto dallo Stato per emigrare.

I mirpuri non sono di etnia kashmira, bensì punjabi pachistani installatisi nell'area generazioni addietro. «L'MI6 britannico ha creato con i mirpuri in Jammu e Kashmir una forte lobby antindiana che rivendica l'indipendenza. Inoltre, ha aiutato i servizi segreti pachistani a compiere atti di terrorismo nella stessa regione, allo scopo di vanificare gli sforzi dell'India per stabilizzare l'area.»[192]

Attualmente, in Gran Bretagna ci sono circa due milioni di musulmani, e la metà proviene dal Pakistan e dal Bangladesh.[193] Le moschee sono in mano ai sunniti, seguaci della scuola islamica deobandi del Subcontinente, allineata con il wahhabismo e schierata per una rigida interpretazione puritana dell'islam.[194] «Va ricordato che i deobandi stessi si ritengono vicini all'ortodossia wahhabita. All'epoca della migrazione, l'ISI pachistano era in corso di costituzione e questi migranti politici dipendevano in larga misura dall'intelligence britannica.»[195]

«Uno degli aspetti meno noti della partizione dell'India, nel 1947, sono le ragioni che spinsero l'impero britannico a volerla attuare proprio mentre si apprestava a lasciare il Paese. Il risultato della divisione postcoloniale fu una catastrofe, portò a una violenza genocida senza precedenti e a una delle più massicce migrazioni del Novecento.»[196]

Alcuni analisti ritengono che gli inglesi volessero scongiurare la nascita di un'India unita, forte e antibritannica. Altri sostengono che «videro la minoranza musulmana in pericolo, se lasciata nelle mani della maggioranza induista, e si mobilitarono per creare il Pakistan. Se l'obiettivo era indebolire l'India, la formazione del Pakistan non servì comunque ad aiutare i musulmani; nelle province che andarono a costituire il nuovo Stato erano già la maggioranza e non correvano alcun rischio. Le province in cui i musulmani erano in minoranza, e dunque potenzialmente in pericolo, rimasero invece sotto l'India a maggioranza induista.

«Tuttavia, disintegrando l'India, gli inglesi non puntavano solo a dividerla, ma ad affiancarle un nuovo Paese debole, il Pakistan, che dipendesse dalla Gran Bretagna per la difesa, fosse vicino ai giacimenti petroliferi dell'Asia centrale, all'epoca parte dell'Unione Sovietica, e non lontano dal Medio Oriente ricco di petrolio e a maggioranza musulmana.

«Il corollario era che l'India, la principale nazione del Subcontinente (oggi diviso in tre Stati, con la comparsa del Bangladesh nel 1972), non confinasse né con lo Stato cuscinetto dell'Afghanistan né con l'Unione Sovietica.

«L'obiettivo di controllare i pozzi petroliferi faceva parte del Grande Gioco per evitare che il potente impero russo vi mettesse le mani. […] Durante la seconda guerra mondiale, gli inglesi si resero conto che avere il controllo dei giacimenti di petrolio significava gestire il destino di Paesi interi. Così, a partire dal 1940, l'Asia meridionale acquisì grande importanza per la Gran Bretagna imperiale, ansiosa di mettere in sicurezza i giacimenti arabi».[197]

Gli inglesi non vollero la nascita del Pakistan per amore dei musulmani. Ne avevano ammazzati decine di migliaia nel 1856,[198] quando induisti e islamici avevano unito le forze sotto il regno dell'ultimo gran mogol, Bahadur Shah Zafar,[199] per cacciare tutti gli stranieri dalla pelle bianca.

«Chi ricorda questo capitolo non raccontato della storia dell'indipendenza indiana sa bene che le vie di Delhi erano zeppe di cadaveri massacrati dai soldati inglesi. Perlopiù musulmani: traditori che volevano solo restaurare la 'spregevole e corrotta' dinastia Mogol, come Londra andava gridando ai quattro venti.

«Il segreto dei successi economici dell'impero britannico sta nella sua capacità di manipolare l'islam. I creatori dell'impero eliminarono il califfato islamico, fondarono Stati nel deserto, cancellando alcuni Paesi e smembrandone altri. Gli inglesi sapevano bene che, finita la guerra mondiale, il petrolio arabo sarebbe stato fonte di un potere enorme.» In questo senso, l'India aveva un'importanza strategica cruciale, confinando sia con l'Asia centrale sia con l'Iran e il Golfo Persico. «Per non pregiudicare il futuro, i britannici si erano tenuti come protettorato il Belucistan, alla frontiera con l'Iran, e le zone tribali pashtun ai confini con l'Afghanistan.

«Quando Churchill programmò la disintegrazione dell'India britannica, il problema non era il Belucistan, ma la North Western Frontier Province, dominata dai pashtun e in mano a un governo vicino al Congress Party, che nell'ultimo referendum prima della divisione aveva votato per l'unione con l'India a maggioranza induista. Londra voleva evitare a ogni costo che il vastissimo territorio dell'India induista avesse una frontiera in comune con la Russia o con l'Asia centrale, perché in tal modo il Paese rischiava di diventare troppo potente o, peggio ancora, indipendente sul piano energetico. Con astuzia, Londra creò il Pakistan per garantirsi uno Stato musulmano debole e dipendente. La guerra fredda fece il gioco degli inglesi e il contenzioso sul Kashmir, innescato dalla Gran Bretagna per impedire l'accesso dell'India all'Afghanistan, risultò di enorme utilità ai politici britannici.»[200]

## La storia si ripete

Rendendosi conto che i nazionalisti indiani non si sarebbero prestati al Grande Gioco contro l'Unione Sovietica, gli inglesi si accontentarono di tenersi al fianco chi era disposto ad assecondarli, usando l'islam come arma politica per raggiungere i propri obiettivi.[201] Rimaneva però un problema: lo Stato conteso del Kashmir, al confine afgano. «Quando la Gran Bretagna, con l'aiuto di un Pakistan debole e compiacente, riuscì a far esplodere un conflitto tra le due nascenti nazioni, l'intelligence britannica decise di finanziare i kashmiri a casa propria, nelle moschee inglesi.[202] Controllare le moschee garantisce molteplici vantaggi, come ricoprire di una patina religiosa un movimento secessionista e spingere i fedeli a votare in blocco per certi politici, che poi non possono ignorare i loro elettori.»[203] Ecco spiegato perché una serie di parlamentari inglesi rivendicasse un Kashmir indipendente.

La strategia del gioco cambiò però negli anni Ottanta, con l'invasione sovietica dell'Afghanistan. Jihadisti e muhajeddin giunti da ogni dove si organizzarono per combattere l'Armata Rossa. Fu allora che la CIA e l'MI6 si ritrovarono a dipendere dall'ISI pachistano. Pur essendo loro a fornire il denaro e le armi, dovettero accettare che le operazioni terrestri fossero decise dall'ISI e dal suo direttore, il tenente generale Hamid Gul, che avrebbe poi riconosciuto la propria responsabilità nella creazione di Islami Jamhoori Ittehad,[204] un'alleanza nata per impedire a Benazir Bhutto e al suo Partito popolare pachistano di vincere le elezioni.

Per inciso, l'ISI era stato fondato nel 1948 dal comandante generale Robert Cawthorne – un ex ufficiale di Sua Maestà nato in Australia e poi entrato nell'esercito pachistano –, che ne era stato direttore generale dal 1950 al 1959.[205] L'ex ministro degli Esteri pachistano Sahabzada Yaqub Khan ne aveva poi ampliato le funzioni, estendendole alla sorveglianza sull'opposizione e alla preservazione del regime militare nel Paese. «È evidente che l'MI5 e l'MI6 prestarono il loro appoggio. L'obiettivo di Londra era soprattutto mantenere un'influenza tra gli acquitrini del Kashmir e far emergere una terza forza locale che non volesse appartenere né al Pakistan né, soprattutto, all'India.

«Con Gul alla guida dell'ISI, si venne a creare una ferrea rete con altri servizi segreti come la CIA e l'MI6, con la partecipazione anche del Mossad. Poi, quando Washington decise di ritirarsi dall'Afghanistan nel 1989, furono i servizi segreti inglesi e l'ISI a supervisionare la guerra civile afgana e la nascita dei talebani. Sempre in quel periodo, l'MI6 e l'ISI mandarono giovani britannici musulmani a combattere accanto alle milizie di Al Qaida per la formazione di un califfato islamico in Medio Oriente. Con l'Unione Sovietica messa alle corde e lo scarso interesse di Washington per l'Afghanistan, il Grande Gioco era di nuovo in mano agli inglesi.»[206]

Quando gli Stati Uniti si accinsero a entrare in Afghanistan e a tendere la mano all'India contro i talebani e Al Qaida, sullo scacchiere del Grande Gioco comparvero nuovi protagonisti. L'ingresso dell'India nello scenario come alleato degli americani l'ha messa in prima linea nel mirino dei fanatici islamici, che non intendono tollerare influenze straniere sui pozzi di petrolio dell'Arabia e dell'Asia centrale. Questi estremisti, per potenti e determinati che siano, per operare in un Paese straniero ostile ai jihadisti hanno però bisogno di un appoggio istituzionale. Ed è lì che sono scesi in campo l'MI6 e l'ISI. Il massacro di Mumbai del novembre 2008 è stato il frutto di questa proficua collaborazione istituzionale.

## Le mani degli inglesi sui terroristi pachistani

Come abbiamo detto, Londra appoggiò subito i secessionisti del Kashmir. Il primo deputato del Parlamento britannico a sostenerli pubblicamente fu Eric Lubbock che, stando alla testata *The Dawn of Karachi*, nel suo discorso al congresso del JKLF tenutosi a Londra nel 1991 annunciò il proprio appoggio alla lotta armata. Nell'edizione del marzo 1995 del rapporto sul Kashmir del JKLF, Lubbock condannò la politica indiana in quella regione, paragonandola a ciò che sarebbe accaduto se «nel 1940 la Gran Bretagna fosse stata invasa» e avesse subito l'occupazione nazista.[207]

«Il 4 luglio 2009, il *London Times Online* pubblicava un interessante articolo dal titolo 'Il complotto degli islamici britannici contro il Pakistan', in cui si affermava che militanti inglesi stessero premendo per sovvertire lo Stato pachistano. I seguaci di Hizb ut-Tahrir avrebbero richiesto un 'golpe militare incruento' a Islamabad, con la creazione di un califfato in cui applicare rigidamente la legge islamica [...] anche 'con la forza', se necessario.»[208] Hizb ut-Tahrir, organizzazione islamica globale con l'obiettivo di imporre la sharia in tutto il pianeta, è un gruppo terroristico generato, cresciuto e protetto dalla Gran Bretagna.[209] Così come le Tigri Tamil dello Sri Lanka e i terroristi mirpuri, anche l'HUT è sotto il controllo dei servizi segreti di Sua Maestà, che se ne servono per assassinare leader politici e destabilizzare nazioni.[210] Per le sue attività di terrorismo, questa organizzazione è fuori legge in Russia, Germania e numerosi altri Paesi.[211]

Le belle parole di Londra in nome delle vittime del terrore risultano rivoltanti, di fronte alla totale mancanza di considerazione verso il diritto internazionale del Regno Unito, che non solo fa da epicentro e focolare per decine di gruppi terroristici sanguinari, ma permette loro di operare con l'avallo del governo e della Corona.

### Gruppi illegali negli Stati Uniti con sede a Londra

In uno studio dal titolo *Oltre Al Qaida. Gli anelli esterni dell'universo terrorista*, il RAND, un comitato di esperti governativi statunitensi, analizza la strage di turisti perpetrata a Luxor il 17 novembre 1997 per mano di al-Gama'at al-Isla-miyya, in cui persero la vita sessantadue persone, mettendo in discussione la capacità di discernimento del Regno Unito, che aveva offerto asilo politico a membri dell'organizzazione.[212] I ripetuti sforzi del governo egiziano per ottenerne l'estradizione si sono scontrati con un muro di gomma, da parte tanto dei governi laburisti quanto di quelli conservatori.

Poco prima di quel massacro, l'8 ottobre 1997, il dipartimento di Stato americano aveva pubblicato una lista di trenta organizzazioni terroristiche straniere alle quali veniva fatto divieto di operare in territorio statunitense. Tra i gruppi menzionati, sei hanno tuttora sede in Gran Bretagna: il Gruppo islamico (Egitto), Al-Jihad (Egitto), Hamas (Israele, Autorità Palestinese), GIA (Algeria, Francia), Partito dei lavoratori del Kurdistan (Turchia) e Tigri di liberazione del Tamil Eelam (Sri Lanka). Questi ultimi sono tra gli estremisti più pericolosi e sanguinari al mondo; sono l'unica organizzazione terroristica che in passato disponesse di un «esercito» proprio. Si sono macchiati dell'attentato suicida contro l'ex primo ministro indiano Rajiv Gandhi, il 21 maggio 1991, e dell'assassinio del presidente dello Sri Lanka, Ranasinghe Premadasa, il 1° maggio 1993.[213]

Oltre ai sei gruppi con sede nel Regno Unito, altri sedici inseriti nella lista statunitense del 1997 hanno ricevuto finanziamenti provenienti dalla Gran Bretagna, o addestramento militare e supporto logistico da organizzazioni che operano indisturbate dal territorio inglese. Nell'elenco figurano: Abu Nidal (Autorità Palestinese), Harkat ul-Ansar (India), Mujahedin-e-Khalq (Israele, Autorità Palestinese), Kahane Chai (Israele, Autorità Palestinese), Abu Sayyaf (Filippine), Khmer rossi (Cambogia), Esercito di liberazione nazionale (Colombia), Forze armate rivoluzionarie della Colombia,

Sendero luminoso (Perù), Movimento rivoluzionario Tupac Amaru (Perù), Fronte democratico per la liberazione della Palestina (Israele, Autorità Palestinese), Fronte popolare per la liberazione della Palestina (Israele, Autorità Palestinese) e Comando generale del Fronte popolare per la liberazione della Palestina (Israele, Autorità Palestinese).

Da dove saltano fuori i soldi per finanziare, proteggere e schierare in campo un novero di terroristi tanto nutrito? Per scoprirlo, ci tufferemo in un universo parallelo fatto di denaro sporco, principi sauditi, tangenti e fondi illeciti per centinaia di miliardi di dollari.


## Il mondo di Al Yamamah

Oggi, la fonte di ogni terrorismo internazionalmente rilevante è l'alleanza imperiale anglosaudita, rispecchiata con chiarezza dall'accordo Al Yamamah del 1985 tra Londra e Riyad. Si tratta del «principale fondo clandestino della storia, protetto dall'Official Secrets Act, dalle ancor più impenetrabili finanze della City e dai paradisi fiscali sotto il controllo britannico».[214]

Nel 1985, il regno di Arabia Saudita, preoccupato anche per la guerra tra Iran e Iraq che era entrata in una fase particolarmente distruttiva, decise di acquistare un gran numero di aerei da combattimento all'avanguardia per rafforzare la propria aeronautica militare. Poiché la vendita necessitava dell'approvazione del Congresso americano, Israele e la lobby ebraica negli Stati Uniti scatenarono una campagna contraria, così re Fahd si rivolse agli inglesi per chiedere il loro aiuto.

Al Yamamah (La colomba), un'alleanza geostrategica, fu in apparenza un accordo di scambio di armi contro petrolio, negoziato dal principe Bandar bin Sultan, all'epoca ambasciatore saudita negli Stati Uniti, e da Margaret Thatcher, il primo ministro britannico. Prevedeva la vendita all'Arabia Saudita di equipaggiamenti militari e servizi aerospaziali per un valore di 40 miliardi di dollari, in cambio di greggio. BAE Systems, la principale industria militare inglese, gonfiava di circa un terzo i costi delle forniture, per poter così riciclare le tangenti versate ad alte autorità saudite, come il principe Bandar. Dal canto suo, l'Arabia Saudita forniva oltre 600.000 barili di greggio al giorno, «equivalenti a una superpetroliera carica, a BAE Systems, che aveva a sua volta un contratto con BP e Royal Dutch Shell per la vendita spot di quel greggio. [...] Anche dopo avere pagato le bustarelle ai vari principi e funzionari dei ministeri, quel petrolio era costato loro meno di 5 dollari al barile».[215] Le transazioni spot venivano effettuate da Shell e BP a nome di BAE Systems e della Defence Export Services Organisation, agenzia governativa del ministero della Difesa inglese. I guadagni furono stratosferici. «Nei ventinove anni a seguire, sotto la copertura dell'accordo di scambio armi contro petrolio, si sono accumulate centinaia di milioni di dollari di liquidità, depositate in notori paradisi fiscali come le isole caraibiche britanniche e olandesi, la Svizzera e Dubai.»[216]

Stando a dati ufficiali di BP e della US Energy Information Administration, nel trentennio «di durata dell'accordo Al Yamamah, il prezzo in dollari del petrolio saudita sui mercati spot internazionali risultava, in termini cumulativi, pari a oltre 160 miliardi di dollari»,[217] quattro volte il costo reale dell'intero pacchetto di forniture militari in causa. Prima di essere usati per finanziare operazioni come la guerra in Afghanistan, questi fondi sono stati a loro volta riciclati in lucrose attività speculative di copertura, che hanno fruttato utili da capogiro. Secondo Jeffrey Steinberg, «i sauditi hanno stretto un'alleanza chiave con l'oligarchia finanziaria anglo-olandese, che ha sede nella City ed è protetta dalla Corona britannica. In combutta con BAE Systems, giganti della City come Shell, BP e altri hanno dato vita a una concentrazione finanziaria privata, segreta ed extraterritoriale che, in altre epoche di splendore imperiale, avrebbe fatto invidia alla Compagnia delle Indie Orientali.

«È impossibile stimare quanti di questi fondi neri siano transitati nei depositi di copertura delle Cayman, dell'Isola di Man, di Gibilterra, di Panama e della Svizzera. È però chiaro che lo scandalo BAE Systems va ben al di là dei 2 miliardi di dollari che si presume siano finiti nelle tasche del principe Bandar sotto forma di tangenti; la questione rende evidente lo strapotere della finanza anglo-olandese».[218]

William Simpson, che è stato compagno di Bandar bin Sultan all'accademia militare, nel 2006 scrisse una biografia autorizzata del principe (*The Prince: The Secret Story of the World's Most Intriguing Royal*, Il principe: la storia segreta del reale più intrigante del mondo): «Sebbene Al Yamamah costituisca una modalità poco convenzionale di fare affari, il lucro indiretto che ne deriva è conseguenza di obiettivi squisitamente politici, tanto britannici quanto sauditi. Al Yamamah è, anzitutto, un contratto politico, negoziato al culmine della guerra fredda, che ha permesso ai sauditi di acquistare armi in tutto il mondo per finanziare la lotta al comunismo».

L'accordo di scambio tra BAE Systems e regno saudita rende chiaro il modus operandi dell'élite finanziaria mondiale. «L'oligarchia è sostanzialmente un'associazione a delinquere estesa in tutto il pianeta che agisce grazie a una rete di enti governativi, organizzazioni in mano a privati, imprese e istituzioni finanziarie pubbliche e private. Alcuni di questi legami sono di pubblico dominio, altri rimangono segreti.

«Il ruolo storico dell'impero britannico nel commercio dell'oppio in Asia è un buon esempio di come agisca l'oligarchia. Gli inglesi usavano Hong Kong come base e ricorrevano a operatori commerciali scozzesi per trasportare il prodotto e negoziare con la Hongkong and Shanghai Banking Corporation (oggi HSBC) la gestione dei vertiginosi flussi finanziari. Come colonia britannica, Hong Kong era governata dalla Corona, ma il potere era nelle mani della Compagnia delle Indie Orientali e di privati che avevano il controllo della monarchia e dell'impero, e il metodo con cui questo potere veniva e viene tuttora gestito è quello veneziano.»[219]

I soldi di Al Yamamah hanno finanziato decenni di terrorismo e colpi di Stato su scala globale, a partire dagli anni Settanta, con la decisione angloamericana di fare da sponsor ai mujaheddin afgani e alla galassia di fratellanze musulmane che oggi cercano di imporre il regime del terrore in tutto il mondo. Lo stesso denaro è servito per l'acquisto clandestino delle armi russe utilizzate per cacciare le truppe di Gheddafi dal Ciad, e se ne sente l'odore in quelle comprate in Egitto e in altri Paesi per spedirle ai mujaheddin in guerra contro i sovietici. Per non parlare del vergognoso scandalo Iran-Contras, o delle armi russe approdate nelle guerre di secessione in Africa, o dei conflitti degli anni Novanta nei Balcani dopo il crollo dell'Unione Sovietica. Il fondo nero anglosaudita legato ad Al Yamamah fu anche una delle maggiori fonti di finanziamento della guerra afgana contro l'Armata Rossa, seconda forse solo al traffico di oppio ed eroina in Afghanistan e Pakistan, iniziato con la guerriglia dei mujaheddin nel 1979.

Dopo la guerra in Afghanistan, decine di migliaia di combattenti sarebbero riapparsi in luoghi anche molto distanti (Algeria, Libia, Siria, Yemen, Somalia, Eritrea, Ciad, Mali, Sudan, Nigeria, Filippine, Iraq, Thailandia, India, Indonesia, Bangladesh, Sri Lanka, Pakistan e Arabia Saudita) come ribelli islamici.

Ovviamente, nessuna guerra sarebbe possibile senza uomini in posti chiave a oliare gli ingranaggi. Ed è qui che si nota il ruolo dei sauditi come agevolatori, finanziatori, protettori e sfruttatori del terrorismo internazionale. Ma nulla sarebbe potuto accadere senza l'intervento attivo degli inglesi e degli americani per orchestrare e insabbiare tutto.

## Largo al principe

In questo piano, una delle principali risorse in mano agli inglesi è il principe Bandar bin Sultan. Formatosi in Gran Bretagna, Bandar non è stato solo l'interlocutore saudita della Corona e di BAE Systems nella definizione dell'accordo Al Yamamah, «ma è stato anche il coordinatore dei flussi di armi e denaro destinati ai mestatori salafiti schierati in Siria, Pakistan, Afghanistan e in tutto il continente africano».[220] In qualità di ambasciatore saudita a Washington, e quasi come se fosse stato figlio adottivo di George H.W. Bush, per un anno «Bandar diresse i servizi di intelligence sauditi che coordinarono i dirottatori dell'11 settembre».[221] Sua moglie, la principessa Haifa, ha versato tra i 51.000 e i 73.000 dollari all'agente segreto saudita Omar al-Bayoumi,[222] «soldi serviti al soggiorno in California dei dirottatori sauditi dell'aereo che si schiantò sul Pentagono l'11 settembre, Nawaf al-Hazmi e Khalid al-Mihdhar».[223]

L'impegno dell'amministrazione Bush a far sparire le prove del coinvolgimento anglosaudita negli attacchi sul suolo americano era talmente granitico che Osama Basnan, dirigente dell'intelligence saudita, non ebbe alcun timore a recarsi a Houston il 24 e 25 aprile 2002,[224] «quando l'allora principe Abdullah e Bandar fecero visita a Bush nel suo ranch di Crawford, nel Texas. Il seguito del principe era smisurato: otto aerei carichi di consiglieri e parassiti vari e, confusi in

*Paul Conroy, dell'MI6 britannico (con il giubbotto antiproiettile blu), che in questa occasione si fece passare per un fotoreporter del Sunday Times, con il leader di Al Qaida Mahdi al-Harati (alla sua sinistra) e con l'uomo che rovesciò Gheddafi, Abdelhakim Belhadj. José Maria Aznar ammise che su al-Harati pendeva un mandato di cattura per i legami con gli attentati di Madrid dell'11 marzo 2004.*

*I senatori degli Stati Uniti John McCain e Lindsey Graham consegnano l'Humanitas Prize ad Abdelhakim Belhadj, dopo che quest'ultimo aveva aiutato la NATO a spodestare Gheddafi e a trasformare la Libia in un inferno.*

*Boko Haram, che ha base in Nigeria ed è uno dei gruppi terroristici più sanguinari al mondo, nonché uno dei principali responsabili del traffico di droga dall'Africa all'Europa, si nutre del caos creato dalla nefasta politica del mondo occidentale.*

*Al-Shabaab, la pietra angolare del terrorismo di Al Qaida in Somalia, promuove l'ideologia di deindustrializzazione che fa il gioco dell'impero britannico e dell'élite globalista.*

La frammentazione del Medio Oriente secondo il piano di Bernard Lewis, collaboratore delle intelligence inglese e israeliana (cartina a destra). L'obiettivo era cancellare la sovranità nazionale dei Paesi musulmani, come corollario regionale della politica della «disintegrazione controllata» promossa dal Council on Foreign Relations.

Bernard Lewis e Henry Kissinger. Quest'ultimo, in un memorandum del 1974, sosteneva che entro il 2000 la popolazione mondiale dovesse essere ridotta a tre miliardi di persone.

*George Bush e il suo «carissimo amico», il principe saudita Bandar bin Sultan, uno dei personaggi chiave negli attentati dell'11 settembre e nell'accordo «armi contro petrolio» noto come Al Yamamah.*

*L'Arabia Saudita e le sue riserve petrolifere fanno parte della strategia non negoziabile del governo statunitense. I sauditi hanno segretamente finanziato i terroristi dell'11 settembre, come gli americani ben sanno. Non c'è da stupirsi che le amministrazioni Bush e Obama abbiano fatto tutto il possibile per nascondere ai loro cittadini, dietro il mantra dei «privilegi dell'esecutivo», le parti più spinose delle informative di intelligence sull'11 settembre.*

*Dubai, la porta d'ingresso al mondo del terrorismo internazionale, della droga, delle mafie e dei trafficanti di armi e di esseri umani. Fu tramite le banche di Dubai che Mohamed Atta incassò il denaro per organizzare gli attentati dell'11 settembre. Alla fine degli anni Novanta, Osama bin Laden ricevette 50 milioni di dollari da vari ricchi sauditi attraverso la Dubai Islamic Bank.*

*A partire dalla fine degli anni Settanta, la casa dei Saud ha investito enormi somme di denaro per creare le madrase, scuole coraniche per giovani che insegnano una versione ortodossa ed estremista dell'islam, dove si sono formati anche i più importanti leader di Al Qaida e dei talebani.*

*Amicizia pericolosa. Il presidente del Consiglio Matteo Renzi in visita al re saudita Salman, nel novembre 2015. Secondo la CIA, Salman ha versato più di 120 milioni di dollari dal suo conto personale a vari gruppi terroristici.*

### History Commons

| About | Timelines | Blog | Donate | Volunteer |

**!! History Commons Alert, Exciting News**

Home » Context of 'Between 1994 and July 1996: NSA Learns Top Saudi Prince Funding Charities Connected to Radical Militants'

## Context of 'Between 1994 and July 1996: NSA Learns Top Saudi Prince Funding Charities Connected to Radical Militants'

This is a scalable context timeline. It contains events related to the event **Between 1994 and July 1996: NSA Learns Top Saudi Prince Funding Charities Connected to Radical Militants**. You can narrow or broaden the context of this timeline by adjusting the zoom level. The lower the scale, the more relevant the items on average will be, while the higher the scale, the less relevant the items, on average, will be.

| − | 1 | 2 | 3 | 4 | 5 |
| + | | | | | |

**Between 1994 and July 1996: NSA Learns Top Saudi Prince Funding Charities Connected to Radical Militants**

Prince Salman bin Abdul-Aziz.
[Source: Public domain]

By 1994, if not earlier, the NSA is collecting electronic intercepts of conversations between Saudi Arabian royal family members. Journalist Seymour Hersh will later write, "according to an official with knowledge of their contents, the intercepts show that the Saudi government, working through Prince Salman [bin Abdul Aziz], contributed millions to charities that, in turn, relayed the money to fundamentalists. 'We knew that Salman was supporting all of the causes,' the official told me." By July 1996 or soon after, US intelligence "had more than enough raw intelligence to conclude... bin Laden [was] receiving money from prominent Saudis." [HERSH, 2004, PP. 324, 329-330] One such alleged charity front linked to Salman is the Saudi High Commission in Bosnia (see 1996 and After). Prince Salman has long been the governor of Riyadh province. At the time, he is considered to be about fourth in line to be king of Saudi Arabia. His son Prince Ahmed bin Salman will later be accused of having connections with al-Qaeda leader Abu Zubaida (see Early April 2002). [PBS, 10/4/2004] It appears

*History Commons, il sito più importante come fonte di informazioni sull'11 settembre, spiega il ruolo del re saudita Salman nel finanziamento del terrorismo internazionale.*

*Secondo un'opinione diffusa, i Paesi occidentali non sapevano né potevano immaginare che un gruppo come l'ISIS potesse trasformarsi in una minaccia per la pace… com'è invece stato ampiamente dimostrato.*

*Mohammed bin Laden, il patriarca della famiglia, proprietario della bin Laden Costruzioni, nonché uno degli uomini più ricchi dell'Arabia Saudita. Fra il 1930 e il 1960, quasi tutti i progetti edili più importanti del Paese furono affidati alla sua impresa.*

*Una famosa fotografia della famiglia bin Laden nel 1971 (Osama è il secondo da destra), durante una visita a Falun, in Svezia. Come per quasi tutti i ricchi sauditi, esiste una dicotomia tra la loro vita austera e repressa in patria e quella libertina in Occidente. Per esempio, i membri della famiglia reale che visitano i Paesi occidentali trascorrono il tempo libero nei cocktail bar con escort di alto bordo. Uno dei luoghi preferiti dai notabili sauditi è l'Hotel Splendide Royal di Lugano, dove spendono centinaia di migliaia di euro la settimana in alcol, droghe e prostitute.*

GIORNATA DELL'AMICIZIA
ITALO - LIBICA
ROMA
30 AGOSTO 2010

*Cinismo politico. Nel corso degli anni Gheddafi è stato uno dei maggiori acquirenti di armi europee. L'Occidente, Italia compresa, ha fatto finta di non vedere mentre trasferiva i suoi petrodollari in cambio di contratti multimilionari. Qui in due visite ufficiali: nel 2009 (a destra) entra con tutti gli onori al Quirinale e nel 2010 l'allora presidente del Consiglio Silvio Berlusconi lo porta in trionfo. Tutti lo accoglievano a braccia aperte… finché è stato utile. Poi lo hanno ucciso sotto gli occhi del mondo.*

*Dopo la riunione qui immortalata, tenutasi alla Casa Bianca nel 1985, Ronald Reagan dichiarò: «Questi signori sono l'equivalente morale dei padri fondatori degli Stati Uniti». Senza dubbio, è una delle immagini che il presidente Reagan avrebbe voluto cancellare dagli annali della storia.*

*Osama bin Laden, ex collaboratore della CIA (nome di battaglia: Tim Osman) e leader supremo di Al Qaida, in un luogo non identificato dell'Afghanistan negli anni Novanta.*

```
4.   (S)   Leuthard then turned the topic of discussion to
Swiss willingness to accept several detainees from Guatanamo
for resettlement and encouraged us to provide as much data as
possible quickly so that the Swiss could move forward.   CDA
advised that more bio and medical data had been received
today and was being delivered via a separate channel.

5.   (S)   At this point, Leuthard emphasized that these two
actions were "elements showing that Switzerland is committed
to resolving all issues between our countries."   To bring
home the point, she reiterated that this resolve extended
especially to finding a political solution to the UBS case.
```

*La banca svizzera UBS era coinvolta nel finanziamento diretto del terrorismo internazionale. Di nascosto, l'amministrazione Obama, tramite il Comando centrale dell'esercito, ha stipulato un accordo con la ministra dell'Economia svizzera, Doris Leuthard, per «chiudere» il caso del versamento di denaro ai terroristi tramite i conti dei ricchi sauditi presso la UBS, in cambio del pagamento di una sanzione nominale da parte della Svizzera e del trasferimento sul suo territorio di due terroristi cinesi di etnia uigura detenuti a Guantánamo.*

| Reference ID | Created | Classification | Origin |
|---|---|---|---|
| 07BERN29 | 2007-01-12 13:03 | UNCLASSIFIED//FOR OFFICIAL USE ONLY | Embassy Bern |

```
VZCZCXRO6837
PP RUEHIK RUEHYG
DE RUEHSW #0029/01 0121303
ZNR UUUUU ZZH
P 121303Z JAN 07
FM AMEMBASSY BERN
TO RUEHC/SECSTATE WASHDC PRIORITY 3568
INFO RUEHZG/NATO EU COLLECTIVE PRIORITY
RUEHC/DEPT OF LABOR WASHINGTON DC PRIORITY
RHMFIUU/DEPT OF ENERGY WASHINGTON DC PRIORITY
RHEFHLC/DEPT OF HOMELAND SECURITY WASHINGTON DC PRIORITY
RUEATRS/DEPT OF TREASURY WASHINGTON DC PRIORITY
RUEHGV/USMISSION GENEVA PRIORITY 2647


9.(U)  Counter-terrorism and Law Enforcement:  Switzerland has
suffered no terrorist attacks, though terrorist organizations
appear to have used Swiss territory, banks, and cell phones
to provide some logistical support for attacks in New York,
Riyadh, Jerba, and Madrid.  With EU member states getting
tougher on terrorists, there is concern that groups are
increasingly attracted to Switzerland as a safe-haven.
Following the attacks of September 11, 2001, Switzerland
invited the FBI to embed an agent with its Police
Counterterrorism Unit.  Law Enforcement cooperation remains
nascent, however, as Swiss legal restrictions and practice
limit the information they share to that with a specific U.S.
nexus.  An upgraded Operative Working Agreement to be
presented to Parliament in March 2007 should allow joint
investigations under limited conditions.  On export controls,
the Swiss are signatories to all relevant multilateral
regimes.  They approach export control and non-proliferation
in earnest, but have few resources dedicated towards
intelligence and enforcement.  Expanding the level of
cooperation in these areas are among the Embassy's primary
goals.
```

*Questa comunicazione interna dell'ambasciata americana a Berna dimostra che gli Stati Uniti erano al corrente del fatto che i terroristi usavano le banche svizzere per finanziare le loro operazioni internazionali, che hanno causato la morte di migliaia di soldati americani.*

| Reference ID | Created | Classification | Origin |
|---|---|---|---|
| 09BERN350 | 2009-08-20 15:10 | CONFIDENTIAL | Embassy Bern |

```
VZCZCXYZ0000
RR RUEHWEB

DE RUEHSW #0350/01 2321510
ZNY CCCCC ZZH
R 2015102 AUG 09
FM AMEMBASSY BERN
TO RUEHC/SECSTATE WASHDC 6015
INFO RHMFISS/DEPT OF JUSTICE WASHINGTON DC
RUEATRS/DEPT OF TREASURY WASHINGTON DC
```

```
----------------------------------------
FEDERAL COUNCILLORS PRAISE RESOLUTION, GOOD BILATERAL
RELATIONS
----------------------------------------

¶2. (U) President and Finance Minister Hans-Rudolf Merz,
Justice Minister Eveline Widmer-Schlumpf, and Foreign Affairs
Minister Micheline Calmy-Rey discussed the resolution of the
UBS case in a press conference on August 19. Widmer-Schlumpf
touted the bilateral agreement as the only possible solution.
She commented that it was necessary to preserve the Swiss
legal system against the unilateral enforcement of US
regulations, which could include freezing UBS' US-based
assets. Calmy-Rey called the agreement a "Peace Treaty" and
praised the good Swiss connections with the US for making the
agreement possible. While President Merz emphasized that the
agreement only applied to the specific case of UBS, Widmer-
Schlumpf countered that the tax treaty language "tax fraud
and the like" coupled with the recently adopted OECD
standards for administrative assistance could open the door
for similar requests for information from other Swiss banks
if those banks had committed similar egregious acts like UBS.
President Merz, who previously expressed regret at UBS'
unacceptable actions (reftel), appealed to Swiss banks to
respect U.S. laws and the Qualified Intermediary regulations.
```

*Informazione sorprendente che spiega come venivano finanziate le azioni terroristiche tramite i conti opachi della UBS.*

*Comunicazione dell'ambasciata degli Stati Uniti in cui si spiega che i terroristi di Lashkar-e-Taiba erano finanziati dall'Arabia Saudita, il principale sponsor del terrorismo internazionale. Si tratta del gruppo terroristico responsabile degli attentati del 26 novembre 2008 a Mumbai.*

Monday, 10 August 2009, 23:56
S E C R E T STATE 083026
SENSITIVE
SIPDIS
RELEASABLE TO PAKISTAN
EO 12958 DECL: 08/07/2019
TAGS EFIN, KTFN, PREL, PTER, UNSC
SUBJECT: UN 1267 (AL-QAIDA/TALIBAN) SANCTIONS: USG
OPPOSITION TO FOCAL POINT DE-LISTING REQUEST FOR JUD AND HAFIZ
SAEED
REF: STATE 65044

(S//REL) The Community assesses that JUD fundraising has relied heavily on private donations, non-governmental organizations (NGOs), madrassas, and businesses spread throughout South Asia, the Middle East, and Europe. Some of JUD's budget, using funds raised both from witting donors and by fraud, is dedicated to social services or humanitarian relief projects, while some is used to finance LT operations. - In December 2005, an official of Idara Khidmat-e-Khalq forwarded JUD donation receipts to a probable LT front company in Saudi Arabia where an LT finance official may have been closely associated with the general manager*possibly acting as a front for moving LT funds, according to intelligence reporting. - Makki in 2002 frequently visited the Middle East and viewed it as a main source of funding. To demonstrate results to donors, JUD would finance the cost of building a new school or upgrading facilities at a madrassa, but would inflate the cost to siphon money to LT.

*Bandar Ahmad Mubarak al-Jabri è uno dei terroristi di Al Qaida attualmente più pericolosi. Detenuto a Guantánamo, fu presto rimesso in libertà dagli americani per affiancare Belhadj nel rovesciamento del regime di Gheddafi in Libia.*

**DEPARTMENT OF DEFENSE**
HEADQUARTERS, JOINT TASK FORCE GUANTANAMO
U.S. NAVAL STATION, GUANTANAMO BAY, CUBA
APO AE 09360

JTF-GTMO-CDR                                         22 January 2007

MEMORANDUM FOR Commander, United States Southern Command, 3511 NW 91st Avenue, Miami, FL 33172

SUBJECT: Recommendation for Continued Detention Under DoD Control (CD) for Guantanamo Detainee, ISN: US9SA-000182DP (S)

## JTF-GTMO Detainee Assessment

1. (S//NF) **Personal Information:**

   - JDIMS/NDRC Reference Name: Bandar Ahmad Mubarak al-Jabri
   - Aliases and Current/True Name: Handhallah al-Makki, Handhallah al-Jiddawi, al-Zabri
   - Place of Birth: Mecca, Saudi Arabia (SA)
   - Date of Birth: 16 April 1979
   - Citizenship: Saudi Arabia
   - Internment Serial Number (ISN): US9SA-000182DP

2. (U//FOUO) **Health:** Detainee is in good health.

3. (S//NF) **JTF-GTMO Assessment:**

   a. (S) **Recommendation:** JTF-GTMO recommends this detainee for Continued Detention Under DoD Control (CD). JTF-GTMO previously assessed detainee as Continued Detention Under DoD Control (CD) on 18 November 2005.

   b. (S//NF) **Executive Summary:** Detainee is assessed to be a member of al-Qaida and a possible weapons trainer. Detainee reportedly trained recruits at al-Faruq Training Camp stayed at al-Qaida guesthouses. Detainee is affiliated with several significant extremist personalities. Detainee served on the front lines in Afghanistan (AF), probably against

JTF-GTMO-CDR
SUBJECT: Recommendation for Continued Detention Under DoD Control (CD) for Guantanamo Detainee, ISN: US9SA-000182DP (S)

coalition forces. **[ADDITIONAL INFORMATION ABOUT THIS DETAINEE IS AVAILABLE IN AN SCI SUPPLEMENT.]** JTF-GTMO determined this detainee to be:

   - A **HIGH** risk, as he is likely to pose a threat to the US, its interests and allies.
   - A **MEDIUM** threat from a detention perspective.
   - Of **HIGH** intelligence value.

   c. (S//NF) **Summary of Changes:** The following outlines changes to detainee's assessment since the last JTF-GTMO recommendation. (Changes in this assessment will be annotated by ➤ next to the footnote.)

   - (S//NF) A senior al-Qaida member photo-identified detainee and stated detainee was present in Afghanistan prior to 11 September 2001.
   - (S//NF) Yasim Muhammad Salih Mazeeb Basardah, ISN US9YM-000252DP (YM-252), identified detainee as best friends with Khalid Hasan Husayn al-Barakati al-Sharif, ISN US9SA-000322DP (SA-322). Detainee and SA-322 were in the same group in Tora Bora, AF.

## SYRIAN INTELLIGENCE CHIEF ATTENDS CT DIALOGUE WITH S/CT BENJAMIN

| | |
|---|---|
| **Date:** 2010 February 24, 14:08 (Wednesday) | **Canonical ID:** 10DAMASCUS159_a |
| **Original Classification:** SECRET | **Current Classification:** SECRET |
| **Handling Restrictions:** -- Not Assigned -- | **Character Count:** 13932 |
| **Executive Order:** -- Not Assigned -- | **Locator:** TEXT ONLINE |
| **TAGS:** PGOV - Political Affairs--Government; Internal Governmental Affairs I PREL - Political Affairs--External Political Relations I PTER - Political Affairs--Terrorism and Terrorism I SY - Syria | **Concepts:** -- Not Assigned -- |
| **Enclosure:** -- Not Assigned -- | **Type:** TE - Telegram (cable) |
| **Office Origin:** -- N/A OR BLANK -- | **Archive Status:** -- Not Assigned -- |
| **Office Action:** -- N/A OR BLANK -- | **Markings:** -- Not Assigned -- |
| **From:** SYRIA DAMASCUS | |
| **To:** CENTRAL INTELLIGENCE AGENCY I DEFENSE INTELLIGENCE AGENCY I DEPARTMENT OF HOMELAND SECURITY I EGYPT CAIRO I FRANCE PARIS I IRAQ BAGHDAD I ISRAEL JERUSALEM I ISRAEL TEL AVIV I JOINT CHIEFS OF STAFF I JORDAN AMMAN I LEBANON BEIRUT I NATIONAL SECURITY COUNCIL I SAUDI ARABIA JEDDAH I SAUDI ARABIA RIYADH I SECRETARY OF STATE I UNITED KINGDOM LONDON | |

### MAMLOUK DESCRIBES GID'S METHODS

6. (S/NF) The GID Director said Syria had been more successful than the U.S. and other countries in the region in fighting terrorist groups because "we are practical and not theoretical." He stated Syria's success is due to its penetration of terrorist groups. "In principle, we don't attack or kill them immediately. Instead, we embed ourselves in them and only at the opportune moment do we move." Describing the process of planting embeds in terrorist organizations as "complex," Mamlouk said the result had yielded been the detention of scores of terrorists, stamping out terror cells, and stopping hundreds of terrorists from entering Iraq. Mamlouk acknowledged some terrorists were still slipping into Iraq from Syria. "By all means we will continue to do all this, but if we start cooperation with you it will lead to better results and we can better protect our interests," he concluded.

7. (S/NF) According to Mamlouk, Syria's previous experience in cooperating with the U.S. on intelligence "was not a happy one." He stated Syria hoped any future cooperation would be "on an equal basis." Mamlouk specified this meant Syria should be allowed to "take the lead" on anti-terrorism efforts. Alluding to the "wealth of information" Syria has obtained while penetrating terrorist groups, Mamlouk declared "we have a lot of experience and know these groups. This is our area, and we know it. We are on the ground, and so we should take the lead."

9. (S/NF) Benjamin, noting the importance of achieving a secure and stable Iraq, stated an important measure of progress on this subject is further success on reducing the flow of foreign fighters and cracking down on their facilitators. Mamlouk said the foreign fighters come from a large number of Arab and Muslim countries and that the Syrians detain "large numbers plus their local facilitators." As an example, Mamlouk said he handed over 23 Saudis detained in Syria to Saudi Prince Muqrin last year. Benjamin commended Mamlouk on reducing the flow of foreign fighters, while encouraging further progress. Miqdad interjected that the issue of foreign fighters using Syrian soil is a matter of national security for Syria. "We have zero tolerance," he said. Miqdad said Syria needs the cooperation of other countries, namely those from which the terrorists are coming. "If we can close this circle - with us, you, and other countries - we will succeed," he concluded.

12. (S/NF) Following Mamlouk's statements regarding possible security and intelligence cooperation, Miqdad stated he wanted to emphasize three points. First, Miqdad said that because of Syria's "wealth of information" on following 30 years of facing security threats from takfiri groups, Syria must be able to take the lead in any joint efforts. Second, the Vice Foreign Minister said politics are an integral part of combating terrorism and warned that listing Syria as a state sponsor of terrorism and including Syria on the list of 14 countries for enhanced screening by the Transportation Security Administration (TSA) created a "contradiction" when the U.S. subsequently requested cooperation with Syria against terrorism. Miqdad stressed a "political umbrella" of improved U.S.-Syrian bilateral relations should facilitate counterterrorism cooperation.

*L'atteggiamento degli Stati Uniti è lampante. Questa corrispondenza svela la conversazione fra il capo dei servizi segreti siriani, Ali Mamlouk, e i diplomatici americani sul passaggio di combattenti stranieri «takfiri» e dello Stato islamico dall'Iraq devastato dalla guerra alla Siria. Mamlouk offriva agli Stati Uniti un'alleanza militare e di intelligence per fronteggiare i terroristi. Gli americani rifiutarono di collaborare e più avanti offrirono il loro appoggio a gruppi jihadisti di «opposizione» durante la guerra civile in Siria.*

# Wikileaks Document Release

http://wikileaks.org/wiki/CRS-RL32759

February 2, 2009

## Congressional Research Service

## Report RL32759

### Al Qaeda: Statements and Evolving Ideology

Christopher M. Blanchard, Foreign Affairs, Defense, and Trade Division

July 9, 2007

**Abstract.** This report reviews Al Qaeda's use of public statements from the mid-1990s to the present and analyzes the evolving ideological and political content of those statements. The report focuses primarily on statements made by Osama Bin Laden, but also considers: statements made by Ayman al Zawahiri, the late Abu Musab al Zarqawi, Iraq-based Al Qaeda affiliates, and Al Qaeda military leader Sayf al Adl.

### The "Islamic State of Iraq" and Discord

Following the death of Abu Musab al Zarqawi in 2006, leading Al Qaeda affiliates established an entity known as the Islamic State of Iraq based in Iraq's western Al Anbar province.[32] The group's leaders, Abu Umar al Baghdadi and Abu Hamzah Al Muhajir, have since released a number of statements outlining the policies and goals of the new "Islamic state" and attacking a number of Iraqi groups.[33] A ten-member cabinet was announced in April 2007. The Islamic State and its leaders share the strict anti-Shiite sectarian views of Al Zarqawi and routinely refer to Iraqi Shiites in hostile, derogatory terms while launching attacks against Sunni and Shiite government officials and civilians. In July 2007, Al Baghdadi released an audiotape threatening to launch attacks against Iran unless the Iranian government withdraws its support for Iraqi Shiites.[34]

The Islamic State of Iraq's insistence on enforcing their strict interpretations of religious law on Iraqi civilians and targeting members of other insurgent groups, including the religiously oriented Islamic Army of Iraq, has led to fighting that has killed insurgents and Al Qaeda operatives across western and central Iraq in recent months.[35] The Islamic Army of Iraq, the Mujahidin Army and the Ansar al Sunna Sharia Council announced the formation of a Jihad and Reform Front in May 2007 as a means of disassociating themselves from what they reportedly considered to be Al Qaeda's indiscriminate targeting of Iraqi civilians. Since December 2006, Ayman Al Zawahiri has congratulated Al Baghdadi for the establishment of the so-called Islamic State and has reiterated his plea for fighters in Iraq to overcome their differences in the aftermath of fighting between the

*Informativa d'intelligence del Congresso degli Stati Uniti sulla nascita dello Stato islamico dell'Iraq sotto il comando di Abu Omar al-Baghdadi (il predecessore di Abu Bakr al-Baghdadi dell'ISIS), in seguito alla morte nel 2006 del leader di Al Qaida in Iraq, Abu Musab al-Zarqawi. Ogni servizio segreto sapeva tutto sull'ISIS fin dal 2007. Sostenere che le azioni dello Stato islamico hanno colto di sorpresa l'Occidente è un insulto alla nostra intelligenza.*

Wednesday, 30 December 2009, 13:28
S E C R E T STATE 131801
NOFORN
SIPDIS
FOR TFCO
EO 12958 DECL: 12/28/2019
TAGS EFIN, KTFN, PTER, PINR, PREL, PK, KU, AE, QA, SA
SUBJECT: TERRORIST FINANCE: ACTION REQUEST FOR SENIOR
LEVEL ENGAGEMENT ON TERRORISM FINANCE
REF: A. (A) STATE 112368 B. (B) RIYADH 1499 C. (C) KUWAIT 1061 D. (D)
KUWAIT 1021 E. (E) ABU DHABI 1057 F. (F) DOHA 650 G. (G) ISLAMABAD 2799
Classified By: EEB/ESC Deputy Assistant Secretary Douglas C. Hengel for reasons
1.4 (b) and (d).

*Le informative segrete del governo degli Stati Uniti rivelano che alla fine del 2009 il segretario di Stato, Hillary Clinton, ammetteva che l'Arabia Saudita era una «fonte critica di finanziamento del terrorismo».*

2. (S/NF) Summary: In August 2009, Special Representative to the President for
Afghanistan and Pakistan (S/SRAP) Ambassador Richard Holbrooke in
coordination with the Department of Treasury established the interagency Illicit
Finance Task Force (IFTF). The IFTF is chaired by Treasury A/S David Cohen. It
focuses on disrupting illicit finance activities in Afghanistan and Pakistan and the
external financial/logistical support networks of terrorist groups that operate
there, such as al-Qa'ida, the Taliban, and Lashkar e-Tayyiba (LeT). The IFTF's
activities are a vital component of the USG's Afghanistan and Pakistan (Af/Pak)
strategy dedicated to disrupting illicit finance flows between the Gulf countries
and Afghanistan and Pakistan. The IFTF has created a diplomatic engagement
strategy to assist in the accomplishment of this objective. The strategy focuses on
senior-level USG engagement with Gulf countries and Pakistan to communicate
USG counterterrorism priorities and to generate the political will necessary to
address the problem. The IFTF has drafted talking points for use by all USG
officials in their interactions with Gulf and Pakistani interlocutors. These points
focus on funding for terrorist groups threatening stability in Afghanistan and
Pakistan and targeting coalition soldiers. These points have been cleared through
the relevant Washington agencies.

(S/NF) A particular point of difference between the U.S. and Kuwait concerns
Revival of Islamic Heritage Society (RIHS). In June 2008 the USG domestically
designated all RIHS offices RIHS under Executive Order 13224 for providing
financial and material support to al-Qa'ida and UN 1267-listed al-Qa'ida affiliates,
including Lashkar e-Tayyiba, Jemaah Islamiyah, and Al-Itihaad al-Islamiya. The
United States nominated RIHS for listing under UNSCR 1267 but Indonesia placed
a technical hold on the RIHS listing due concerns regarding RIHS's presence in
Indonesia. Libya also placed a hold - probably at Kuwait's behest - citing
insufficient information on RIHS's activities. Indonesia has rotated off the United
Nation's Security Council so only Libya's hold on RIHS remains. (Department
note: Libya's hold will drop in 2010 unless one of the newly elected UNSC
Members places a hold on our request to list RIHS.) In Kuwait, RIHS enjoys broad
public support as a charitable entity.

(S/REL USA, SAU) We urge your government to assume responsibility for the
overseas operations of charities and NGOs headquartered in the Kingdom. We
encourage you to prevent terrorists and their supporters from exploiting religious
events (Hajj, Umrah, Ramadan) to raise funds. We acknowledge the recent
adoption of stricter financial controls on charities, but urge greater regulation and
oversight of the Saudi charitable sector.

(S/NF) Saudi Arabia has enacted important reforms to criminalize terrorist
financing and restrict the overseas flow of funds from Saudi-based charities.
However, these restrictions fail to include &multilateral organizations8 such as
XXXXXXXXXXXX Intelligence suggests that these groups continue to send
money overseas and, at times, fund extremism overseas. In 2002, the Saudi
government promised to set up a &Charities Committee8 that would address this
issue, but has yet to do so. The establishment of such a mechanism, however, is
secondary to the primary U.S. goal of obtaining Saudi acknowledgement of the
scope of this problem and a commitment to take decisive action.

quella moltitudine, tre funzionari sospettati di legami con Al Qaida».[225]

Secondo Jeffrey Steinberg, «il governo inglese e la Thatcher avevano buoni motivi per essere certi che Bandar fosse l'interlocutore perfetto tra Riyad e Londra nell'accordo del secolo. A sedici anni, quando suo padre Sultan era ministro della Difesa da parecchio tempo, era stato mandato in Inghilterra a studiare al Royal Air Force College Cranwell, una scuola ufficiali d'élite per i futuri piloti della RAF. Almeno un alto funzionario dei servizi segreti statunitensi ha dichiarato che, secondo voci insistenti, l'MI6 avrebbe reclutato Bandar ancora prima che concludesse gli studi. Altre fonti assai addentro ai maneggi di BAE Systems affermano che il colosso 'privato' dell'aerospaziale abbia un reparto vendite composto quasi esclusivamente da 'giovanotti' arruolati dall'MI6 già prima di essere assunti».[226]

Oggi è Bandar a celarsi dietro il dispiegamento di migliaia di combattenti suicidi in Siria, Libano, Libia e altri Paesi della regione, per garantire che lo scontro tra sciiti e sunniti raggiunga una massa critica di stragi e odio che ne prolunghi indefinitamente la durata.

## Il nemico in casa

Stando alla biografia di William Simpson, il principe «Bandar ha fornito 3 miliardi di dollari a reti di combattenti integralisti dei muhajeddin perché si opponessero ai sovietici». Questi «combattenti» si sarebbero poi evoluti in Al Qaida. «In realtà, Bandar stava dando vita a un esercito fondamentalista islamico basato sulle dottrine del wahhabismo.»[227]

Stando ad alti funzionari dell'intelligence americana, fra cui l'ex vicedirettore della CIA Mike Morrell, il trio Al Qaida/ISIS/esercito jihadista, di cui Osama bin Laden era il capo più infame, attualmente rappresenta la minaccia terroristica più grave. I jihadisti di Bandar hanno fatto quasi tremila vittime in una sola mattina, l'11 settembre 2001, e nell'ultimo anno della guerra civile in Siria hanno trucidato decine di migliaia di persone. «È la stessa rete che ha assassinato l'ambasciatore statunitense a Bengasi, Chris Stevens, e ha compiuto un massacro di civili in un centro commerciale di Nairobi nel settembre 2013.»[228]

## Il flusso di denaro

Il denaro saudita non esce dalle casse dello Stato, ma da quelle di numerose organizzazioni caritatevoli che fanno da paravento a gruppi di terroristi internazionali e sono costole della rete di organizzazioni sorte negli anni Ottanta per garantire finanziamenti, equipaggiamenti e reclute ai mujaheddin in guerra contro i russi.[229] Tra queste figurano Al-Haramain e Mahtab al-Khidamat, organismi umanitari che molti ritengono precursori di Al Qaida. Dopo che Al-Haramain era stata inserita dagli Stati Uniti nella lista delle associazioni benefiche accusate di finanziare il terrorismo, nel 2005 l'Arabia Saudita ne dispose la chiusura. Si vociferava che avesse ricevuto ogni anno tra i 45 e i 50 milioni di dollari in donazioni e che avesse investito circa 300 milioni in aiuti umanitari all'estero.[230]

Giungiamo così alla questione dei rapporti tra sauditi e Al Qaida. Al di là del fatto che quindici dei diciannove attentatori dell'11 settembre fossero sauditi, va sottolineato che «sebbene la distanza tra Riyad e l'Afghanistan meridionale non sia nulla rispetto a quella tra Kabul e Washington, nessun aereo si è schiantato contro i grattacieli dell'Arabia Saudita, né sui suoi leggendari giacimenti di petrolio. I grandi attentati commessi in territorio saudita hanno sempre avuto come bersaglio obiettivi americani. In altre parole, checché ne dicano i principali organi di informazione, non c'è dubbio che Riyad e Al Qaida agiscano in perfetta sintonia.[231] Condividono gli stessi obiettivi. Uno dei principali personaggi a trattare con i talebani e a proteggere Al Qaida era il principe Turki bin Faisal, che aveva studiato a Georgetown ed era ambasciatore del proprio Paese negli Stati Uniti».[232] Nel 1993, il principe Turki (che è stato a capo dell'intelligence saudita dal 1979 al 2002) ricevette l'incarico di mediare con le fazioni di muhajeddin in lotta tra loro. Un anno dopo, entrarono in scena i talebani. Turki trattava direttamente anche con l'ISI pachistano e incontrò il mullah Omar in Afghanistan.

Nel 2002, il re saudita lo nominò ambasciatore in Gran Bretagna. Malgrado le proteste che questa scelta scatenò a Londra, specie nei servizi segreti, il primo ministro Tony Blair ne accettò le credenziali. Naturalmente, una simile pantomima era possibile solo con l'avallo delle più alte sfere del potere, cioè dei circoli finanziari sovranazionali che, dietro le quinte, controllano l'apparato militare e industriale mondiale.

## Il principe Carlo e i sauditi

«Da trent'anni, il membro di casa Windsor che ha fatto da direttore esecutivo alla regina Elisabetta e che coopera direttamente con le figure saudite chiave coinvolte nella creazione di Al Qaida e negli attentati dell'11 settembre è il principe Carlo.»[233] Tra i collaboratori più diretti del figlio della regina figurano i principi Bandar bin Sultan, Turki bin Faisal e Mohammed bin Faisal,[234] quest'ultimo direttore del gruppo bancario Dar al-Maal al-Islami Trust, chiamato in causa nei finanziamenti ad Al Qaida.[235]

Come sostengono Richard Freeman e William Wertz nell'approfondita indagine sul principe del Galles, «Carlo si è visto protetto dalla sua immagine pubblica di ecologista, costruita con cura, ma [...] ha avuto una parte di primo piano nelle forniture di armi all'Arabia Saudita. Il suo ruolo è stato determinante negli anni Novanta, all'epoca della firma dell'accordo Al Yamamah II, la seconda fase dello scambio di armi contro petrolio [...]. In occasione della sua decima visita di Stato in Arabia Saudita, dal 17 al 19 febbraio 2014 (oltre a molte altre a titolo privato), Carlo d'Inghilterra ha firmato l'accordo Al Salam, che prevede la vendita di 72 Eurofighter Typhoon di BAE Systems alla monarchia saudita. Nel 2012 è diventato il primo sponsor regio dei tre principali servizi di intelligence britannici: MI6, MI5 e Government Communications Headquarters (GCHQ)».[236]

Una delle organizzazioni gestite dal principe Carlo è l'Oxford Centre for Islamic Studies (OCIS), istituito nel 1985 presso il Magdalen College dell'ateneo oxoniense e insignito nel maggio 2012 di un'orificenza da parte della regina Elisabetta. «Uno dei fondatori dell'OCIS è Abdullah Omar Naseef, menzionato nella causa intentata dai famigliari delle vittime dell'11 settembre come fiancheggiatore dei dirottatori. Naseef ha inoltre fondato e presieduto il Rabita Trust [una presunta associazione caritatevole] e ha ricoperto la carica di segretario generale della Lega musulmana mondiale (LMM) dal 1983 al 1993, all'epoca del massimo appoggio angloamericano ai mujaheddin afgani nella guerra contro i sovietici. La Lega musulmana mondiale fu fondata negli anni Sessanta, quando le figure di spicco dei Fratelli musulmani ripararono in Arabia Saudita a causa della repressione voluta da Nasser in Egitto. La vocazione rivoluzionaria dei Fratelli musulmani si saldò con il ramo wahhabita dell'islam, dando vita a una campagna internazionale di reclutamento per il jihad. La LMM si trova dunque all'origine del sistema jihadista globale che costituisce oggi il nucleo del terrorismo mondiale.

«All'inizio degli anni Ottanta, Naseef contribuì a creare Maktab al-Khidamat, asse portante dei mujaheddin arabi in Afghanistan, che nel 1989 cambiò nome in Al Qaida e che, in base alla denuncia dei parenti delle vittime dell'11 settembre, fece da tramite per i finanziamenti ricevuti dalla stessa Al Qaida, oltre che da LMM, Rabita e International Islamic Relief Organization.[237] Naseef è presidente dell'OCIS del principe Carlo ed è suo confidente da vent'anni.»[238]

## Il terrorismo anglosaudita

«Negli ambienti ai massimi livelli del governo americano è ben nota l'esistenza di una struttura gerarchica anglosaudita che controlla Al Qaida e tutti gli altri gruppi del fronte jihadista, per giunta ormai da decenni.»[239] Per rendersi conto dello strapotere della monarchia saudita, basti pensare agli stretti rapporti che ha sempre intrattenuto con la famiglia Bush. Le amministrazioni succedutesi negli Stati Uniti hanno fatto di tutto per coprire il tradimento anglosaudita, diventando così complici delle atrocità costate la vita a decine di migliaia di persone, e indirettamente a qualche milione in più. Atrocità che hanno anche fornito agli americani la scusa per instaurare un tirannico Stato di polizia dall'11 settembre 2001 in poi.

I Fratelli musulmani, Al Qaida, i talebani e l'ISIS sono creazioni anglosaudite. Non potrebbero sopravvivere senza l'appoggio economico e di intelligence, le armi e i narcodollari riciclati nel Golfo Persico. «I protagonisti della globalizzazione economica sono le aziende multinazionali, e ora entrano in scena le multinazionali del terrore, che possono ignorare bellamente le frontiere degli Stati sovrani. È questo il vero problema con i cosiddetti gruppi terroristici islamici: gli anglosauditi li dirigono come se fossero un esercito internazionale, con l'obiettivo di distruggere gli Stati-nazione e terrorizzare la popolazione per costringerla ad abbracciare la confessione wahhabita.»[240]

Il pericolo più grande scaturisce dall'abolizione del principio di sovranità nazionale, con lo scoppio di guerre di religione in tutta l'Eurasia, in Africa in generale e in quella subsahariana in particolare, dove questi gruppi wahhabiti stanno destabilizzando attivamente i governi. Se ci riusciranno, ciò potrebbe condurre allo scontro diretto con la Russia e la Cina, nonché alla spaventosa ipotesi di un conflitto nucleare globale. E non si pensi neppure per un momento che gli strateghi di Londra e Washington non ne siano consapevoli.

Nell'ultimo cinquantennio, l'Arabia Saudita è stata il Paese che più ha concorso a spingere il mondo sull'orlo della guerra atomica. Oggi, costituisce in primo luogo il punto nevralgico di controllo e dispiegamento del terrore wahhabita in tutto il pianeta; inoltre, è il centro da cui miliardi di petrodollari vengono sviati verso i conti della City; in terzo luogo, è uno Stato di polizia sotto il tallone wahhabita; infine, è il principale Stato militarizzato e primo acquirente di armi da difesa nel Terzo Mondo.

Considerata l'incapacità di smascherare e neutralizzare i colpevoli britannici, sauditi e statunitensi, di farla finita con i finanziamenti e le coperture ai jihadisti su scala mondiale, di spezzare il vincolo narcoterrorista, ecco che la cosiddetta «guerra globale contro il terrorismo» si è trasformata in uno dei più gravi inganni criminosi della storia moderna.

# 3

# L'ISIS e tutto il resto

DALLA caduta del regime baathista nel 2003, l'Iraq non ha più conosciuto pace. Nel 2011, con l'escalation bellica in Siria e le tensioni e le incertezze attorno al governo iracheno, è nato un nuovo gruppo armato con il nome di Stato islamico di Iraq e Siria. Ovunque passasse, massacrava decine di migliaia di persone nel nome di Allah. Esecuzioni metodiche, tra le urla strazianti delle madri che vedevano i figli decapitati a sangue freddo. Tutte le televisioni hanno trasmesso le raccapriccianti immagini di feriti agonizzanti e cadaveri impolverati ammucchiati e lasciati in mezzo ai topi. Centinaia di migliaia di sfollati sono stati costretti alla fuga, perdendo tutto. E hanno promesso di tornare per riprendersi ogni centimetro di terreno.

Non ci sono parole per esprimere l'orrore della guerra. Il cervello umano è troppo vulnerabile alla brutalità di questa lotta fratricida, alle grida, ai lamenti, alla sofferenza e alla morte di uomini, donne e bambini trattati come carne da macello.

Di fronte a scene così atroci, un giorno mi sono improvvisamente reso conto dell'enormità di un tragico conflitto tanto glorificato ma di cui non è stato ancora raccontato quasi nulla. In quelle immagini l'Iraq appare devastato e come impazzito, ma niente è cambiato, è la solita storia che si ripete da cinquecento anni: fame, dolore, oppressione, bambini seminudi nel fango e nell'ombra...

## Le primavere arabe e le rivoluzioni colorate

«L'offensiva scatenata il 10 giugno 2014 da un gruppo salafita relativamente piccolo, lo Stato islamico di Iraq e Siria (noto anche come Stato islamico dell'Iraq e del Levante o ISIL, ISIS e ISI), nella seconda città irachena, Mosul, e quindi a Tikrit, ha scosso l'intera regione e tutto il mondo. Va però sottolineato che quel variegato gruppo di terroristi non a-vrebbe avuto la benché minima possibilità di conquistare il controllo di un territorio così vasto solo con le proprie forze (basti pensare a quanto costò all'esercito americano prendere il controllo di Falluja), e men che meno di governarlo senza l'appoggio di potenze regionali o forse mondiali, senza la collaborazione delle tribù locali, di gruppi politici e bande armate avverse al governo centrale.

«L'offensiva è stata preparata a seguito della rielezione dell'alleanza politica del primo ministro iracheno Nuri al-Maliki. L'Arabia Saudita e i suoi alleati in Kuwait, Emirati Arabi Uniti e Qatar non avevano fatto mistero del loro disappunto verso il responso delle urne, che dava a un filoiraniano e alla sua coalizione sciita il controllo di gran parte dell'Iraq. Ciò accadeva proprio mentre l'esercito siriano di Bashar al-Assad conseguiva importanti vittorie contro i gruppi terroristici sostenuti da Obama, dagli inglesi e dai sauditi. L'offensiva dell'ISIS a Mosul è stata un segnale di via libera ad altre forze perché completassero la divisione etnica e settaria dell'Iraq.»[1]

In un contesto globale più ampio, ciò si iscrive nella stessa logica di cambiamenti di regime e rivoluzioni colorate che hanno flagellato parte del Sudovest asiatico, del Nordafrica e dell'Europa orientale, aprendo le porte al caos.

Le tesi del primo ministro britannico Tony Blair sull'«intervento umanitario», illustrate in un discorso pronunciato nel 1999 a Chicago, vengono messe in atto con il sangue in Nordafrica, nelle ex Repubbliche sovietiche e in Asia sudoccidentale, oltre che in Europa, con una guerra economica che sta spogliando le nazioni della loro sovranità, a forza di salvataggi finanziari.

Già le proteste studentesche di Piazza Tienanmen del giugno 1989 furono un primo tentativo dei servizi segreti americani di ingestione negli affari interni di un altro Stato, in questo caso la Cina, per fomentare «quelle che poi avrebbero ricevuto il nome di 'rivoluzioni colorate *made in USA'*».[2]

In una conferenza tenuta a Mosca nel giugno 2014, il generale Vladimir Zarudnitsky, a capo della direzione operativa dello stato maggiore russo, ha affermato che «le rivoluzioni colorate sono una nuova tecnica di aggressione, finalizzata a distruggere una nazione dall'interno».[3]

La principale conseguenza di queste rivolte è l'instabilità. Sono rivoluzioni flessibili, che permettono a Stati Uniti ed Europa di combattere guerre a basso costo, a spese delle popolazioni locali. Le primavere arabe, per esempio, hanno destabilizzato il Medio Oriente e il Nordafrica. Ora Tunisia, Libia, Egitto, Algeria, Mali, Mauritania, Nigeria, Niger, Ciad, Sudan, Somalia, Siria, Libano, Yemen, Oman e Bahrein sono sull'orlo del collasso, per l'effetto di quanto è accaduto in Libia. Secondo Zarudnitsky, «mentre l'Occidente vede nelle rivoluzioni colorate un modo pacifico per rovesciare regimi antidemocratici, gli eventi in Medio Oriente e Nordafrica dimostrano che in tutte queste occasioni è sempre stata determinante la forza delle armi. Tra i sistemi utilizzati figurano la pressione esterna sul regime in questione per impedirgli di ristabilire l'ordine con la forza e l'erogazione di aiuti economici e militari ai ribelli. Se queste non bastano, si passa a una campagna militare per sconfiggere le forze di governo e permettere ai ribelli di prendere il potere».[4]

A dire del generale russo, in questo tipo di guerre, criminali, terroristi e miliziani hanno carta bianca. «Il solo dubbio dell'establishment militare è quale sarà il prossimo Stato. Sebbene i Paesi più deboli e poveri risultino più vulnerabili a tattiche del genere, il primo criterio di scelta è l'interesse geopolitico dello Stato che sta dando fastidio. Perciò, queste rivoluzioni vengono solitamente organizzate in nazioni ricche di materie prime o con una posizione strategica o una politica estera indipendente. La destabilizzazione dei Paesi con queste caratteristiche permette di stravolgere gli equilibri in una data regione, Medio Oriente e Nordafrica nel caso delle primavere arabe.»[5]

«Le rivoluzioni colorate si inquadrano nel contesto geografico del progetto enunciato da George W. Bush nel 2001: un Grande Medio Oriente in cui portare la 'democrazia' e 'le riforme economiche necessarie a un libero mercato' nei Paesi islamici, dall'Afghanistan al Marocco.»[6] Ma l'idea era stata elaborata fin dal 1996 – ben prima dell'11 settembre –, nel già citato rapporto *Una svolta netta. La nuova strategia per garantire la sicurezza del Paese* dell'Institute for Advanced Strategic and Political Studies, in cui si chiedeva apertamente il rovesciamento di Saddam Hussein.[7]

L'espressione «riforme economiche necessarie a un libero mercato» è un eufemismo per indicare la sottomissione delle varie economie al giogo del dollaro. Si tratta immancabilmente di riforme che richiedono forti apporti di capitali e prestiti, con conseguenti interessi da ripagare e rischio di insolvenza. È quanto avvenne negli anni Ottanta, quando non si seppe prevedere fino che punto i vari programmi di risanamento strutturale sarebbero stati nocivi per l'economia e devastanti sul piano sociale. Oggi quella crisi si ripete, ma su scala molto più vasta e distruttiva, e altrettanto ampia e disastrosa sarà la reazione: ostinarsi a voler attuare la «governance globale».

Se stiliamo un elenco dei Paesi del Medio Oriente dove ci sono state proteste di massa dopo le primavere arabe di Tunisia ed Egitto e poi guardiamo una cartina geografica, «avremo una corrispondenza quasi perfetta con il progetto originario del Grande Medio Oriente presentato per la prima volta sotto l'amministrazione Bush, nel 2001».[8]

## La scacchiera mondiale

Nel 1997, Zbigniew Brzezinski pubblicò il libro *La grande scacchiera*, poi utilizzato come guida per trasformare gli Stati Uniti in una potenza imperiale, in cui l'ex consigliere per la Sicurezza nazionale del presidente Carter suggerisce una «geostrategia imperiale» che permetta di «impedire la collusione e mantenere la dipendenza della sicurezza tra i vassalli, tenere i tributari deboli e protetti e impedire ai barbari di unirsi».[9] Senza tanti giri di parole, l'autore rivendica per gli Stati Uniti il diritto di trasformarsi in un impero che tratti gli altri Paesi alla stregua di feudi.

Brzezinski reputa tale impero incompatibile con la democrazia, affermando che la soluzione ai problemi del mondo richiede una governance totale da istituirsi «in modo progressivo», perché è questa la maniera di usare il potere «con intelligenza». Dall'alto della gerarchia, la soluzione al «risveglio politico globale» è continuare a costruire le strutture di un governo mondiale repressivo.

Il timore di Brzezinski che l'impero statunitense si veda sfidato dal «risveglio politico globale» è pienamente giustificato. Ora le élite sanno di dover tentare di dominare popolazioni che hanno una coscienza collettiva sempre maggiore. Chi è soggiogato in Africa rischia così di scoprire che esistono altri popoli ugualmente oppressi in Medio Oriente, Sudamerica o Asia, e che il giogo sono le stesse strutture di potere globali. È questo il fattore chiave: il risveglio non ha solo una portata mondiale, ma anche una natura altrettanto generale. Si sta prendendo coscienza di situazioni planetarie, ed è un risveglio in cui in entrano in gioco la realtà esterna ma anche la psiche stessa dell'individuo. Con una popolazione mondiale sempre più numerosa, questa nuova realtà esterna rappresenta una sfida per le élite che mirano a dominare popoli sempre più consapevoli delle ingiustizie sociali, della mancanza di scrupoli, dei fenomeni di povertà e sfruttamento legati all'imperialismo e alla dominazione. Controllare tutte queste persone sul piano economico, politico, sociale, psicologico e spirituale sarà sempre più difficile. Pertanto, nell'ottica dell'oligarchia mondiale, l'unico sistema per mantenere l'ordine e il controllo è seminare un caos organizzato a forza di crisi economiche, guerre e rapida imposizione di una dittatura globale. Come dire: «La loro paura è la nostra speranza, la loro unica speranza è la nostra paura».

## Noi sappiamo ciò che è bene per te

Varie pseudo-ONG finanziate dai contribuenti americani e coordinate da enti come il National Endowment for Democracy (NED), la Freedom House e il National Democratic Institute (NDI) – per non parlare delle fondazioni facenti capo alla Open Society di George Soros – «partecipano attivamente da una quindicina d'anni a molte operazioni di 'cambio regime'. Operano al di fuori delle leggi internazionali e in violazione dei diritti di sovranità e integrità dei popoli i cui governi vengono presi di mira».[10] La strategia della «rivoluzione colorata come modalità bellica non convenzionale contro gli Stati che l'impero britannico mira a smembrare o a sottoporre a un cambiamento di regime» è strettamente legata al lavoro di Gene Sharp, cattedratico di Scienze politiche proveniente da Oxford ma oggi professore emerito all'Università del Massachusetts. Proviene dal suo libro *Come abbattere un regime. Manuale di liberazione nonviolenta* l'idea di organizzare disordini attorno a un colore o a un oggetto simbolico, da cui la «rivoluzione del rosario» contro il presidente filippino Ferdinand Marcos (1986), la «rivoluzione arancione» contro il governo ucraino (2004-2005), la «rivoluzione delle rose» contro quello della Georgia (2003) e molte altre.[11]

A servire da modello per queste ribellioni fu il rovesciamento di Slobodan Milošević a Belgrado nell'ottobre 2000.[12] Il malcontento popolare fu manipolato dalla rete Otpor!, finanziata e indottrinata dagli Stati Uniti e da Soros per portare al potere un governo prono agli interessi politici ed economici dell'Occidente. Subito dopo il colpo di Stato del 2000 prese il via il saccheggio generalizzato dei beni pubblici, con la totale distruzione dell'industria serba. Il governo di Belgrado fu costretto ad accettare l'«indipendenza» di fatto del Kosovo per avere qualche speranza di entrare a far parte dell'Unione Europea.

La «rivoluzione delle rose» in Georgia fu attuata dal movimento Kmara!, copia esatta della rete serba Otpor!, con la quale condivide persino il simbolo, un pugno chiuso.[13] I suoi attivisti ricevettero addestramento e consulenza dal Liberty Institute, che ha sede negli Stati Uniti ed è finanziato dalla Open Society di Soros. Fu catapultato al potere Mickeil Saakashvili, un politico filoccidentale corrotto sulla cui testa pende un ordine di cattura spiccato dalle autorità georgiane per numerosi capi di imputazione.

L'anno dopo fu la volta della «rivoluzione arancione» in Ucraina (prova generale per il colpo di Stato che sarebbe poi avvenuto nel 2013), quindi nel 2005 toccò al Libano, con la «rivoluzione dei cedri»,[14] e al Kirghizistan, con la «rivoluzione dei tulipani», sempre finanziate dal Liberty Institute.

Nel 2006, il Congresso americano approvò l'Iran Freedom Support Act, che destinava 10 milioni di dollari dei contribuenti al finanziamento di gruppi d'opposizione iraniani, con l'ulteriore aggiunta di un fondo nero pari a 400 milioni di dollari per fomentare i disordini nel Paese.[15] Nel 2012, Seymour Hersh scriveva che gli Stati Uniti avevano fornito denaro e addestramento ai Mujaheddin del popolo iraniano, un gruppo armato classificato come organizzazione terroristica dal dipartimento di Stato.[16] Sulla scia della «rivoluzione dei gelsomini», che comportò un cambio di regime in Tunisia nel 2011,[17] emerse poi un movimento di protesta popolare contro il presidente egiziano Hosni Mubarak, che sfruttò come grimaldello il Movimento egiziano per il cambiamento (Kifaya).[18]

Nel 2012, Barack Obama autorizzò le ONG statunitensi ad appoggiare il cambiamento di regime in Siria con la violenza. All'inizio del 2013, gli americani spesero oltre 250 milioni di dollari in aiuti ai ribelli «moderati», vale a dire ai jihadisti che successivamente avrebbero unito le forze con l'ISIS e Al Qaida. La sollevazione contro Bashar al-Assad ha contribuito direttamente all'ascesa dell'ISIS, dando origine a un conflitto di cui non si intravede la fine.

Quanto alla «rivoluzione Euromaidan», scoppiata in Ucraina nel 2014, gli Stati Uniti non hanno avuto pudori nel riconoscere che nel decennio precedente erano stati spesi circa 5 miliardi di dollari per prepararla.[19]

La Freedom House e il National Endowment for Democracy svolgono un ruolo chiave sia nelle rivoluzioni colorate, sia nelle rivolte che oggi affliggono il mondo islamico. Il NED, canale di finanziamento creato dal Congresso per il «Progetto democrazia», è parte di un piano segreto con un obiettivo chiaro: minare tutti governi del mondo che non facciano gli interessi a lungo termine di quello americano.[20]

Con un budget annuo di 100 milioni di dollari, il NED si è occupato di preparare nell'ombra la destabilizzazione di tutto il Nordafrica e il Medio Oriente, a partire dall'invasione militare dell'Afghanistan e dell'Iraq nel 2001-2003. L'elenco dei Paesi dove questa organizzazione opera è molto istruttivo. Sulla sua pagina Web figurano infatti Tunisia, Egitto, Giordania, Kuwait, Libia, Siria, Yemen, Sudan e, curiosamente, Israele. Guarda caso, in quasi tutte queste nazioni abbiamo assistito a sollevazioni popolari «spontanee».

La Freedom House, fondata nel 1941, è un'organizzazione neocon per la destabilizzazione con sede a Washington. Durante la guerra fredda fu utilizzata come megafono della propaganda anticomunista della CIA. Tra i suoi nobili progetti figura la creazione dell'American Committee for Peace in Chechnya (ACPC).[21] «L'obiettivo di questo gruppo era spudorato: l'ingerenza negli affari interni della Russia, nascosta dietro l'ambigua argomentazione che la 'guerra russo-cecena' andasse risolta con mezzi 'pacifici'.»[22] A capo dell'ACPC c'era Zbigniew Brzezinski che, in collaborazione con Bernard Lewis, aveva sviluppato l'idea di giocare la «carta musulmana» contro l'Unione Sovietica, «usando il radicalismo islamico per scatenare una guerriglia contro i russi. Tale politica, finanziata da americani, inglesi e sauditi, darà origine ad Al Qaida».[23]

Le indagini sull'operato delle organizzazioni terroristiche in Cecenia e nel Nord del Caucaso attive ormai da decenni evidenziano che «gli attuali eserciti dei terroristi sono legati a doppio filo con la politica angloamericana e saudita di sostegno a Osama bin Laden, precursore di Al Qaida.[24] Politica che risale agli anni Ottanta, alla guerra in Afghanistan contro l'Unione Sovietica, diventata ormai la guerra del jihad contro la Russia».[25]

In altre parole, le oligarchie statunitensi, di concerto con Londra e Riyad, hanno strumentalizzato il terrorismo islamico per condurre operazioni segrete contro la Russia, specie in Cecenia e in altre zone del Caucaso. «Attualmente, i terroristi del Caucaso settentrionale – che comandano i ribelli alleati di Al Qaida in Siria – ricevono più aiuti che mai da Londra, ma anche dai suoi alleati come Arabia Saudita, Qatar e Turchia, il tutto con l'avallo dell'amministrazione Obama.»[26]

## L'appello ai jihadisti perché tornino nel Caucaso

Nel dicembre 2013, il governo degli Stati Uniti accettò di unire le forze con Arabia Saudita, Qatar, Turchia e Gran Bretagna per finanziare i combattenti islamici in Siria e rovesciare il governo del presidente Bashar al-Assad.

Dal 2011, la Siria è terreno di gioco dell'impero: lì vengono addestrati i guerriglieri, lì i ceceni sono stati messi a capo degli eserciti jihadisti della regione. Il 2 gennaio 2013, *Modern Tokyo Times* pubblicò uno dei reportage più completi sui terroristi ceceni e caucasici in Siria. Citando il materiale reso noto dalla Jamestown Foundation (un gruppo di esperti conservatori molto vicino all'esercito americano), l'articolo elenca i capi militari ceceni e caucasici che ora guidano i soldati dell'ISIS e del Fronte al-Nusra, alleati di Al Qaida in Siria. Per la Federazione Russa, è una minaccia «paragonabile a quella dell'Afghanistan negli anni Ottanta».[27] Si può quindi affermare con certezza che esiste un filo rosso del terrore che va dall'assassinio di Gheddafi nel 2011 agli attentati di Volgograd nel dicembre 2013.

Per quanto riguarda la Libia, con il pretesto dell'intervento umanitario, il presidente Barack Obama «ordinò alle forze militari statunitensi di creare una zona di esclusione aerea per garantire una migliore copertura a gruppi di Al Qaida, con l'obiettivo di rovesciare Gheddafi».[28] A dominare l'opposizione libica era il LIFG, il Gruppo dei combattenti islamici libici, creato negli anni Novanta da Abdelhakim Belhadj, che dal 1988 al 1992 si era schierato con Al Qaida e i talebani in Afghanistan.[29] Il 3 novembre 2007, l'organizzazione entrò a far parte di Al Qaida e cambiò nome in Al Qaida nel Maghreb islamico.[30]

Anche il gruppo islamico Jaysh Muh jirin wal-Ansar, composto soprattutto da combattenti caucasici e capeggiato dal georgiano Abu Omar al-Shishani (morto nel marzo 2016 in seguito a un raid aereo americano), ha giurato lealtà all'ISIS e dunque ad Al Qaida.[31] Si tratta di terroristi che agiscono con la protezione della NATO e degli Stati Uniti, sotto le mentite spoglie di «opposizione siriana». Inoltre, «a Washington molti tendono a minimizzare o negare il carattere fondamentalista dell'autoproclamato Emirato del Caucaso».[32]

Con l'inasprirsi del conflitto in Siria, è probabile che l'influenza dei ceceni aumenti. Per giunta, i fiumi di denaro forniti ai jihadisti non devono nemmeno essere nascosti dietro labirinti di imprese paravento: sono erogati direttamente dal governo statunitense.

## Al Qaida: da nemico numero uno a migliore amica

Come ha potuto Al Qaida diventare un alleato di fiducia degli americani?

Mentre George Bush aveva strumentalizzato l'organizzazione terroristica per giustificare l'intervento militare diretto, l'amministrazione Obama l'ha usata per «rovesciare governi indipendenti allo scopo di balcanizzare o disintegrare i Paesi in questione, o di poterli utilizzare come kamikaze contro nemici più grandi quali Russia, Cina e Iran. Ciò impone di fraternizzare più o meno apertamente con i terroristi, come accennato genericamente dallo stesso Obama nel famoso discorso pronunciato al Cairo nel 2009».[33]

Una svolta di questo tipo non si improvvisa, infatti ci sono voluti anni per prepararla. Il 10 luglio 2009, il *Daily Telegraph* scriveva che il LIFG si era separato da Al Qaida. «Ciò è avvenuto quando gli Stati Uniti hanno deciso di far passare in secondo piano la guerra in Iraq e di prepararsi a utilizzare i Fratelli musulmani e Al Qaida per destabilizzare i Paesi più importanti, prima di metterli contro l'Iran.»[34]

Una prima avvisaglia del colossale inganno di Washington giunse all'inizio del 2011, quando l'ambasciatore Christopher Stevens agevolò la consegna di armi ai miliziani legati ad Al Qaida in Libia. Le armi, finanziate dagli Emirati Arabi Uniti, prima di arrivare a Bengasi transitavano dal Qatar.[35]

Nel settembre 2012, l'ambasciata statunitense di Bengasi fu distrutta da un incendio. Si scoprì poi che la cosiddetta «ambasciata» era coinvolta in un piano segreto della CIA, per cui il governo americano, sotto la guida di Hillary Clinton (allora a capo del dipartimento di Stato e oggi candidata alla Casa Bianca), organizzava l'invio delle armi di Gheddafi in Siria per perpetrare un massacro pianificato con cura.[36] «L'operazione consisteva nel far entrare armi in Libia, con un accordo tra Stevens, Belhadj e altri comandanti affiliati ad Al Qaida e responsabili della Fratellanza musulmana in Libia.[37] [...] Molti appartenenti alle milizie affini ad Al Qaida – tra cui il Gruppo dei combattenti islamici libici e le organizzazioni poi confluite in Ansar al-Sharia, che vuole la sharia in Libia – in precedenza avevano fatto parte dei Fratelli musulmani.»[38]

Il LIFG ha legami storici con Al Qaida, i talebani e gli integralisti egiziani di al-Jihad. Probabilmente Belhadj incontrò bin Laden una prima volta durante la guerra in Afghanistan, e poi ancora durante l'occupazione americana del Paese a seguito degli attacchi alle Torri Gemelle. Fino al 2002, Belhadj – nominato dall'amministrazione Obama governatore militare di Tripoli nel 2013 come ringraziamento per avere rovesciato Gheddafi – e il terrorista ceceno Airat Vakhitov erano detenuti a Guantánamo, dopo essere stati catturati in Afghanistan. Stando alla Associated Press, il governo degli Stati Uniti non solo li ha rimessi in libertà, ma ha anche dato loro milioni di dollari e offerto garanzie di sicurezza alle loro famiglie. In cambio, avrebbero dovuto stabilire buoni rapporti con le organizzazioni terroristiche, Al Qaida in particolare.[39] «Sia Belhadj sia Vakhitov sono stati liberati e nuovamente infiltrati nelle aree in conflitto, rispettivamente in Libia e in Siria, con il compito di organizzare gruppi islamici come Al Qaida, attivi proprio nei Paesi in cui gli Stati Uniti e la NATO hanno propiziato attivamente un cambiamento di regime.»[40] Per giunta, Belhadj ha ricevuto gli elogi di senatori come John McCain e Lindsey Graham. Il mondo alla rovescia.

Due dei peggiori terroristi del pianeta arrestati, scarcerati e finanziati con i soldi dei contribuenti per combattere in nome degli Stati Uniti. Non è forse una notizia da prima pagina in tutto il mondo? Eppure, i media occidentali si sono impegnati a occultare che «gran parte dei comandanti e combattenti dell'ISIS sono stati selezionati, trasferiti, armati ed equipaggiati dagli americani, dalla NATO e dai loro alleati nel Golfo».[41]

Per essere ancora più espliciti, americani, inglesi e sauditi hanno sfruttato per i loro scopi il Gruppo dei combattenti islamici libici, uno dei probabili responsabili dell'attentato di Casablanca del 2003, strettamente legato anche ai mandanti degli attacchi terroristici di Madrid del 2004.[42]

C'è forse da meravigliarsi? Assolutamente no, specie pensando alla guida segreta della CIA *L'islam e la politica. Un compendio*, dell'aprile 1984, che illustra la tattica del *divide et impera* applicata al mondo arabo e musulmano: «Il documento sottolinea come i musulmani più radicali fossero gli alleati naturali della CIA in Medio Oriente e in Asia meridionale».[43] Ovvio: i nemici dei miei nemici sono miei amici. Una logica ferrea.

Nel 1995, l'MI6 contattò Belhadj per rovesciare Gheddafi. In realtà, agli inglesi non importava nulla dei trascorsi del dittatore libico in materia di diritti umani: volevano sbarazzarsi di lui perché era indipendente e perché il suo era un Paese stabile. Malgrado le tensioni etniche, le condizioni di vita della popolazione erano discrete. Per esempio, sotto il regno di Idris I, primo e ultimo re messo sul trono dagli inglesi nel 1951, la Libia era uno dei Paesi più poveri al mondo.[44] Prima che Gheddafi fosse assassinato, la Libia occupava invece il cinquantatreesimo posto nell'Indice di sviluppo umano delle Nazioni Unite (davanti a Russia, Brasile, Ucraina e Venezuela) ed era considerata la nazione più sviluppata dell'Africa.[45] Ma agli inglesi questo non interessava: contava piuttosto che la Libia possedesse enormi riserve di petrolio. Dopo un golpe fallito e quattro tentativi di uccidere Gheddafi andati a vuoto, Belhadj era fuggito. Un documento contenente il piano per eliminare il rais fu rinvenuto una decina di anni fa a casa di Abd al-Rahman al-Faqih a Birmingham, durante una retata, ed è proprio il piano che sarebbe stato messo in atto nel febbraio 2011.[46]

Al momento dell'operazione per esautorare Gheddafi

sotto la copertura di una risoluzione ONU, il LIFG era classificato come organizzazione terroristica dal dipartimento di Stato americano, dal ministero degli Interni di Londra e dal Consiglio di sicurezza dell'ONU. Ciò non ha impedito agli alleati di ricorrere ai suoi servigi per fare fuori Gheddafi.[47]

«Tre delle brigate militari che agivano nell'area di Bengasi, Ansar al-Sharia, Scudo libico e Brigata 17 […] hanno preso parte all'attentato contro la rappresentanza degli Stati Uniti e un centro della CIA a Bengasi, in concomitanza con l'undicesimo anniversario degli attacchi dell'11 settembre.[48] […] Queste stesse organizzazioni sono state i principali alleati degli americani nella campagna per rovesciare Gheddafi.»[49]

«Il gruppo Ansar al-Sharia,[50] guidato da Abu Sufian bin Qumu, ex detenuto a Guantánamo e legato ad Al Qaida; lo Scudo libico, capeggiato da Wissam bin Hamid (identificato dalla Library of Congress come probabile leader di Al Qaida in Libia), che ha accolto in aeroporto i marines provenienti da Tripoli e li ha accompagnati all'edificio che ospitava la CIA; la Brigata dei martiri del 17 Febbraio, incaricata di vigilare sulla sicurezza della missione e guidata da Ismail al-Sallabi, sono tutti nelle mani del Gruppo dei combattenti islamici libici.»[51]

Morale: le milizie islamiche libiche che hanno agito gomito a gomito con le intelligence statunitense, inglese e francese e la NATO per destituire Gheddafi, subito dopo hanno issato la bandiera nera di Al Qaida e dell'ISIS, e altrettanto hanno fatto prima di essere spedite in Siria a combattere il governo di Bashar al-Assad in nome delle Nazioni Unite e dei suoi alleati.[52]

Come siamo arrivati al punto in cui le potenze occidentali hanno cominciato ad armare e appoggiare i terroristi con tali spudoratezza e disprezzo per i diritti umani?

## La crociata contemporanea

Libia e Siria erano da tempo nella lista degli obiettivi degli inglesi e degli americani. A partire dal 2006, «con l'avanzare della crociata della NATO per indurre un cambiamento di regime dalla Libia fino alla Siria, l'Ovest dell'Iraq si è trasformato in un'importante rotta per il transito di armi, denaro e terroristi provenienti dall'Arabia Saudita e dal Golfo».[53]

«Sono stati l'attacco alla sovranità e all'indipendenza di questi Stati-nazione, la distruzione delle loro istituzioni relativamente moderne – come esercito, polizia e forze di sicurezza – e l'annientamento di importanti infrastrutture a seminare il caos e creare il vuoto poi riempito da gruppi come Al Qaida, Ansar al-Sharia, al-Nusra e lo Stato islamico.

«Per esempio, dopo l'assassinio di Gheddafi nell'ottobre 2011 per mano dei jihadisti libici coperti dagli aerei delle Nazioni Unite mentre assumevano il controllo del Paese, a Bengasi ha preso il via una forma di cooperazione tra intelligence occidentali, Ansar al-Sharia e Scudo libico. Anche Arabia Saudita, Qatar e Turchia hanno aderito a questa collaborazione. L'operazione consisteva nell'inviare in Turchia con un ponte aereo reclute e armi da schierare oltrefrontiera, in Siria, per lottare contro l'esercito regolare e il regime di Bashar al-Assad.»[54]

La prima massiccia consegna di armi fu organizzata da Stati Uniti, Gran Bretagna e Francia nel marzo 2013 a partire dalla Croazia, per un totale di centosessanta cargo giordani, sauditi e del Qatar atterrati all'aeroporto Esenboga di Ankara, con a bordo circa tremila tonnellate di armamenti.[55]

Quando neppure questo bastò a modificare il corso della guerra in Siria, «la CIA annunciò apertamente [nel settembre 2013] che avrebbe assicurato aiuti economici e militari ai 'ribelli moderati' (ora militanti dell'ISIS)».[56] L'operazione fu condotta dall'allora direttore della CIA, David Petraeus, ma finanziata e supervisionata ufficialmente dagli agenti dell'MI6.[57] Stando al segretario di Stato John Kerry, l'obiettivo era fornire un miliardo di dollari in aiuti internazionali.[58]

Chi sono questi «ribelli moderati» di cui tanto si parla? Sono militanti salafiti, mercenari e assassini che si accaniscono sulla «popolazione civile, con sequestri di persona, stupri di massa, protezione imposta, pizzo, estorsione e borsa nera di qualunque bene su cui riescano a mettere le mani, dagli alimenti ai carburanti, alle vendite al dettaglio, agli immobili, ai trasporti e, naturalmente, la droga».[59] Nel Nord della Siria, si appropriano persino degli aiuti internazionali e dei fondi dell'ONU e delle ONG.[60] Quello che viene chiamato Esercito siriano libero è solo un paravento del dipartimento di Stato, proprio come i cosiddetti «ribelli libici» legati al Consiglio nazionale di transizione erano il paravento della NATO per interloquire con il Gruppo dei combattenti islamici libici. Molti di quelli che il senatore John McCain definisce «amanti della libertà» hanno ricevuto il migliore addestramento dagli americani e dagli inglesi in Giordania e Turchia.[61] Gli Stati Uniti e i monarchi del Golfo loro amici non hanno mai smesso di fornire armi e denaro, e anche Israele ha sempre garantito aiuti e supporto aereo ai «ribelli moderati».

Ma qual è la logica? «Sostanzialmente, ci troviamo davanti a un'iniziativa guidata dagli Stati Uniti per sfibrare l'intera regione tramite l'ISIS e i suoi alleati, con l'obiettivo di destabilizzare la Siria, l'Iraq e l'Iran rendendoli incapaci di qualsiasi azione militare, economica o politica degna di nota, come la costruzione di un oleodotto o gasdotto che colleghi il mercato asiatico a quello europeo.[62] Questo obiettivo presuppone un massacro in tutta l'area, i cui beneficiari sono Arabia Saudita, Stati Uniti e Israele.»[63]

Tutto ciò si inquadra nella «guerra globale contro il terrorismo» guidata dagli americani ed è la chiave di volta della dottrina militare a stelle e strisce. «In una guerra non convenzionale, perseguire i terroristi islamici è fondamentale. L'obiettivo ultimo è giustificare operazioni antiterrorismo in tutto il mondo, permettendo così agli Stati Uniti e ai loro alleati di immischiarsi negli affari interni di nazioni sovrane.»[64]

Come si sperava, gran parte del territorio libico è oggi diviso in feudi, ognuno sotto il controllo di brigate indipendenti che provengono da varie zone del Paese e fanno capo a diverse tribù. Per giunta, secondo il rapporto dell'Accademia militare di West Point, «il corridoio che va da Bengasi a Tobruk via Derna presenta la maggior concentrazione di terroristi jihadisti al mondo».[65]

## Un'altra miniera d'oro: la Siria

Con la discesa agli inferi della Libia, la pedina successiva nel piano di dominazione totale ordito dal Pentagono era la Siria. «Secondo alcuni documenti resi pubblici dall'ex membro dei Fratelli musulmani Walid Shoebat, informazioni passate da fonti del governo libico a cittadini espatriati indicano che agenti di Al Qaida starebbero agevolando l'afflusso di jihadisti in Siria dalla Libia. In particolare, Abdul Wahhab Hassan Qayed, fratello del comandante di Al Qaida Abu Yahya al-Libi – ucciso nel giugno 2012 in Pakistan da un drone americano –, oggi lavora al ministero degli Interni, dove si occupa di controlli di frontiera e istituzioni strategiche. Questo incarico gli permette di aprire i valichi di frontiera ai membri di Al Qaida, sia per far entrare i terroristi in Libia sia per spedire uomini e armi in Siria attraverso la Turchia.»[66]

Il *New York Times* spiega che «i funzionari della CIA agiscono in segreto nel Sud della Turchia, aiutando gli alleati a stabilire a quali combattenti inviare armamenti oltreconfine per opporsi al governo siriano. Le armi circolano grazie a una rete clandestina di intermediari, tra i quali i Fratellli musulmani siriani, e sono finanziate da Turchia, Arabia Saudita e Qatar».[67]

Insomma, la Turchia, che è membro della NATO dal 1952, svolge un ruolo di primo piano nella distruzione della vicina Siria, oltre a rappresentare un centro nevralgico del narcotraffico, un campo d'addestramento per i terroristi di ottantatré Paesi, una tappa sulla rotta del contrabbando di armi e un punto d'ingresso in Siria.[68]

L'emittente internazionale tedesca Deutsche Welle ha divulgato la notizia che ogni giorno entrano in Siria centinaia di camion carichi di forniture per miliardi di dollari, che finiscono dritte nelle mani dello Stato islamico.[69] «Il reportage di DW non si limita a indicare nella Turchia un complice dell'ISIS, ma rivela che le linee di rifornimento dello Stato islamico hanno origine in seno alla stessa NATO; in altre parole, l'ISIS è una creazione, una propaggine, un agente delle Nazioni Unite. È evidente che la minaccia dell'ISIS è opera della NATO fin dall'inizio, è il culmine di una cospirazione che ha coinvolto almeno due amministrazioni americane e ha portato a un conflitto regionale caratterizzato dalla barbarie più atroce mai documentata nella storia moderna.»[70]

Fatto ancora più grave, con la scelta di usare Al Qaida per rovesciare Assad, l'impero britannico, i sauditi e gli Stati Uniti stanno portando il pianeta sull'orlo di una guerra nucleare con la Russia e la Cina. Per togliere di mezzo Assad, Barack Obama e i suoi padroni confidano negli stessi terroristi ai quali si erano affidati per rovesciare Gheddafi. L'inclusione di al-Nusra nella lista di organizzazioni terroristiche è soltanto fumo negli occhi. Non si dimentichi che l'opposizione siriana ad Assad, spacciata dai media occidentali come una buona alternativa a un dittatore dispotico, è composta interamente da membri di Al Qaida, come confermano gli stessi oppositori siriani riconoscendo di sostenere al-Nusra.

Ma questa è solo la punta dell'iceberg. «Di fronte alla notizia di aerei inglesi e americani che trasportavano armi all'ISIS abbattuti dall'Iraq, i Paesi occidentali hanno reagito mostrando choc e scetticismo. In Medio Oriente pochi dubitano che gli Stati Uniti facciano il doppio gioco, ma nell'opinione pubblica occidentale, molto meno informata, certi miti resistono. Uno di questi è che Washington fornisca armi ai 'ribelli moderati' siriani tanto per rovesciare il governo quanto per sconfiggere i 'ribelli estremisti'. Questa affermazione è diventata ancora più importante nel 2014, quando la giustificazione dell'intervento americano in Siria è passata da 'motivi umanitari' alla necessità di riprendere la 'guerra al terrorismo' di Bush.»[71]

Nell'ottobre 2014, il vicepresidente Joe Biden fece un passo in più, spiegando che «la Turchia, il Qatar, gli Emirati Arabi Uniti e l'Arabia Saudita erano 'talmente decisi a rovesciare Assad […] da non badare a spese, con l'invio di centinaia di milioni di dollari e decine di migliaia di tonnellate di armi a chiunque lottasse contro Assad […], inclusi il Fronte al-Nusra e Al Qaida, nonché jihadisti provenienti da altri luoghi del mondo […] [e infine] a questo gruppo chiamato ISIL'». Con quelle dichiarazioni, Biden tentava di chiamare fuori gli Stati Uniti, come se Washington non avesse nulla a che vedere con le operazioni condotte regolarmente dai suoi principali alleati. Ma nessuno ci crede.

«Dopo il crollo dell'Esercito siriano libero, la cooperazione tra al-Nusra e i gruppi di formazione più recente spalleggiati dagli americani e dai sauditi (Brigata al-Daoud, Fronte islamico, Fronte rivoluzionario siriano e Harakat Hazm) ha richiamato l'attenzione sull'appoggio israeliano al Fronte al-Nusra sulle alture del Golan occupate.»[72] Inoltre, il 18 febbraio 2014 il primo ministro Netanyahu e il ministro della Difesa Moshe Ya'alon visitarono alcuni terroristi mercenari feriti in un ospedale da campo israeliano alla frontiera con la Siria, sulle alture del Golan.[73] Secondo *Haaretz*, uno dei principali quotidiani israeliani, «oltre mille ebrei francesi si sono uniti allo Stato islamico, come ha dichiarato un funzionario del governo francese al telegiornale israeliano di Canale 2». Sorpresi? Non dovreste esserlo, perché questa è solo l'ulteriore riprova che l'ISIS è un'operazione congiunta di Stati Uniti, Israele, Gran Bretagna e Arabia Saudita.

Come se non bastasse, la CNN ha divulgato la notizia che specialisti militari occidentali ingaggiati dal Pentagono hanno addestrato i terroristi islamici all'uso di armi chimiche.[74] Così, mentre i media occidentali accusavano il regime di Assad di utilizzare quelle armi contro il suo stesso popolo,[75] in realtà era qualcun altro a impiegarle. Per giunta, «la distinzione artificiosa tra gruppi 'ribelli' e 'radicali' appare ridicola, alla luce di diversi rapporti sulla vendita di armi e le diserzioni di massa. Nel luglio 2014, mille uomini armati della Brigata al-Daoud hanno disertato per passare sotto l'ISIS a Raqqa. A novembre ci sono state diserzioni dal Fronte rivoluzionario siriano a favore di al-Nusra. A dicembre Adib al-Shishakli, rappresentante della 'Coalizione nazionale siriana' in esilio presso il Consiglio di cooperazione del Golfo, ha dichiarato che 'combattenti dell'opposizione si uniscono sempre più spesso all'ISIS per ragioni economiche'. Quello stesso mese veniva comunicato che i 'ribelli' del versante israeliano del Golan stavano disertando a favore dell'ISIS, che proprio allora iniziava la sua penetrazione nella Siria meridionale. Poi, all'inizio del 2015, tremila 'ribelli moderati' di Harakat Hazm, gruppo appoggiato dagli Stati Uniti, sono passati al Fronte al-Nusra, portandosi dietro un nutrito arsenale fornito dagli americani, tra cui armi anticarro».[76]

Pur provandoci con ogni mezzo, il governo americano non riusciva più a frenare il fiume di prove che dimostravano come fosse l'Occidente ad armare i terroristi, in combutta con gli Stati del Golfo. «Nel dicembre 2014, sui media occidentali circolò la notizia che gli Stati Uniti rifornivano clandestinamente i 'ribelli siriani' di armamenti pesanti provenienti dalla Libia e che il Fronte al-Nusra stava ricevendo armi anticarro inizialmente fornite a Harakat Hazm. Un video diffuso da al-Nusra documentava l'uso di quelle armi per ottenere il controllo delle basi militari siriane di Wadi Deif e Al Hamidiyah, nella provincia di Idlib.

«Alla luce dell'appoggio prestato all'ISIS da parte dei 'principali alleati arabi' e del considerevole grado di collaborazione tra i 'ribelli moderati' armati dagli Stati Uniti e lo Stato islamico, non è azzardato ipotizzare che gli Stati Uniti stessi e i voli della 'coalizione' verso aree in mano all'ISIS siano diventati linee di rifornimento clandestine. Per esempio, come riferiscono i media di Iran e Iraq, nel gennaio 2015 il parlamentare iracheno Majid al-Ghraoui ha dichiarato che 'un aereo statunitense ha lanciato armi e munizioni ai militanti dell'ISIS nella zona di Al-Dour, nella provincia di Saladin'. Sono state pubblicate fotografie che mostrano i miliziani intenti a raccoglierle. Gli americani hanno confermato l'episodio, giustificandolo con un 'errore'. A febbraio Hakim al-Zamili, un altro deputato iracheno, ha affermato che l'esercito del suo Paese aveva abbattuto due aerei inglesi che trasportavano armi di fabbricazione americana, europea e israeliana destinate all'ISIS, nella provincia di Al-Anbar.»[77] Anche in questo caso gli Stati Uniti, in possesso delle più sofisticate tecnologie al mondo, hanno parlato di «errore umano».

Ma non finisce qui. «Sempre a febbraio, una formazione irachena denominata Al-Hashad al-Shabi rivelava di avere abbattuto un elicottero militare americano che portava armi all'ISIS nella provincia di Al-Anbar; ancora una volta, venivano pubblicate le fotografie. Poi è circolata la notizia che l'antiterrorismo iracheno aveva arrestato 'quattro stranieri che lavoravano come consiglieri militari per i combattenti dell'ISIS', tre statunitensi e un israeliano.»[78] I media occidentali hanno evitato questo tipo di notizie come la peste, dal momento che smontano l'argomentazione diffusa secondo cui Assad, con l'appoggio della sanguinaria mafia russa di Putin, ci odia e ci vuole morti perché invidia le nostre libertà.

Semmai, è vero il contrario: è l'Occidente a odiare Assad, proprio come odiava Gheddafi, Sadat e lo scià, rei di non essersi piegati a sufficienza ai suoi interessi.

Il radicalismo dell'ISIS è una quinta colonna di Washington nell'area, dato che destabilizza tanto la Siria, quanto l'Iraq. Gli Stati Uniti e le bombe degli alleati non prendono di mira l'ISIS, ma colpiscono l'infrastruttura economica irachena e siriana, industrie e raffinerie incluse. «Gli studi svolti dal Jane's Terrorism & Insurgency Centre mostrano come gli attacchi dell'ISIS e le stragi in Iraq siano aumentati nettamente proprio dopo l'inizio dei raid aerei statunitensi. Il grosso dei combattimenti terrestri è stato sostenuto dall'esercito siriano e, in tempi più recenti, dalle forze armate irachene con l'appoggio degli iraniani.

«Il fatto che ci sia una più stretta cooperazione tra Iran, Iraq, Siria e Hezbollah in Libano è una vera iattura per Israele, Arabia Saudita e Stati Uniti, però è quanto sta avvenendo. Non per faziosità ma per chiari interessi comuni, tra cui porre fine al terrorismo settario (dell'apostasia del takfirismo).»[79]

«Quali che siano i legami specifici tra Stati Uniti e capi dell'ISIS, la responsabilità dell'ascesa di questa organizzazione e dunque delle sue atrocità ricade interamente sull'imperialismo statunitense ed europeo. Nella loro campagna per destituire Assad, le potenze imperialiste si sono adoperate energicamente per disintegrare la Siria, fornendo armi, denaro e addestramento al fondamentalismo sunnita, creandosi così una scusa perfetta per effettuare ulteriori operazioni militari nella regione.»[80]

## Il pretesto per l'intervento della NATO

Lo Stato islamico non è «un incidente della Storia»,[81] come finge di credere il Soufan Group, che fornisce servizi strategici di sicurezza e di intelligence a governi e multinazionali ed è una creatura dei servizi segreti. Secondo la rivista *Foreign Affairs*, «l'ISIS conta circa 30.000 combattenti, ha in mano territori sia in Siria sia in Iraq, possiede un'ampia capacità militare, controlla le linee di comunicazione, gestisce le infrastrutture, si autofinanzia e si lancia in sofisticate campagne militari».[82]

Come diavolo fa? Ci riesce perché il cosiddetto «Programma antiterrorismo» di Washington in Iraq e Siria si regge proprio sull'appoggio ai terroristi. «Dal giugno 2014 in poi, le incursioni dello Stato islamico dell'Iraq e del Levante si inquadrano in un'operazione di intelligence militare accuratamente pianificata e appoggiata in segreto da Stati Uniti, NATO, Arabia Saudita e Israele. La missione contro il terrore è una finzione, dato che gli Stati Uniti sono i primi a sponsorizzare i terroristi.»[83]

Per esempio, il *New York Times* riconosce che la CIA riforniva di armi le forze ribelli turche[84] e afferma che «in Siria non esiste alcuna forza di combattimento laica di cui parlare».[85] Il vicepresidente americano Joe Biden ha confermato pubblicamente che «gli alleati sunniti degli Stati Uniti» (Arabia Saudita, Turchia ed Emirati Arabi Uniti) hanno incubato, armato e agevolato il propagarsi del terrorismo radicale finanziando Al Qaida e il Fronte al-Nusra.[86]

Il *Washington Post* ha fatto rivelazioni esplosive, scrivendo che i membri del fittizio Esercito siriano libero, prima addestrati in Arabia Saudita da consulenti militari privati delle forze alleate, sono poi passati all'ISIS o ad al-Nusra.[87] Non va dimenticato che nel settembre 2014 il Congresso ha approvato, su istanza della Casa Bianca, uno stanziamento di 500 milioni di dollari destinati ad addestrare e armare i «ribelli moderati» siriani,[88] di cui però Biden smentisce l'esistenza. E allora chi mai stanno istruendo all'uso di armamenti pesanti nei campi di addestramento arabi? Evidentemente stanno preparando assassini e apostati fanatici, molti dei quali affetti da turbe psichiche, come scrive ancora il *Washington Post*.[89]

Anche il *Jerusalem Post*, citando *Le Figaro*, sostiene che i cosiddetti «ribelli» siriani «hanno ricevuto addestramento per vari mesi dalla CIA e da reparti giordani e israeliani, in un campo alla frontiera tra Giordania e Siria».[90] Il generale Salim Idriss, capo di stato maggiore dell'Esercito siriano libero, ha dichiarato a Christiane Amanpour della CNN che gli agenti del Mossad sono molto attivi in Siria.[91] Vi stupireste se vi dicessi che Michael Oren, ex ambasciatore israeliano negli Stati Uniti, nel 2013 affermò apertamente che «Israele preferisce una Siria in mano ad Al Qaida, piuttosto che a un Bashar al-Assad in sintonia con Hezbollah e Iran»?[92] Sulle pagine del *New York Times*, il ministro dell'intelligence israeliano Yuval Steinitz ha ribadito che per il futuro di Israele l'Iran costituisce una minaccia più grave dell'ISIS.[93]

Ma perché mai Israele dovrebbe appoggiare terroristi che si cibano del cuore delle loro vittime (come riporta la CNN),[94] decapitano, massacrano e bruciano vivi i prigionieri con un'impunità inaudita, anziché il governo legittimo di un Paese come l'Iran, l'antica Persia dalla civiltà millenaria?

Storicamente, l'Iran non ha mai aggredito i suoi vicini «e a differenza dell'Iraq di Saddam, dominato dai sunniti, non ha mai fatto uso di armi di distruzione di massa, né contro le nazioni confinanti né contro la sua stessa popolazione». La ragione principale per attaccarlo «è che l'Iran mira a emergere come lo Stato-nazione islamico più potente del Medio Oriente».[95]

## L'alleanza militare tra sauditi e israeliani

«I wahhabiti sauditi e i sionisti israeliani condividono un interesse di fondo: mantenere l'Iran isolato, se non vederlo sparire. Questa convergenza di interessi parte però da due ottiche diverse. Per i sauditi, l'Iran rappresenta una sfida al loro 'primato' nel mondo islamico. Per rimanere *primus inter pares* tra le nazioni islamiche, la monarchia saudita si è unita spudoratamente alle potenze coloniali e alla loro creazione, Israele.

«Sebbene sia possibile che ai sionisti israeliani non piacciano i wahhabiti, nutrono il loro stesso odio nei confronti dell'Iran. Dopo avere recuperato la Terra Promessa, l'obiettivo dei sionisti era annientare i palestinesi. Mentre i sauditi e i loro amici sunniti e salafiti si limitano a fare la voce grossa di tanto in tanto, gli unici che si sono organizzati contro la politica sionista in nome dei palestinesi sono stati gli iraniani.»[96]

Come abbiamo visto, il regno saudita non è soltanto socio della Gran Bretagna in Arabia e altrove, ma ha anche sposato completamente il metodo inglese per dominare il mondo musulmano «sfruttando le storiche divergenze confessionali tra sciiti e sunniti per creare profonde spaccature poi colmate con il sangue dei musulmani. Londra la chiama la politica della 'cintura di stabilità sunnita', l'ha adottata all'epoca dell'accordo Sykes-Picot e la sta attuando a fondo nel quadro della strategia imperiale del *dividẹ et impera*».[97]

Oggi Israele fornisce senza riserve cure sanitarie, armi, appoggio politico e supporto di intelligence ai ribelli del Fronte al-Nusra, offrendo loro anche la copertura contro le forze aeree siriane.[98]

Come se non bastasse, il Pentagono spende miliardi di dollari in quella che è «la più ampia serie di operazioni segrete al mondo dalla fine della guerra in Vietnam, negli anni Settanta».[99] Lo sviluppo delle tecniche antiterrorismo segrete del Pentagono affonda le radici nella crisi degli ostaggi in Iran, nel 1979: «L'esercito diede vita a un'organizzazione molto articolata, in grado di raccogliere informazioni senza dover ricorrere ai servizi di intelligence del Paese e di intraprendere poi un'azione militare segreta». In Afghanistan questa rete operava insieme con «la Special Activities Division, struttura paramilitare della CIA, e con il Joint Special Operations Command del Pentagono».[100]

Benvenuti nel magico mondo dell'intenso supporto all'intelligence, che il Pentagono chiama Preemptive Operations Group (P2OG),[101] «che permette di unire le operazioni occulte della CIA e dell'esercito e tutte le altre attività di copertura, insabbiamento, controinformazione e spionaggio. Con un budget di quasi 2 miliardi di dollari l'anno, il P2OG effettuerebbe operazioni segrete per 'indurre reazioni' da parte dei terroristi e degli Stati in possesso di armi di distruzione di massa; ciò significa che istigherebbe le cellule di terroristi a entrare in azione per permettere alle forze statunitensi di contrattaccare con interventi di 'risposta rapida'».[102]

Come si fa a «indurre reazioni» nei potenziali terroristi? Per esempio, con omicidi premeditati, sabotaggi e montature per gettare altra benzina sul fuoco e aizzare iracheni, siriani, libanesi, palestinesi e libici a massacrarsi con guerre civili.[103]

E potete essere certi che la maggior parte delle vittime non sono terroristi. Il vero movente dei sabotaggi e degli assassinii è attizzare i conflitti tra gruppi etnici, smembrando la popolazione in sottogruppi sempre più ridotti finché non rimanga più una resistenza reale, in grado di reggere la pressione dei veri aggressori. Conviene inoltre puntare sui governi deboli perché intrinsecamente corrotti; in cambio di soldi, questi governi accetteranno l'espansionismo israeliano.

«Dalla nascita del movimento sionista nell'Ottocento in Europa, i sionisti si battono per ricostruire quello che considerano il proprio patrimonio politico e religioso, un diritto naturale: il ripristino dello Stato ebraico, esclusivamente per gli ebrei, nell'area definita dalle Scritture come la Terra Promessa.»[104]

Secondo Theodor Herzl, padre del sionismo, il territorio dello Stato ebraico si estende dal Nilo all'Eufrate. Herzl, fondatore dell'Organizzazione sionista mondiale, era uno psicopatico che nel 1894 aveva proposto che gli ebrei si battezzassero in massa per porre fine una volta per tutte alla questione ebraica. Prima ancora, aveva suggerito di lanciare la disfida agli antisemiti con scontri pianificati.

Oggi, questo suo sogno viene realizzato dalla fazione estremista di Benjamin Netanyahu in Israele e dai neoconservatori negli Stati Uniti. In un documento redatto nel 1982 da Oded Yinon, la visione di Herzl di un «Grande Israele» diventa la *Strategia per Israele negli anni Ottanta*.[105] Il Piano Yinon altro non era che la prosecuzione della politica coloniale inglese in Medio Oriente. Nel 1914, il conte di Crewe, ministro delle Colonie, aveva infatti dichiarato che la Gran Bretagna non voleva un'Arabia unita ma divisa in principati sotto la sovranità britannica.

# La sovversione israeliana

Il Piano Yinon è «un piano strategico israeliano per garantire al Paese la supremazia nella regione. Prevede che Israele riconfiguri la geopolitica dell'area mediante la balcanizzazione dei Paesi arabi che lo circondano, trasformandoli in Stati più piccoli e deboli.

«Secondo gli strateghi israeliani, lo Stato arabo che rappresentava il più grande pericolo per Israele era l'Iraq. In base al Piano Yinon, gli israeliani pretendevano la divisione dell'Iraq in uno Stato curdo e due Stati arabi, uno sciita e l'altro sunnita. Il primo passo in questa direzione era una guerra tra Iran e Iraq, presa in esame nel piano stesso.

«*The Atlantic*, nel 2008, e l'*Armed Forces Journal*, nel 2006, pubblicarono mappe che ricalcavano molto da vicino il Piano Yinon. Oltre alla divisione dell'Iraq, sostenuta anche dal Piano Biden, il Piano Yinon chiede la divisione di Libano, Egitto e Siria. Anche la partizione di Iran, Turchia, Somalia e Pakistan è in linea con questo progetto. Inoltre, il Piano Yinon include la disintegrazione del Nordafrica e prevede che questa abba inizio dall'Egitto, per poi estendersi al Sudan, alla Libia e al resto della regione».[106]

La guerra in Iraq del 2003, quella in Libano del 2006, quella in Libia del 2011 e quella tuttora in corso in Siria (per non parlare del cambiamento di regime in Egitto nel 2013) vanno lette in relazione al progetto sionista per il Medio Oriente, che consiste nell'indebolire e infine disintegrare i Paesi arabi vicini per permettere l'espansione di Israele. Per questo gli israeliani vogliono un Libano, una Siria e un Iraq divisi su base etnica in entità politiche per arabi e curdi, e su base confessionale tra cristiani, drusi, sciiti, alawiti e sunniti.

L'idea che il Grande Israele possa essere costruito unicamente sulle rovine del mondo arabo e islamico «è stata documentata nel 1980 da Livia Rokach nel libro *Vivere con la spada. Il terrorismo sacro di Israele*, che spiega dettagliatamente come, a metà degli anni Cinquanta, i sionisti pensassero di usare il Libano quale punto di partenza del proprio modus operandi fondato sulla tecnica del *divide et impera*».[107] L'autrice basava la sua analisi sulle memorie dell'ex primo ministro israeliano Moshe Sharett e quelle che esponeva non erano convinzioni personali, ma piuttosto il manifesto politico di uno dei padri fondatori di Israele.

Oggi, il Piano Yinon viene attuato con precisione svizzera seguendo un documento politico redatto nel 1996 da Richard Perle e dal suo gruppo di studio, intitolato *Una rottura netta. Una nuova strategia per mettere in sicurezza il regno.*

Nel 1993, il quotidiano *Haaretz* rivelò un diabolico piano israeliano che definiva una «zona di sicurezza idraulica», dove le risorse idriche di Siria e Libano sarebbero state sottoposte al totale controllo di Israele.[108] Di fatto, «l'occupazione, nel 1967, delle alture del Golan in Siria e del Monte Hermon ha consentito a Israele di appropriarsi della totalità dell'Alto Giordano, con il vantaggio di collocarsi a monte lungo il corso d'acqua. Ciò ha non solo sottratto alla Siria l'accesso alle acque dell'Alto Giordano, ma ne ha anche pregiudicato l'integrità territoriale e nazionale».[109]

Nel 2006, durante il conflitto tra Israele e Hezbollah, il colonnello generale russo Leonid G. Ivashov spiegò in modo convincente l'aggressione israeliana al Libano con questi obiettivi: in primo luogo, creare le condizioni per lanciare attacchi all'Iran, espropriandone i giacimenti di petrolio e gas e assumendo il controllo delle rotte di trasporto; in secondo luogo, prepararsi a ridisegnare la mappa del Medio Oriente con la forza.[110]

Se si pensa alla cartina geografica del Medio Oriente, è curioso che i militanti dell'ISIS si insedino proprio dove i sionisti avevano immaginato il Grande Israele. Le campagne dell'ISIS in Iraq e Siria, il balzo in Egitto e Giordania sono mere coincidenze? Ovviamente no. Le azioni dell'ISIS non sono solo in linea con gli interessi israeliani, ma fanno direttamente il gioco di Israele, perché balcanizzano la vasta regione del Levante. Alla luce di tutto questo, è più facile comprendere l'impegno dell'ISIS per appropriarsi di fiumi e dighe in Iraq e Siria. *Cui prodest?*

Edward Snowden, la «talpa del Datagate», ha rivelato che l'intelligence britannica e quella statunitense hanno creato l'ISIS di concerto con il Mossad, aggiungendo che i servizi segreti dei tre Paesi hanno dato vita a un'organizzazione terroristica capace di attrarre tutti gli estremisti del mondo in un unico luogo, con la cosiddetta strategia del «vespaio». «I documenti della NSA dimostrano la recente attuazione della tecnica del vespaio per proteggere l'entità sionista inventandosi slogan religiosi islamici. Stando alle informazioni rese note da Snowden, l'unica soluzione per proteggere lo Stato ebraico è creare un nemico vicino alle sue frontiere.»[111] E poiché Al Qaida stava perdendo mordente, ecco entrare in scena i fanatici dell'ISIS e del Fronte al-Nusra, più spettacolari ed efferati che mai.

Naturalmente, nessuna operazione della «guerra contro il terrorismo» potrà mai essere efficace senza un volto riconoscibile del «male» che aiuti a vendere retorica alle masse più credulone: Osama bin Laden, il mullah Omar, Abu Musab al-Zarqawi e ora Abu Bakr al-Baghdadi, terroristi citati nei telegiornali fino alla nausea. Nella propaganda dei media, non conta nulla che al-Zarqawi fosse «un noto ubriacone, un drogato che contava ben poco agli occhi dei fondamentalisti finanziati dai sauditi e dagli Emirati del Golfo».[112] Senza al-Zarqawi e bin Laden, la «guerra contro il terrorismo» non avrebbe ragion d'essere.

Prima di smascherare il capo dell'ISIS, vorrei ricordare il pericoloso precedente storico della quiescenza e uno dei suoi principali esempi, il caso di Abu Musab al-Zarqawi, che si autoproclamò «emiro di Al Qaida nel Paese dei due fiumi» e ben presto divenne il nemico pubblico numero uno delle forze d'occupazione statunitensi. «Al-Zarqawi fu reclutato in Giordania dalla 'Base', o 'Al Qaida', per servire nelle file delle legioni arabe in lotta contro i sovietici in Afghanistan. Come ricordava Robin Cook, ex ministro degli Esteri inglese, 'La Base' o 'Al Qaida' era per la CIA una fonte di reclutatori, finanziatori, esportatori e altre figure necessarie per mantenere il flusso di mercenari, armi e denaro verso l'Afghanistan e il Pakistan, in modo da prestare sostegno alla campagna contro i russi. Il leader di Al Qaida, Osama bin Laden, era noto alla CIA anche con lo pseudonimo di Tim Osman e ai suoi volontari arabi in Afghanistan con il nomignolo di 'Eroe di Jaji', una battaglia nella quale bin Laden aveva sconfitto i sovietici. A nome della CIA e dei sauditi, era a capo dell'organizzazione Maktab al-Khidamat, che garantiva combattenti, soldi e armi ai ribelli afgani per conto della base Al Qaida della CIA.»[113]


## Largo al nuovo volto del male, Abu Bakr al-Baghdadi

«Si dice che il leader di uno dei gruppi ribelli più infami in Iraq sia un misterioso iracheno di nome Abu Bakr al-Baghdadi»,[114] proclamava il *New York Times*, aggiungendo che al-Baghdadi «controlla oggi un territorio vasto quanto un Paese ma è una figura poco conosciuta ed enigmatica.» La rivista *Time* l'ha definito «l'uomo più pericoloso del mondo», mentre secondo *Le Monde* sarebbe «il nuovo bin Laden».[115] «Il vero erede di Osama bin Laden potrebbe essere il capo dell'ISIS, Abu Bakr al-Baghdadi», scriveva David Ignatius sul

*Washington Post*.[116] È «il più violento e spietato antiamerica-no», ha detto a Ignatius un alto funzionario dell'intelligence statunitense. E pare avere sette vite come i gatti.

Eppure, nel giugno 2014, un portavoce militare americano dava a questa sua abilità di sfuggire alla morte una spiega-zione inedita: che non sia mai esistito. Infatti, secondo il *Washington Post*, il generale di brigata Kevin Bergner avrebbe affermato che «lo sfuggente al-Baghdadi è in realtà un per-sonaggio fittizio, i cui messaggi audio sono stati registrati da un anziano attore di nome Abu Abdullah al-Naima».[117] In passato, lo stesso quotidiano aveva già riconosciuto che il Pentagono avesse «esagerato» il ruolo di al-Zarqawi in Al Qaida per istigare l'opinione pubblica ad appoggiare la «guerra contro il terrorismo» capeggiata da Gran Bretagna e Stati Uniti.[118]

Naturalmente, gli attentati suicidi in Iraq, Libia, Siria e altri Paesi sono invece reali, per non parlare delle persone che sono morte o rimaste mutilate in questa follia. È inoltre fuori dubbio che la disinformazione e la propaganda siano parte integrante di ogni pianificazione militare. «I documenti militari filtrati al *Washington Post* confermano che il Pentago-no partecipa a una campagna di propaganda mirata a dare un volto al nemico»,[119] ossia ad al-Baghdadi, capo dell'ISIS.

«L'obiettivo è spingere l'opinione pubblica ad appoggiare il programma bellico americano in Medio Oriente. L'intelligen-ce militare statunitense si è creata le proprie organizzazioni terroristiche, quindi ha messo a punto un piano segreto da miliardi di dollari per 'dare loro la caccia'. Perché si possano perseguire gli scopi della politica estera […] la minaccia ter-roristica va ricordata costantemente ai cittadini.»[120]

## La campagna di propaganda

Per illustrare in che modo le principali firme del giornalismo dominante contribuiscano a dare forma alla politica estera mediante una smaccata campagna di propaganda, basta pensare ai casi di Sudan, Nigeria e Mali.

«Bombardamento di notizie da una regione in crisi: terrore, carestie, sequestri impressionanti come quello delle studentesse nigeriane; richieste urgenti di aiuto sui media elettronici; immagini televisive di profughi; raccapriccianti notizie di 'stupri di massa' pensate per provocare indignazione ed eccitazione in parti uguali; evocazioni recriminatorie del genocidio in Ruanda; la reazione presentata come un imperativo ('Come si può rimanere inerti?'); articoli di fondo (*New York Times*, *Washington Post*, *Newsweek*, *Time* e la rivista del CFR, *Foreign Affairs*) che chiedono un ritorno all'epoca del benevolo imperialismo di Rudyard Kipling e, per concludere, l'annuncio che in effetti si sta elaborando un piano per intervenire.»[121]

Lo scenario di tale intervento è il «copia e incolla» di avvenimenti del passato. «Prima di tutto, occorre generare instabilità e caos per dare l'impressione di uno scontro tra arabi, o tra africani (tanto, da quelle parti non fanno che ammazzarsi tra loro). In secondo luogo, occorre una campagna mediatica che richiami l'attenzione sulla crescente instabilità. Terzo, aizzare l'opinione pubblica e scatenare l'indignazione in una popolazione occidentale talmente manipolabile che crederà qualsiasi cosa. Quarto, assicurarsi che il male – questa volta, Janjawid, Boko Haram e l'ISIS – arrivi a cavallo o totalmente vestito di nero. Quest'ultimo aspetto ribadisce l'argomento, rigido e inoppugnabile, del bene contrapposto al male. Quinto, demonizzare il nemico (leggasi 'quei porci degli arabi') e i suoi partner (le compagnie petrolifere cinesi e gli oligarchi russi che siedono a tavola con Putin). Sesto, mandare i soldati cristiani e i loro eserciti 'umanitari'. A questo punto, un bel *clic* su 'salva con nome' (e mettere da parte per il prossimo 'copia e incolla') ed ecco creato un movimento. Settimo: continuare a sfibrare il nemico minandone la credibilità grazie a gruppi mediatici sempre più compiacenti. Ottavo: sotto il gonfalone della morale, e con il pieno appoggio della solidale popolazione occidentale, si devono sconfiggere le forze del male (l'islam, Putin e i suoi, l'Oriente) per imporre un governo benevolo, pacifico e amante della democrazia. Infine, bisogna eliminare le sanzioni, non più necessarie, e portare lo 'sviluppo', assolutamente indispensabile, in un altro Paese della lista. Ecco fatto: un'altra missione 'civilizzatrice' per tenere a bada le orde di barbari arabi, le tribù africane di morti di fame incapaci, analfabeti, sporchi, maleodoranti e malati.»[122]

E via di seguito, una volta dopo l'altra.

Reclutati dall'alleato degli Stati Uniti nel Golfo, moltissimi mercenari dell'ISIS sono in realtà detenuti sauditi condannati a morte e persuasi a unirsi alle brigate dei terroristi.[123] «Queste forze hanno messo in atto un intervento mirato a un cambiamento di regime, in modo da poter instaurare un nuovo sistema che permetta di controllare il mondo e di sostituire così un sistema monetario internazionale ormai al collasso, che è servito all'impero finanziario londinese e ai suoi seguaci, come Wall Street, per dominare il pianeta.»[124]

Casi come quelli di Libia, Yemen, Iraq e Siria vanno interpretati nel contesto del vasto attacco all'istituto dello Stato sovrano in sé. «Gli Stati Uniti e la Gran Bretagna sono estremamente preoccupati per il gran numero di Paesi che vogliono disfarsi dell'egemonia angloamericana cercando accordi di collaborazione su vasta scala con la Russia in materia di sicurezza, con la Cina in campo economico e con l'Iran nell'ambito della geopolitica. La reazione della CIA e dell'MI6 è stata un'orgia selvaggia di azioni destabilizzanti, colpi di Stato a furor di popolo, rivoluzioni colorate e congiure di palazzo, come emerge dai documenti lasciati filtrare nell'operazione della CIA di diffusione limitata delle informazioni nota come Wikileaks, in cui sono citati per nome e cognome alcuni obiettivi degli americani, da Ben Ali a Gheddafi.»[125]

I veri protagonisti che hanno tirato i fili per la destituzione della «vecchia guardia» in Medio Oriente si sono avvalsi sul campo dell'aiuto segreto dei *contractors* della CIA, che ha messo a disposizione satelliti spia e supporto aereo. Il reclutamento e l'addestramento dei mercenari è stato appaltato a compagnie militari private con sede in Arabia Saudita e negli Stati del Golfo.[126] A Zayed, base situata ad Abu Dhabi negli Emirati Arabi Uniti, Xe Services (già Blackwater e ora Academi LLC), la principale azienda ingaggiata dal Pentagono in Iran e Afghanistan, dirigeva un «esercito segreto in erba».[127] Nel luglio 2010, nove mesi prima dello scontro armato in Libia e in Siria, fu firmato un accordo da 529 milioni di dollari per l'istituzione di un campo dove addestrare decine di migliaia di militari professionisti americani, inglesi, francesi e tedeschi.[128]

Il primo promotore del progetto è un alleato di fiducia del Pentagono, il principe ereditario di Abu Dhabi, Mohammed bin Zayed al Nahyan, che ha studiato all'accademia militare di Sandhurst in Inghilterra. «Anche lui sostiene l'intervento contro l'Iran. Lo scopo del piano emerge dalle carte citate dal *New York Times*: 'L'esercito segreto addestrato negli Emirati Arabi Uniti sarà impiegato in operazioni speciali di repressione delle rivolte interne, come quelle che affliggono il mondo arabo'.»[129]

Interpretando questo linguaggio orwelliano, in sostanza

dei mercenari assassini che non renderanno conto a nessuna autorità del pianeta saranno usati per stroncare ogni movimento popolare nei Paesi del Golfo ricchi di petrolio, con interventi analoghi a quelli compiuti nello Yemen e nel Bahrein, ai quali parteciperanno truppe degli Emirati Arabi Uniti, del Qatar, dell'Arabia Saudita e di altre nazioni mediorientali.

Il caso dello Yemen è illuminante. «A mano a mano che prosegue la campagna saudita di bombardamenti contro obiettivi huthi, i grandi gruppi mediatici continuano a presentare il conflitto come una lotta di potere tra iraniani e sauditi, questi ultimi sostenuti dagli Stati Uniti. Nell'aprile 2015, *USA Today* ha risposto come i cani di Pavlov a un documento passato da funzionari del Pentagono in cui si informava dell'invio nello Yemen della portaerei *Roosevelt*, ufficialmente per intercettare le imbarcazioni iraniane cariche di armi destinate agli huthi.»[130] Tuttavia, stando alle carte del Pentagono ottenute in base al Freedom of Information Act, «dal 2006 il dipartimento della Difesa statunitense ha fornito all'esercito yemenita armi per un valore di circa 500 milioni di dollari. [...] Una parte rilevante di quegli armamenti è finita nelle mani di combattenti huthi in marcia verso Sana'a».[131] Perciò, non è stato l'Iran a fornire loro le armi, ma il governo americano. Coraggio, Pentagono, magari la prossima volta avrai meno iella!

A fine marzo 2015, con la base aerea di Al Anad in mano ai combattenti della milizia Ansar Allah e con la presa del porto di Aden, era praticamente certo che gli Stati Uniti avrebbero dato il via libera all'intervento dei Paesi vassalli. Perché si sta radendo al suolo lo Yemen a furia di bombardamenti? A dar retta all'establishment mediatico, al governo americano e ai suoi alleati sauditi, la base di Al Anad aveva un'importanza strategica per la «guerra al terrorismo», perché permetteva «di condurre nella Penisola Arabica una lunga guerra con i droni contro Al Qaida, ritenuta l'elemento più pericoloso della rete jihadista globale».[132] Quella stessa Al Qaida finanziata, protetta e armata da statunitensi e sauditi, e impiegata nelle loro guerre sporche contro la Libia, la Siria, l'Iraq e l'Iran.

«L'ambasciatore saudita ha insabbiato il ruolo del suo Paese in un'altra grande coalizione fittizia, quella guidata dal Consiglio di cooperazione del Golfo, un'associazione corrotta tra monarchie autoritarie alleate con gli inglesi e gli americani.»[133]

L'obiettivo era dunque trasformare lo Yemen, Paese arretrato del Quarto mondo, in un altro focolaio di destabilizzazione nel Sud del Mar Rosso? Tanto per cominciare, lo Yemen si trova su una delle principali rotte commerciali marittime del mondo, posto com'è all'estremità orientale dello stretto di Bab el-Mandeb, che controlla la navigazione dal Mediterraneo all'Oceano Indiano. Possiede inoltre ingenti riserve di petrolio e gas non ancora sfruttate, che gli esperti considerano tra le maggiori del pianeta, in buona parte situate in territori contesi con gli Stati vicini, Arabia Saudita ed Eritrea. «La storia contemporanea dello Yemen si caratterizza per l'irrequieta e tenace lotta per l'indipendenza e la sovranità in una regione a lungo dominata dalle politiche dell'impero britannico, e per i monarchi messi sul trono dagli inglesi in spregio alla tradizione repubblicana yemenita che risale al settembre 1962, con il colpo di Stato contro il re Muhammad al-Badr.»[134]

Tradotto: eredi al trono in alta uniforme che non vedono l'ora di andare in guerra fino all'ultima vittima, sicari dal grilletto facile, rispettabilità vestita di seta, burqa di giorno e prostitute dalla pelle vellutata di notte, cammelli e Lamborghini, il tutto su un mare di petrolio.

Che ci crediate o no, questa follia segue un metodo con

obiettivi a lungo termine: da un lato, proteggere gli interessi dei petrolieri europei e nordamericani, dall'altro, fomentare la divisione e l'insicurezza nella regione.

Cosa più importante, la NATO sta rilasciando un mandato globale con cui assicura carta bianca per «dare la caccia ai terroristi» in tutto il mondo. Funziona così: si creano, si finanziano, si controllano e si armano gruppi di terroristi assoldati, riservandosi il diritto di perseguirli in qualsiasi punto del pianeta, nel quadro di un'insidiosa operazione di intelligence mirata a destabilizzare e distruggere (in questo caso, la Siria e l'Iraq).

Facciamo un esempio. Grazie ai buoni uffici della CIA e del Mossad, si sono stabiliti stretti legami tra l'ISIS e Mojahedin-e Khalq, o Mojahedin del popolo iraniano (MEK), un gruppo terroristico iraniano. Le unità paramilitari del MEK continuano ad avere la propria base nel campo di Hurriya, a ovest di Baghdad, dove godono della protezione dei contractor della CIA. L'intelligence iraniana è a conoscenza dei contatti tra reparti del MEK e dell'ISIS in quella stessa zona, ed è stata addirittura testimone di operazioni congiunte tra MEK, ISIS e personale esterno della CIA contro l'esercito regolare iracheno.

«La lobby israeliana negli Stati Uniti ha ottenuto che molti suoi simpatizzanti (come l'ex sindaco di New York Rudolph Giuliani; gli ex governatori Howard Dean, del Vermont, e Edward Rendell, della Pennsylvania; il generale James Jones, ex consigliere per la Sicurezza nazionale di Obama; l'ex senatore del New Jersey Robert Torricelli; gli ex direttori della CIA James Woolsey e Porter Goss; l'ex ambasciatore americano alle Nazioni Unite John Bolton; il docente di Harvard Alan Dershowitz) appoggino pubblicamente gli obiettivi terroristici del MEK.»[135]

Nel 2012, addirittura, il segretario di Stato Hillary Clinton depennò il MEK dalla lista delle organizzazioni terroristiche straniere, consentendogli di riaprire la sua sede a Washington.

Le brigate dell'ISIS sono «risorse di intelligence» e non certo obiettivi da bombardare. Non bisogna credere alla propaganda dei media asserviti sulla «grande capacità di un gruppo relativamente debole ed emarginato, composto da centinaia di violenti, di trasformarsi in una minaccia per la pace e la sicurezza internazionali, con un esercito di oltre 30.000 combattenti che controlla un territorio comprendente una vasta porzione di due Paesi, qualcosa di inaudito nell'era moderna».[136]

«La campagna di propaganda prevede di usare la 'minaccia dello Stato islamico' come pretesto e giustificazione per intervenire militarmente in base a un 'mandato umanitario' fondato sulla 'responsabilità di proteggere'»,[137] una dottrina che giustifica le «operazioni antiterrorismo» in tutto il pianeta.

Ma i civili non sono assolutamente protetti. Per esempio, in Siria vengono perpetrati orrendi massacri la cui responsabilità è attribuita ad Assad, alla sua «crudeltà» e all'incapacità di difendere la popolazione. Questa diabolica operazione di intelligence prevede anche l'appoggio delle forze speciali occidentali alle brigate dell'ISIS.

Se ci eravamo illusi che l'ISIS sarebbe andato incontro alla sua Waterloo in Siria, ecco che quella banda di fanatici, idioti, psicopatici, disadattati, spie, provocatori e mercenari ha pensato bene di cercare migliori opportunità in Iraq, visto che l'esercito regolare siriano gliele stava dando di santa ragione ad Aleppo e altrove.

# Iraq: la sospetta «impreparazione» della CIA

È lecito porsi alcune ovvie domande: qual è lo scopo dell'invasione dell'Iraq da parte degli Stati Uniti, della NATO e dell'ISIS? E che cosa vuole l'ISIS dall'Iraq?

L'occupazione del Nord del Paese permetterebbe alle Nazioni Unite di giustificare lo sconfinamento nell'Est della Siria. «La NATO istituirà la tanto bramata 'zona cuscinetto', dalla quale i terroristi potranno compiere attacchi ancora più incisivi, spingendosi sempre più in territorio siriano. Ora che, con una serie di vittorie del governo siriano, nell'Ovest del Paese sono stati ristabiliti la pace e l'ordine, l'ultimo fronte a disposizione delle forze alleate della NATO è l'arco del terrore di Al Qaida, che corre lungo la frontiera con la Turchia e, oggi come oggi, lungo l'Est della Siria e il Nord dell'Iraq.»[138] L'idea di una zona cuscinetto fu proposta nel marzo 2012 dalla Brookings Institution, ente finanziato da imprese e magnati americani, nel suo *Memorandum n. 21 sul Medio Oriente: opzioni da valutare per un cambio di regime.*[139]

Stando ai media compiacenti e al governo degli Stati Uniti, la tattica dell'ISIS ha colto totalmente alla sprovvista la Casa Bianca, i massimi organi decisionali e i vertici dell'esercito.[140] E dire che, da tre anni, la CIA aveva in atto un programma di ricognizione segreta mediante droni «lungo la frontiera turco-siriana a fini di sorveglianza e per fornire armi ai combattenti moderati in lotta contro il governo siriano».[141]

E non è tutto: dopo gli attentati dell'11 settembre, gli Stati Uniti hanno costituito una complessa infrastruttura di intelligence e operazioni militari valutabile in un miliardo di dollari, avente per obiettivo Al Qaida e compari. Stando a un'inchiesta pubblicata nel 2010 dal *Washington Post*, «in risposta agli attacchi dell'11 settembre sono stati creati o riorganizzati negli Stati Uniti circa 263 enti governativi, tra cui il consiglio per la Sicurezza nazionale, il Centro nazionale antiterrorismo e il Comitato nazionale per la sicurezza dei trasporti. Ogni anno, l'intelligence genera circa 50.000 rapporti sul terrorismo. Un totale di 51 enti federali e comandi militari americani setacciano ogni movimento di denaro da e verso le reti dei terroristi».[142]

Eppure, nonostante questo poderoso apparato e i miliardi di dollari spesi per ottenere informazioni, il governo degli Stati Uniti si è fatto cogliere «alla sprovvista» in occasione dell'impetuosa offensiva dell'ISIS in Iraq, come si è fatto cogliere alla sprovvista l'11 settembre 2001. Ci prendono forse per imbecilli?

Oltretutto, il quotidiano libanese *Daily Star* ha rivelato che «l'ISIS ha ritirato apertamente le proprie forze dalle province di Laodicea e Idlib nell'Ovest della Siria e le ha ridispiegate a Est, lungo la frontiera tra Siria e Iraq».[143] Ma se un giornale libanese era al corrente del fatto che l'ISIS si stava spostando, come mai la CIA non lo sapeva?

Questa contraddizione è così lampante che l'intera propaganda bellica statunitense ne esce completamente sbugiardata. «L'ovvia risposta è che la CIA lo sapeva eccome, e abbia deciso di fare finta di niente a spese della sua stessa reputazione, per far cadere i suoi detrattori nel tranello di ritenerla una manica di incompetenti; sempre meglio che complici nella ripugnante fascia del terrore che l'ISIS sta costituendo nel Nord dell'Iraq.»[144]

In sostanza, «il fallimento della politica americana in Medio Oriente è una foglia di fico perché gli Stati Uniti e i suoi alleati della NATO non siano ritenuti in alcun modo conniventi nell'attuale guerra dei terroristi contro Baghdad, un'operazione coordinata su vasta scala, tra fiumi di denaro e di armi».[145]

# Da dove viene l'ISIS?

Com'è possibile che l'ISIS sia sorto dal nulla, pur essendo armato fino ai denti, pieno di soldi e organizzato come un esercito professionale permanente che viaggia a bordo di fuoristrada Toyota nuovi di zecca e tutti uguali? Come ha fatto a crearsi uno Stato rapinando le banche e chiedendo donazioni su Twitter e Facebook? Ma chi volete che ci creda!

In realtà, «l'ISIS è frutto di una cospirazione congiunta tra la NATO e il Consiglio di cooperazione del Golfo[146] che risale al 2007, quando i governanti statunitensi e sauditi tentarono di scatenare una guerra settaria in tutta la regione pur di sottrarre il Medio Oriente all'influenza iraniana, che si spinge fino in Siria, Iraq, Libano e sulla costa del Mediterraneo. L'ISIS ha avuto appoggio, addestramento, armi e denaro da una coalizione composta dalle Nazioni Unite e da vari Stati del Golfo Persico; ha ricevuto tutto ciò in territorio turco (cioè in un Paese appartenente alla NATO) e ha invaso il Nord della Siria anche grazie all'artiglieria e alla copertura aerea turche».[147]

In un articolo pubblicato nel 2007 dal settimanale *The New Yorker* intitolato «Il cambio di rotta», Seymour Hersh, noto giornalista e scrittore insignito del premio Pulitzer, ha svelato l'intenzione di americani, sauditi e israeliani di creare e schierare in tutta la regione estremisti settari contro Iran, Siria e Hezbollah libanesi.[148] «Hersh faceva presente che questi 'estremisti settari' erano legati ad Al Qaida o ne facevano direttamente parte. L'avanzata dell'ISIS verso Baghdad è la manifestazione ultima di questa cospirazione: un esercito permanente che opera impunemente, intende rovesciare il governo siriano ed epurare l'Iraq dalle forze filoiraniane, e che addirittura minaccia l'Iran stesso, con un ponte diretto tra i rifugi sicuri creati dalla NATO per Al Qaida in Turchia fino alle frontiere iraniane, attraverso il Nord dell'Iraq. E-tichettandoli come terroristi, l'Occidente può negare in modo credibile la propria responsabilità nell'averli creati e nell'avere permesso loro di compiere le atrocità di cui si stanno macchiando.»[149]

«Incapace» di fermare l'avanzata dei terroristi dell'ISIS – almeno a dire dei media compiacenti –, l'amministrazione Obama starebbe ora studiando l'eventualità di bombardare gli oleodotti siriani per tentare di tagliare gli enormi proventi che l'ISIS ricava dai giacimenti petroliferi che ha conquistato. Stando alle informazioni rese note, l'ISIS guadagnerebbe fra i 3 e i 6 milioni di dollari al giorno con la vendita di petrolio.[150]

Ma il pretesto accampato dagli americani ha un punto debole, in quanto «l'ISIS non usa gli oleodotti per trasportare il petrolio, che carica invece sui camion per poi venderlo al mercato nero in Turchia».[151] Se gli Stati Uniti volessero davvero impedire il commercio del greggio da parte dell'ISIS, bombarderebbero quei camion, facilmente individuabili con i normali voli di ricognizione teoricamente compiuti nel quadro delle operazioni in corso. «Il piano segreto americano per distruggere gli oleodotti siriani ha ben poco a che vedere con i soldi intascati dall'ISIS grazie al petrolio, e molto a che fare invece con la volontà di distruggere l'infrastruttura petrolifera siriana. Quel dato di 3-6 milioni di dollari al giorno che finirebbero nelle casse dell'ISIS per la vendita di greggio è un calcolo reso noto da una sola società di consulenza (IHS), con sede nel Colorado, che viene usato come fonte certa da tutti gli altri gruppi di esperti e dagli enti pubblici statunitensi.»[152] È molto probabile che gli utili siano stati esagerati per sviare l'attenzione dal fatto che una parte considerevole dei finanziamenti all'ISIS proviene invece da Qatar, Kuwait, Emirati Arabi Uniti e Arabia Saudita, oltre che per crearsi il pretesto per attaccare le infrastrutture siriane.

Come scrive la prestigiosa rivista *Foreign Policy*, «negli ultimi quattro anni, la monarchia saudita e le case regnanti Al Thani del Qatar e Al Sabah del Kuwait hanno investito ingenti somme nel riarmo dei jihadisti wahhabiti salafiti e li hanno spinti a entrare in Siria», con il servile aiuto di Giordania e Turchia, che sperano di ricostituire l'impero ottomano.[153]

«La distruzione dell'infrastruttura petrolifera siriana servirebbe anche ad aprire la porta a contratti di ricostruzione per le compagnie petrolifere britanniche e statunitensi, a spese dell'indebitato Stato siriano. Avendo in mano la produzione di petrolio e gas, le imprese straniere impedirebbero alla Siria di nazionalizzare le sue risorse e di diventare prospera e indipendente. La Siria sarebbe così ridotta in schiavitù e, al tempo stesso, non rappresenterebbe più una minaccia per i Paesi docili verso gli Stati Uniti, come Israele, Arabia Saudita e Turchia.»[154]

Secondo Maram Susli, «gli Stati Uniti non mirano solo a lucrare sul petrolio siriano, ma anche a controllare la circolazione di greggio e le vendite ad altre nazioni, aspetto molto importante per garantirsi un'egemonia globale. Forse il vero obiettivo, più che il petrolio siriano, sono le riserve di gas iraniane e russe».[155]

Le motivazioni occulte, che non vengono rese pubbliche, sono numerose. Stando al *Guardian*, «nel 2009 [...] Assad rifiutò di firmare un accordo con il Qatar per la costruzione di un gasdotto dal giacimento Nord di questo Paese, contiguo con quello iraniano di South Pars, che sarebbe transitato attraverso Arabia Saudita, Giordania, Siria e infine Turchia per rifornire i mercati europei. Ma l'aspetto significativo è che il tracciato del gasdotto non sarebbe passato dalla Russia. Assad giustificò la sua decisione con la volontà di tutelare gli interessi dell'alleato russo, il principale fornitore di gas naturale all'Europa. Poi, l'anno dopo negoziò con l'Iran un piano alternativo da 10 miliardi di dollari per creare un gasdotto che attraversasse l'Iraq fino alla Siria, che avrebbe permesso anche all'Iran di rifornire l'Europa dallo stesso giacimento di South Pars. Il memorandum d'intesa del progetto è stato firmato nel luglio 2012, proprio mentre la guerra civile siriana si estendeva a Damasco e Aleppo. All'inizio del 2013, l'Iraq ha sottoscritto l'accordo per la costruzione del gasdotto. Il progetto di un gasdotto tra Iran, Iraq e Siria è stato un sonoro schiaffo ai piani del Qatar».[156]

Se questo progetto sarà realizzato, i russi avranno modo di controllare il flusso di gas iraniano. Il Qatar, in totale disaccordo con la decisione siriana, ha risposto finanziando gli insorti, con la speranza che Assad sia esautorato e che la più malleabile opposizione, una volta al potere, firmi l'accordo per il gasdotto con il Qatar stesso. «Anche Turchia, Arabia Saudita e Giordania avevano un interesse particolare in questo piano, che era in sintonia con l'obiettivo statunitense di indebolire e scalzare l'influenza russa in Europa. Ma era già pronto un piano alternativo: il gasdotto Nabucco, che sarebbe partito dall'Iran e giunto in Europa attraverso la Turchia, mettendo in diretta concorrenza il gas iraniano e quello russo. Inoltre, se non si fosse riusciti nell'intento di rovesciare il governo siriano, gli Stati Uniti sarebbero stati pronti a distruggere tutto ciò che non fosse sotto il loro controllo. La guerra perpetua e la distruzione di gasdotti e oleodotti avrebbero impedito, o quantomeno ritardato, ogni possibile accordo per la costruzione di simili infrastrutture in futuro. A forza di titoloni come 'Gli americani bombardano gli oleodotti dell'ISIS',[157] è facile dimenticare che gli oleodotti e le raffinerie che gli Stati Uniti vogliono colpire non appartengono all'ISIS ma ai siriani.»[158]

Un fatto pare certo: l'ISIS è diventato, molto comodamente, il nuovo pretesto per un'aggressione imperialista in Medio

Oriente. «Sebbene al momento l'obiettivo apparente della campagna bellica in Medio Oriente sia l'ISIS, dietro le quinte la classe dirigente americana cerca di usare questa crisi per riattivare la 'guerra al terrorismo' e preparare azioni contro il governo di Assad, in modo da portare a termine ciò che ha iniziato. Assad è da sempre uno stretto alleato dell'Iran e della Russia, e quest'ultima è stata bersaglio dell'escalation armata scatenata dal golpe in Ucraina con l'appoggio degli Stati Uniti e della Germania.»[159]

Gli americani non hanno mai rinunciato al piano di deporre Assad, come emerge chiaramente dai tanti articoli pubblicati sulle riviste di geopolitica. Per esempio, Kenneth M. Pollack, ex analista della CIA e alto funzionario della Brookings Institution, esortava gli Stati Uniti a «fornire armi e addestrare in massa le forze siriane che fanno capo all'attuale opposizione, per creare un esercito che possa al tempo stesso sconfiggere l'ISIS e rovesciare il regime di Assad, per sostituirlo con una dittatura militare filoamericana».[160]

*Foreign Affairs*, la rivista del CFR, rivela ad arte che «le conquiste territoriali dell'ISIS in Iraq ci hanno colti di sorpresa. Con il crescere dell'ISIS, obiettivi e intenti si sono chiariti. L'ISIS mira a controllare il territorio e a creare uno Stato islamico sunnita 'puro' dove viga un'interpretazione rigida della sharia, punta a cancellare le frontiere politiche tracciate in Medio Oriente dalle potenze occidentali nel Novecento e a porsi come l'unica autorità politica, religiosa e militare di tutti i musulmani del pianeta».[161]

Questa è un'altra menzogna spudorata. L'élite dominante ha sempre avuto chiarissimi i piani dell'ISIS, e nulla di quanto è accaduto l'ha colta di sorpresa. Con buona pace dei media e degli Stati Uniti, l'ISIS non è un'inspiegabile forza «maligna», come fosse un cancro. «Il successo dell'ISIS e di altri gruppi radicali islamici in Siria e Iraq è una chiara conseguenza della politica estera degli americani in Medio Oriente. I rapporti tra il governo statunitense e l'ISIS seguono un modello tradizionale, al pari delle relazioni tra gli Stati Uniti e Al Qaida o Osama bin Laden. Proprio come Al Qaida, l'ISIS è frutto dell'intervento americano (nel caso di Al Qaida, in Afghanistan contro l'Unione Sovietica negli anni Ottanta; nel caso dell'ISIS, in Siria e in Iraq).»[162]

Impegnata a mettere le mani sul Medio Oriente e l'Asia centrale, la classe dirigente a stelle e strisce non ha esitato a rivolgersi sistematicamente agli ambienti più retrogradi e reazionari.[163] Una conseguenza importante della strategia di destabilizzazione della Siria è stata la nascita – e la crescita – di organizzazioni radicali sunnite, come l'ISIS.

## Sulle tracce dei soldi dell'ISIS

«Nel 2011, quando il presidente Obama, il primo ministro britannico Cameron e il presidente francese Hollande decisero di unire le forze per rovesciare il presidente eletto in Siria, Bashar al-Assad, e assestare così un duro colpo ai russi e agli iraniani che riconoscevano la legittimità di Assad, gruppi siriani non particolarmente militanti si rafforzarono alleandosi con terroristi wahhabiti salafiti ben addestrati, provenienti da diversi Paesi. Mentre le nazioni occidentali collaboravano con i vicini della Siria per favorire l'ingresso di armi nel Paese, la maggior parte del denaro proveniva invece dai bastioni del wahhabismo salafita di Arabia Saudita, Qatar e Kuwait.»[164]

Prima dell'ingresso in scena dell'ISIS, a fine estate 2011, le cinque organizzazioni terroristiche più ricche al mondo in termini di budget operativo annuo[165] erano i talebani, i cui introiti provenivano dal narcotraffico, dalle donazioni della *zakat* (carità obbligatoria) e della *sadaqa* (carità volontaria), dal pagamento di riscatti, da estorsioni, dal mercenariato, dall'appropriazione degli aiuti umanitari occidentali, da contributi dell'ONU e da sovvenzioni dello stesso governo afgano, per un totale stimato di circa 560 milioni di dollari l'anno;[166] Hezbollah, con un budget annuo tra i 200 e i 500 milioni;[167] le Forze armate rivoluzionarie della Colombia, con una dotazione tra gli 80 e i 350 milioni;[168] Hamas, con introiti per 70 milioni;[169] e Al-Shabaab, con 100 milioni.[170] La CIA calcolava che, prima dell'11 settembre, il bilancio annuo di Al Qaida fosse di 30 milioni di dollari.[171]

Ma queste cifre non sono nulla, rispetto a quelle che l'ISIS ha intascato con le attività illegali. «La questione di chi finanzi l'ISIS, e chi sia dunque responsabile del suo imperversare, non è dissociabile da quella del grado di autofinanziamento del cosiddetto Stato islamico. I governi occidentali hanno reso nota in dettaglio la produzione dei giacimenti petroliferi nei territori in mano all'ISIS e le enormi somme che si pensa siano state rubate dalle banche di Mosul, ma il contrabbando di combustibile e il saccheggio delle cassette di sicurezza difficilmente potrebbero bastare a mantenere una 'nazione' islamica che controlla un'area più vasta del Regno Unito.»[172]

È plausibile che i terroristi stiano ricevendo centinaia di milioni di dollari dall'esterno dei territori che hanno occupato. Per quanto l'Arabia Saudita e altri Emirati del Golfo si affannino ad affermare in pubblico che non finanziano bande di jihadisti sanguinari, noi dobbiamo domandarci: ma allora chi foraggia l'ISIS, e come fa un gruppo isolato dal resto del mondo a forza di sanzioni economiche e commerciali a permettersi il lusso di mantenere un esercito armato fino ai denti e a pagare tutto il resto?[173]

Il *Washington Post* riferiva nel giugno 2014: «A mano a mano che i ribelli passavano per Mosul, la principale città dell'Iraq settentrionale nonché centro nevralgico del petrolio all'incrocio tra Siria, Iraq e Turchia, per proseguire verso Tikrit, numerosi uomini armati hanno fatto una visita alla Banca Centrale di Mosul, dove pare fosse depositato un quantitativo impressionante di liquidità, e hanno messo le mani su 500 miliardi di dinari iracheni, pari a 425 milioni di dollari».[174] Non solo: stando all'*International Business Times*, gli islamici radicali si sono impossessati anche di un enorme quantità di lingotti d'oro.[175] Se questo fosse vero, facendo un calcolo, con 425 milioni di dollari l'ISIS potrebbe pagare quasi 600 dollari al mese sessantamila combattenti per un anno.

«Le notizie riguardanti il saccheggio di arsenali, depositi di veicoli e banche da parte dell'ISIS vengono fatte filtrare con cura sui media occidentali per tentare di vendere l'invasione come un'insurrezione dei terroristi che si finanzia grazie ai beni, alle armi e al denaro di chi subisce i loro saccheggi.»[176] Eppure, la Banca Centrale di Mosul non è mai stata rapinata e quella somma è ancora lì, come segnala una fonte attendibile qual è il *Financial Times*.[177] L'ISIS aveva già tutto ciò che le occorreva in territorio turco e siriano, ancor prima di iniziare la sua campagna. Ma allora perché tutta questa messinscena? E perché alcune delle principali testate del mondo si bevono a occhi chiusi quello che viene loro propinato? Perché questa farsa quadra con l'inganno intessuto dall'Occidente. La logica del copione è facile da capire: dimostrare che il mondo non è in grado di fermare l'avanzata dell'ISIS in Medio Oriente. E se invece lo fosse?

Oggi come oggi, le valute preferite dall'ISIS – contanti, greggio e contrabbando – gli consentono di operare all'esterno dei canali finanziari ufficiali. Lo Stato islamico può inoltre contare sui fondi provenienti dalle pingui tasche di un ristretto gruppo di importanti donatori, nonché sulla vendita del petrolio in nero e su un florilegio di attività delinquenziali quali narcotraffico, sequestri, estorsione, saccheggio, sfruttamento della prostituzione e tratta di esseri umani, con la vendita di donne e bambini ridotti in schiavitù sessuale, oltre al traffico di reperti archeologici.[178] Come ho già ricordato, si calcola che l'ISIS abbia introiti compresi fra i 3 e i 6 milioni di dollari al giorno, vale a dire attivi pari a circa 1,1-2,2 miliardi di dollari l'anno. È il gruppo terroristico più ricco al mondo.[179]

Secondo il direttore del servizio federale antidroga russo, Viktor Ivanov, oggi l'ISIS guadagna oltre un miliardo l'anno con la vendita di eroina afgana. Metà di tutta l'eroina che giunge in Europa dal disastrato Iraq e da alcuni Paesi africani è trasportata da militanti dell'ISIS.[180]

Su scala più vasta, «l'ISIS ha sfruttato le rotte dell'illecito già esistenti, quelle risalenti agli anni Novanta e che spesso si tramandano di generazione in generazione in seno a una stessa famiglia, e ha utilizzato le reti di contrabbando emerse con il programma 'petrolio in cambio di alimenti' del regime di Saddam, ossia: il corridoio della Turchia meridionale, quello del Nordovest dell'Iraq e quello del Nordest della Siria. Lo Stato islamico si serve di queste rotte per vendere il greggio estratto ai contrabbandieri, che lo trasportano fuori dall'area del conflitto con diversi mezzi: autocisterne, furgoni, bidoni a dorso di mulo, condotte improvvisate e addirittura zattere, se bisogna attraversare un fiume. Le autorità turche hanno scoperto una condotta interrata lunga 4,8 chilometri. Dalla città siriana di Azmarin, circa 500 oleodotti illegali si diramano verso il tratto turco del fiume Oronte».[181] Come osserva acutamente *Newsweek*, «il fabbisogno finanziario dell'ISIS non si limita alle sole attività terroristiche. Ci vuole un budget molto sostanzioso per sostenere otto milioni di persone, essendo tale la popolazione dei territori oggi sotto il controllo dell'ISIS».[182]

«In fin dei conti, la macchina per fare soldi dell'ISIS funziona sulla paura, e sulla cupidigia, dei milioni di individui che controlla. Si manifesta in un'ampia gamma di attività economiche, molte delle quali subappaltate a intermediari e dirette da orde di sottoposti con interessi propri.»[183]

Nulla di tutto questo basta però a giustificare l'incredibile potere economico dell'ISIS, a meno di non pensare ai finanziatori dietro le quinte di cui si è già detto in precedenza: Arabia Saudita, Qatar, Kuwait ed Emirati Arabi Uniti. «L'ISIS sta sfruttando con grande abilità i sistemi bancari relativamente aperti del Qatar e del Kuwait», con il pieno assenso dei membri più potenti delle case regnanti.[184] I fondi che riceve escono dal Qatar e giungono nel Kuwait, dove vengono smistati verso la Siria e l'Iraq.[185]

«Queste donazioni sono solitamente riciclate come 'aiuti umanitari' tramite organizzazioni benefiche non registrate, mentre i terroristi decidono i punti di consegna utilizzando WhatsApp e Kik. WhatsApp funziona in tutto il mondo e racchiude un GPS che permette di localizzare i dispositivi, agevolando la comunicazione dell'esatta ubicazione di ciascuno. Kik presenta l'ulteriore vantaggio di potersi registrare con un nickname, senza dover fornire un numero di telefono che potrebbe permettere di risalire all'utente. Gli account Twitter dei membri dell'ISIS pubblicano apertamente il nome utente su Kik.»[186]

## La «Kuwait connection»

Secondo un rapporto del Brookings Doha Center, nell'ottobre 2014 il Kuwait era l'unico e principale donatore di aiuti «non condizionati» alla Siria,[187] un eufemismo per dire che i fondi potevano essere indifferentemente destinati a qualsiasi causa.[188] In realtà, «gli aiuti prendono la forma di contanti o di consegne di armi».[189]

210

Il contante viene consegnato in valigette, ognuna contenente tra uno e due milioni di dollari, prassi abituale in Medio Oriente tra gli uomini d'affari. «Dato che i controlli dei bagagli negli aeroporti mediorientali sono poco rigorosi, specie per i ricchi che viaggiano su aerei privati, è facile capire come grandi somme in contanti passino di mano in mano attraversando le frontiere.»[190]

Grazie a queste donazioni, l'ISIS finanzia le sue quotidiane operazioni di contrabbando di greggio. «L'impero del petrolio dell'ISIS comprende un territorio di 243.000 kmq, e circa 300 pozzi di petrolio nel solo Iraq, [...] con una capacità di produzione complessiva di 80.000 barili al giorno (una frazione della produzione totale irachena, che sfiora i 3 milioni di barili al giorno). [...] Ben poca cosa rispetto alla produzione mondiale di greggio, pari a 90 milioni di barili al giorno. [...] L'ISIS possiede circa il 60 per cento della capacità di produzione siriana, che prima della recrudescenza della guerra civile era di 385.000 barili al giorno.»[191]

Se si dà credito al governo americano, il Comando centrale statunitense invierebbe bombardieri, caccia e droni per distruggere gli equipaggiamenti necessari all'estrazione, le cisterne, i camion e, in un caso, un'intera stazione di pompaggio. Eppure, dall'inizio della campagna gli Stati Uniti hanno attaccato solo una dozzina di raffinerie mobili.

Incompetenza? O c'è sotto dell'altro?

Semplicemente, è questo il modus operandi dell'élite per soggiogare qualunque Paese risulti d'impiccio alla sua strategia di dominazione planetaria.

## La distruzione del patrimonio culturale

Negli ambienti ufficiali, si tende a glissare sulla devastazione premeditata del patrimonio culturale. Sta di fatto che, in Siria e Iraq, l'ISIS si sta macchiando di un crimine storico contro l'umanità. La storia consiste nell'essere qualcuno e poi andarsene, lasciando delle tracce.[192] Qualunque reperto è una sorta di testamento che sconfigge la morte, è un'autobiografia, è immortalità.[193] Una generazione che disdegni la storia non ha né passato né futuro. Chi non ha il senso del passato è estraneo non solo alle proprie radici, ma alla condizione umana *tout court*. E i terroristi vogliono deliberatamente negare proprio il senso di appartenenza dell'essere umano. È indegno che l'Occidente sostenga di non sapere o si dichiari incapace di proteggere il patrimonio culturale della «culla della civiltà». In realtà, lo fa di proposito.

In fin dei conti, il modo migliore per cambiare il futuro è riscrivere il passato. Il governo sovietico falsò sistematicamente i fatti storici per adeguarli alla retorica comunista. Boris Pasternak, Michail Bulgakov, Vladimir Nabokov, Mstislav Rostropovič, Alexandr Solženicyn e Ivan Bunin furono cancellati dalle pagine della *Grande enciclopedia sovietica*. Il poderoso apparato comunista riuscì a rendere invisibili poeti, scrittori, musicisti e perfino uno scienziato insignito del Nobel, reo di avere contraddetto lo Stato sovietico; tutti condannati alla *damnatio memoriae*. Un'intera generazione di russi è cresciuta senza conoscere la verità su alcuni dei più grandi personaggi del Novecento.

La vita terrena ha inevitabilmente un inizio e una fine, eppure in tutti noi esiste un desiderio di immortalità. Trasmettendo principi e scoperte ai nostri figli, vivremo per sempre nella storia dell'umanità. Esistere nella storia è assicurarsi un posto nell'eternità, irradiando l'esperienza delle generazioni passate e tramandando il presente al futuro. Il progresso tecnologico, scientifico e culturale non serve solo a diventare ricchi e potenti, ma anche a soddisfare l'innato bisogno di immortalità dell'essere umano.

Data la situazione, preoccuparsi per i templi e i reperti archeologici può sembrare fuori luogo. Invece, nell'intervento militare in Medio Oriente la religione e la storia sono indissolubilmente legate. Tra i flabelli, le uniformi e il sussiegoso apparato degli Stati tirannici condannati all'inferno, si ha sempre più la sensazione che ad andare perduta sarà la storia.

Stando alle notizie, sono stati vilmente saccheggiati i tesori siriani e iracheni più preziosi. La loro vendita rappresenta oggi la seconda fonte di finanziamento più importante dell'ISIS. I terroristi non distruggono solo vite umane, ma cancellano la storia stessa fin dagli albori dell'umanità.

Tra i reperti razziati e devastati ci sono alcune delle antichità più importanti al mondo, che attestano le grandi conquiste delle civiltà di sumeri, assiri, babilonesi e persiani, ma anche dell'antico islam. Stiamo parlando, per esempio, delle prime testimonianze scritte dell'umanità, di antichi testi di matematica, sculture e altre forme d'arte. Ma anche dei tesori delle tombe reali di Ur, risalenti alla fine del III millennio a.C., e delle tavolette di Nuzi, databili dal 1600 al 1400 a.C., che riportavano leggi e consuetudini sociali, economiche e giuridiche comuni nell'antichità: vi erano descritte situazioni come la coppia senza figli che adotta uno schiavo per garantirsi un erede, il concepimento con un utero in affitto, le benedizioni sul letto di morte e l'importanza di divinità come i lari. L'arte e la cultura sono oggi in piena linea di fuoco e quei tesori unici e di inestimabile valore finiscono in balia dei saccheggiatori.

Chiunque abbia un minimo di cultura non può che provare un immenso amore – «venerazione» sarebbe il termine più appropriato – per l'incredibilmente ricca e antica cultura irachena, anche se l'ostilità generalizzata verso l'Iraq tende a far dimenticare che questo Paese altro non è che l'antica Mesopotamia, «la culla della civiltà». Gran parte di ciò che l'Occidente reputa fondamentale per il progresso dell'umanità ha avuto origine proprio nell'area che costituisce il nucleo dell'Iraq moderno. Inoltre, tutto quello che viene narrato nella prima parte della Bibbia è ambientato lì. L'attuale catastrofe rivela che l'Occidente è un consumatore «usa e getta» del patrimonio culturale, che andrebbe invece protetto e valorizzato come insostituibile risorsa collettiva.

«Oltre un terzo dei 12.000 siti archeologici di rilievo in Iraq sono ora sotto il controllo dell'ISIS, che ha iniziato a scavarli e a vendere in tutta fretta a collezionisti e trafficanti di opere d'arte, tramite intermediari, oggetti databili tra il 9000 a.C. e il 1000 d.C. Una razzia delle radici stesse dell'umanità, che colpisce i tesori delle civiltà più antiche al mondo.»[194] La storia irachena è da tempo sotto tiro ed è inevitabilmente vittima della violenza, dell'opportunismo e dell'ingordigia. Le sanzioni imposte dall'ONU hanno comportato la distruzione del Palazzo di Sennacherib a Ninive, portando così a termine l'opera iniziata dagli antichi medi e babilonesi che la saccheggiarono nel 612 a.C. Di certo, pur con tutte le responsabilità di politici e mercanti d'arte, senza le sanzioni non si sarebbe compiuto un simile scempio.

Una disattenzione sospetta, visto che i musei europei e statunitensi sono stracolmi di bottini portati dalla Mesopotamia tra l'Ottocento e il Novecento. Gli esempi più evidenti riguardano l'impero assiro, la potenza che subentrò all'impero sumero e toccò l'apogeo verso l'850 a.C., con Assurnasirpal II. Con le importantissime scoperte archeologiche in antiche città dimenticate, fu ritrovata una civiltà perduta e l'umanità dovette riscrivere la propria storia. Per esempio, quando tra il 1860 e il 1870 furono rinvenute e decifrate le tavolette di argilla che raccontano l'*Epopea di Gilgamesh*, l'Occidente rimase stupefatto. Aveva davanti a sé un poema epico che non solo risaliva a millecinquecento anni prima di Omero, ma era chiaramente più antico della Bibbia e narrava di un diluvio identico a quello di Noè. Proprio come le teorie darwiniane avevano rimesso in discussione la fede cieca nel racconto biblico sulla creazione, la storia di Gilgamesh rimise in discussione le credenze cristiane. Faceva pensare, inequivocabilmente, che la Bibbia non fosse né il primo libro del mondo né il frutto della rivelazione divina, ma un'opera composita che recepiva la narrazione di teologie precedenti.

«Una delle giornate più redditizie per l'ISIS è stata quella in cui ha saccheggiato la reggia del re assiro Assurnasirpal II a Kalhu, risalente al IX secolo a.C. [...] Si stanno vendendo tesori insostituibili per un valore di centinaia di milioni di dollari, allo scopo di finanziare il terrorismo. [...] Il principale mercato nero dei reperti mesopotamici è la Turchia, che funge da canale per far giungere le antichità in Europa. [...] Alcuni di quei tesori stanno finendo nelle case d'aste occidentali. [...] Un reperto mesopotamico può raggiungere quotazioni anche di centinaia di migliaia di dollari, come dimostrato dalla vendita, nell'aprile 2014, di un cilindro in terracotta con iscrizioni cuneiformi appartenuto a Nabuco-donosor II e databile tra il 604 e il 562 a.C., aggiudicato a un acquirente anonimo per 605.000 dollari, come conferma la casa d'aste Doyle di New York.»[195]

«'Solo da Al-Nabuk [sui Monti Qalamoun, a ovest di Damasco] sono stati trafugati oggetti per 36 milioni di dollari. Le antichità di quell'area risalgono fino a ottomila anni fa', dichiara un funzionario dei servizi di intelligence.»[196] Sono beni perduti per sempre, spariti nelle fauci dei collezionisti privati di tutto il mondo.

Così va la storia, o ciò che ne resta. La storia insegna per analogia, non per identità. L'esperienza storica non è un vivere nel presente volgendo indietro lo sguardo, ma un andare indietro nel passato per tornare all'oggi con una coscienza più ampia e più intensa dei limiti del nostro precedente punto di vista.[197] In Iraq e in Siria, è impossibile calpestare così tanta cultura senza nemmeno accorgersene. Ma, si sa, occhio non vede, cuore non duole, e in qualunque guerra è molto facile ignorare la storia.

## L'Africa

L'*Homo sapiens* è sopravvissuto alla guerra fredda perché i due blocchi contrapposti erano tenuti a freno dagli stessi interessi e dallo stesso denaro. Oggi, però, quei freni non esistono più. Prima dell'implosione economica, il mondo intero aveva investito miliardi di dollari in Medio Oriente e ora lo fa in Africa, Russia, Cina, India... Le grandi culture non si arrenderanno facilmente. Il sangue ha cominciato a scorrere, finirà nell'acqua e attirerà i piranha a un festino cui sopravvivranno solo i più adatti.

Negli anni della guerra fredda (1950-1989), gli Stati Uniti spesero in Africa 1,5 miliardi di dollari in armi e addestramento, gettando le basi per l'attuale serie di conflitti, per non parlare del crescente sostegno militare a cinquanta dei cinquantaquattro Stati africani. Eppure, molto ancora bolle in pentola. In Europa, India, Giappone e Nordamerica viene sfruttato fino all'ultimo metro quadrato di arativo disponibile; l'Africa, specie quella subsahariana, è diventata così l'ultima spiaggia. Per nutrire la popolazione mondiale, che continua ad aumentare, sono necessari terreni coltivabili. Come ricorda Pierre Abramovici su *Le Monde Diplomatique*, «se c'è un nuovo Grande Gioco in atto in Asia, esiste anche una 'nuova spartizione dell'Africa' tra le grandi potenze».[198]

Il continente africano è un serbatoio di risorse inesplorate, oltre a non essere troppo sottoposto alla dominazione statunitense. Ora i piranha sono arrivati e il resto del mondo si sfrega le mani. Il terrorismo, le guerre per il potere, i conflitti grandi e piccoli flagellano Egitto, Tunisia, Algeria, Libia, Ruanda, Sierra Leone, Sudan, Burkina Faso, Gabon, Nigeria, Niger, Etiopia, Eritrea, Somalia, Uganda, Burundi, Sahara occidentale, Mauritania, Camerun, Mali, Congo, Kenya, Angola, Guinea Equatoriale, Liberia, Sao Tomé e Principe, Ciad, Sudafrica e Zimbabwe. In tutti questi Paesi, le operazioni occidentali segrete sono innumerevoli. Ora che il mondo si scontra con il fenomeno della scarsità di massa monetaria, le superpotenze si contendono fino all'ultima goccia di risorse naturali di ogni millimetro del pianeta, e l'Africa sta rapidamente diventando teatro di nuovi atti di violenza e destabilizzazione.

Il continente nero, dimenticato e abbandonato, ci aiuta a capire anche altri fenomeni, come la caduta di Gheddafi, la guerra in Siria e la comparsa di Boko Haram nel quadro di un'interminabile «guerra contro il terrorismo» istigata dall'Occidente.


## Boko Haram

Boko Haram, che in lingua hausa significa «l'educazione occidentale è proibita» – a simboleggiare il rifiuto di concetti come l'evoluzionismo e la teoria del Big Bang – è nato nel 2002 a Maiduguri, capitale dello Stato nordorientale di Borno (Nigeria), con l'obiettivo di fare della Nigeria un Paese puramente islamico, tramite l'applicazione della sharia in tutto il territorio.[199]

Preludio di un caos incipiente, la guerra di Boko Haram non prende di mira solo lo Stato nigeriano, ma l'istruzione occidentale in sé, considerata come «il catalizzatore delle cattive influenze della modernità. L'obiettivo finale è la creazione di uno Stato islamico con caratteristiche ben precise,

217

quelle del memorabile VII secolo. In questo ricorda molto da vicino il movimento radicale Maitatsine, che nei primi anni Ottanta inaugurò la sanguinosa era del terrorismo religioso nel Nord della Nigeria».[200]

Così vanno le cose, in un'Africa rurale senza acqua corrente né elettricità, senza traccia del moderno mondo delle comunicazioni istantanee, di computer e cellulari. In un panorama tanto rilassante, pare incredibile il terrore in cui è sprofondato il continente negli ultimi quarant'anni, che hanno visto il massacro di milioni di persone in un vero e proprio genocidio.

«In Nigeria regnano le condizioni sociali che permettono l'esistenza di gruppi come Boko Haram. Milioni di giovani sani, analfabeti e senza un mestiere, nei villaggi ma anche nelle città, sono terreno fertile per il malcontento e il reclutamento nelle formazioni radicali. Le prediche religiose fanno breccia anche tra i laureati disoccupati, vittime della disastrosa situazione economica che ha lasciato senza lavoro 40 milioni di giovani. La povertà galoppante e la sensazione che la vita non abbia significato vengono scaricate sullo Stato nigeriano, nato non islamico, e sull'istruzione occidentale [...]. Boko Haram inculca nei suoi seguaci la volontà e la missione di trasformarsi in guerrieri per la causa di Dio, liberando la società dall'impurità morale e stabilendo un ordine alternativo. In uno Stato fallito, o quasi, ci pensa la religione a indicare i capri espiatori cui addossare la responsabilità delle miserrime condizioni sociali»,[201] con l'anelito a tornare a una realtà socioculturale precedente mediante il rigoroso rispetto di una serie di credenze e precetti ritenuti essenziali per la fede. È forse il sintomo della profonda disperazione di un popolo che si aggrapperebbe a qualsiasi cosa, pur di trovare un minimo di speranza?

«Ora ci viene raccontato che l'antintellettualismo è sino-

218

nimo di islam, con una tesi assai singolare, visto che è stato proprio l'islam a dare al mondo intero conoscenze scientifiche, astronomiche e mediche, oltre al gioco degli scacchi e all'algebra. Usiamo tuttora i numeri arabi per descrivere l'universo fisico, e questa caparbia resistenza all'istruzione, questa glorificazione dell'analfabetismo rimangono i principali ostacoli che impediscono alla regione di progredire, oltre a favorire la violenza settaria e la povertà.»[202]

Anche se i media e i gruppi di esperti americani, come il CFR, hanno tentato di girare la frittata sostenendo che la ribellione armata di Boko Haram «è conseguenza diretta del nepotismo, della corruzione del governo, degli abusi della polizia, dell'aggravarsi delle sperequazioni regionali e del conflitto tra il derelitto Nord musulmano e il Sud cristiano»,[203] la spiegazione vera è che Boko Haram e i suoi 540.000 membri non esisterebbero senza la divisione coloniale britannica che mise il Nord contro il Sud, spingendo musulmani e cristiani ad ammazzarsi tra loro. A questo punto, dovremmo avere una certa dimestichezza con il metodo del *divide et impera* che gli inglesi hanno saputo imporre a un mondo credulone: la divisione tra India e Pakistan, quella dell'Afghanistan, del Sudan e ora della Nigeria, il Paese più popoloso e la prima economia dell'Africa, con quasi 174 milioni di abitanti distribuiti in 350 gruppi etnici che parlano 250 idiomi diversi.

«Nella brutale campagna di Boko Haram figurano un attentato suicida contro la sede delle Nazioni Unite ad Abuja nel 2011, i ripetuti attacchi che sono costati la vita a centinaia di studenti, villaggi bruciati, camionisti decapitati con la motosega, legami con altri gruppi di terroristi, il sequestro di oltre duecento ragazze nell'aprile 2014 e una serie di bombe nelle stazioni degli autobus.»[204] Data la crescente ribellione e la porosità delle frontiere, la violenza si è estesa al Camerun, al Ciad e al Niger.[205] Stando ai dati del progetto del CFR sulla sicurezza della Nigeria, dal 2011 nel Paese ci sono state oltre 34.000 vittime.[206]

«Nonostante gli appartenenti a Boko Haram si proclamino i veri seguaci del Corano e degli insegnamenti del Profeta venerato da tutti i musulmani, sfruttano deliberatamente le storiche divisioni religiose coloniali con il solo scopo di distruggere lo Stato nigeriano.»[207] Pertanto, bisogna domandarsi che cosa sia Boko Haram alla luce delle azioni che compie e delle loro conseguenze prevedibili, e dunque deliberate.

## I freni allo sviluppo africano

Per l'impero finanziario inglese, uno dei principali vantaggi legati alla destabilizzazione dell'Africa sarà l'estromissione della Cina, che non potrà contribuire allo sviluppo di un continente in cui non ci saranno più Paesi sovrani con cui trattare.

Nel primo Novecento, l'impero britannico si rese protagonista di una cospirazione per impedire la diffusione dell'educazione occidentale in Africa. «Gli inglesi volevano evitare che si ripetesse quello che era già accaduto nel Sud della Nigeria, dove con l'espandersi dell'istruzione era sorta una generazione di agitatori nazionalisti e anticolonialisti. E volevano impedire la comparsa di islamici istruiti, come quelli che all'epoca stavano sfidando il dominio britannico in Egitto. Londra si rendeva conto che l'istruzione occidentale avrebbe stravolto l'ordine sociale feudale su cui si reggeva il governo dei suoi alleati, gli emiri, e che in ultima analisi avrebbe rimesso in discussione il colonialismo stesso.»[208] È il progresso a permettere di accendere la luce nelle tenebre, di togliere una popolazione dal caos e allontanarla dalla miseria. Questo concetto fondamentale si vede ora minacciato. Per poter prendere parte allo sviluppo sociale, il cittadino deve essere partecipe delle idee su cui si regge una società. Ma ciò segnerebbe la fine dell'oligarchia. Come si è già sottolineato, in Paesi che incoraggino lo sviluppo creativo e intellettuale, la popolazione non potrebbe tollerare all'infinito forme di governo oligarchiche, mentre lo farebbe se fosse mantenuta in condizioni di analfabetismo e arretratezza. Anzi, non ci sono dubbi che la mancanza di istruzione e il sottosviluppo contribuiscano proprio all'emergere di un'élite dominante.

Oggi, però, una sfida a questo scenario viene dalla Cina. Lo slancio per il progresso dell'umanità è visibile nella politica creditizia a lungo termine voluta dal governo cinese, con l'obiettivo di promuovere grandi progetti tecnologici e infrastrutturali su vasta scala, oltre a missioni scientifiche.

Nel rapporto n. 56 del CFR, intitolato *Più che umanitarismo*, la Cina viene definita come la principale minaccia: «La Cina ha alterato il contesto strategico in Africa. In tutto il continente, sta acquisendo il controllo delle risorse naturali, estromettendo gli occidentali dai principali progetti infrastrutturali e concedendo crediti agevolati e altri incentivi per consolidare il proprio vantaggio competitivo».[209] Per il CFR, tutto ciò configura un pericolo per il controllo imperialista dell'Africa da parte dell'Occidente.

Inoltre, nello stesso documento si afferma che «gli Stati Uniti e l'Europa non possono più considerare l'Africa una riserva di caccia privata, come un tempo i francesi vedevano l'Africa francofona. Le regole stanno cambiando, ora che la Cina non si limita a volere il controllo delle risorse ma punta anche a gestirne la produzione e la distribuzione, forse con l'intento di garantirsi un accesso prioritario a tali risorse nel momento in cui iniziassero a scarseggiare».[210]

Ogni valore economico tangibile nasce alle frontiere del progresso scientifico, come abbiamo constatato con il programma spaziale Apollo; è dunque necessaria la costante transizione a piattaforme di sviluppo economico via via più sofisticate.[211] Un universo basato sul processo creativo umano è necessariamente un sistema aperto. Per questa ragione, gli investimenti devono essere tali da garantire di ottenere un margine di antientropia che consenta al sistema di stare in piedi con le proprie forze. È questo il concetto di sviluppo autonomo, ed è esattamente ciò che l'impero vuole evitare a ogni costo. L'Africa deve rimanere affamata, scalza e flagellata da guerre perpetue. Eppure, c'è speranza.

Esistono tre iniziative che potrebbero essere messe in atto subito per assicurare acqua irrigua in abbondanza e garantire il sostentamento delle popolazioni, e sono «i progetti di ampliamento del corso del Nilo, la canalizzazione dei fiumi sotterranei del Sahara e lo sviluppo del progetto Transaqua per trasferire acqua dal bacino del fiume Congo al Lago Ciad. Poiché il Sudan ha un suolo tra i più fertili al mondo, il rapido aumento della capacità irrigua potrebbe trasformarlo nel granaio del continente. Il progetto di costruzione del canale Jonglei, attualmente interrotto, potrebbe potenziare velocemente tale capacità, convogliando a fini agricoli verso il Nilo Bianco i corsi d'acqua che oggi sfociano in paludi.

«Molto più a ovest del Nilo ci sono le aride saline di Tunisia e Algeria, sotto le quali scorrono antichi fiumi sotterranei, intrappolati sotto uno strato di arenaria in attesa di essere sfruttati. In quest'area si trova un'ingente massa d'acqua sotterranea, il Mega Lago – di dimensione equivalente al Lago Erie tra Stati Uniti e Canada –, che potrebbe rifornire d'acqua migliaia di pozzi in entrambi i Paesi africani.

«Sono stati inoltre studiati piani di reinondazione con acqua marina delle saline algerine e della Depressione di Qattara in Egitto, cosa che comporterebbe un raffreddamento del clima dell'intera regione. L'Africa non è sempre stata così arida e siccitosa. Il Lago Ciad, nel Sahel, era un tempo il sesto bacino naturale di acqua dolce al mondo, ma ora si sta prosciugando.

«A Sud del Sahel, il fiume Congo è il secondo al mondo per profondità e portata. Per la mancanza delle infrastrutture necessarie, spesso straripa. Invece di lasciar avvenire queste periodiche esondazioni, il progetto Transaqua creerebbe un nuovo fiume che convoglierebbe l'acqua verso nord, in due bacini fluviali che sfocerebbero nel Lago Ciad. La portata annua di questo nuovo corso d'acqua sarebbe di 100 milioni di metri cubi, sufficienti per produrre 4 gigawatt di energia idroelettrica.

«Il nuovo fiume avrebbe un corso di 2.815 chilometri, circa metà della larghezza degli Stati Uniti, con una profondità media di 24 metri e una larghezza di 100, che lo renderebbero navigabile e permetterebbero di creare il primo porto interno dell'Africa. Se l'acqua riempisse il bacino del lago Ciad, la regione vivrebbe un nuovo sviluppo agricolo, con una superficie irrigua compresa tra i 5 e i 7 milioni di ettari».[212]

Ancora una volta, non va dimenticato che il progresso è direttamente proporzionale alla densità demografica. Più la popolazione è numerosa, istruita e assertiva, più è probabile che l'élite perda il potere. Ecco perché non si lesinano gli sforzi per deindustrializzare l'Africa, creando guerre regionali e infestandola di terroristi che, in nome di un Dio qualsiasi, saranno pronti a purgare il territorio dagli «impuri», chiunque siano, facendo retrocedere il continente al glorioso VII secolo.

## Il caso del Mali

Veniamo ora a un altro punto critico dell'Africa. Dopo il golpe del 22 marzo 2012 a Bamako, «il Nord del Mali, un'area del Sahara più vasta della Francia, si è trasformato in una nuova terra di nessuno (sulla falsariga dell'Afghanistan) in pieno Sahel, diventando la base da cui Al Qaida, creazione britannica, va all'attacco dei governi della regione».[213]

La trasformazione del Mali da Stato sovrano a base operativa di Al Qaida non è un caso, ma piuttosto «una conseguenza diretta del rovesciamento del governo libico nel 2011, perpetrato dall'amministrazione Obama in collaborazione con Al Qaida, gli inglesi e altri membri della NATO».[214] Questa operazione deliberata ha distrutto la Libia, che oggi è priva di istituzioni di governo operative ed è travagliata dai conflitti interni tra milizie locali, dai regolamenti di conti tra gruppi di ex sostenitori e oppositori di Gheddafi e dagli attacchi ai campi profughi. Un simile caos è perfetto perché le reti di Al Qaida operino da qui, facendo del Mali una testa di ponte, con campi di addestramento sicuri e ben protetti nel deserto che permettono ai terroristi di prepararsi alle azioni mirate a disintegrare gli Stati-nazione.

«Dopo la 'vittoria' dei ribelli in Libia, questi sono usciti in massa dal Paese per andare a destabilizzare altri Stati africani, o per unirsi all'opposizione armata al presidente siriano Assad. Si tratta di gruppi che, proprio come quelli che hanno perpetrato gli attentati dell'11 settembre, ricevono ingenti finanziamenti ed equipaggiamenti dalle case regnanti di Arabia Saudita e Qatar, e molte di queste organizzazioni, fra cui il Gruppo dei combattenti islamici libici, erano in gestazione a Londra da decenni»,[215] come abbiamo visto nei capitoli precedenti.

«È paradossale che il cambio di regime voluto dalla NATO abbia fatto finire le armi – sottratte agli arsenali di Gheddafi o ottenute di contrabbando con il tacito consenso dell'impero – in mano a reti criminose etichettate come terroristiche, e che ciò renda possibile un intervento militare permanente delle Nazioni Unite dall'Africa occidentale alla Somalia e oltre.

Questo perpetuare la guerra, che risponde agli interessi del potere finanziario britannico, sarà gestito dagli Stati Uniti.»[216]

Il già citato RAND, una delle principali organizzazioni americane di *policy making*, ha dichiarato che «c'è stata una massiccia distribuzione delle armi saccheggiate dai ribelli» negli arsenali del governo di Gheddafi, e che queste stanno girando per gran parte dell'Africa.[217] Ciò che il RAND omette di rivelare è che il nucleo dei ribelli consisteva in fondamentalisti islamici libici, molti dei quali avevano già combattuto in Iraq e in Afghanistan, e che sono stati loro i primi a depredare gli arsenali.

In altre parole, gli stessi terroristi di Al Qaida alleati degli Stati Uniti in Libia e in Siria, quelli che avevano assassinato l'ambasciatore americano a Bengasi, ora operano nel Mali e non si faranno certo sfuggire l'occasione di scatenare una guerra permanente in tutta l'Africa occidentale.

«L'intervento delle reti libiche di Al Qaida nel Mali non è stato il primo caso in cui la Libia, dopo l'assassinio di Gheddafi, è stata accusata di esportare il terrorismo. Il 7 marzo 2012 Vitaly Churkin, ambasciatore russo all'ONU, in una riunione del Consiglio di sicurezza ha accusato la Libia di gestire un centro di addestramento dei ribelli siriani.»[218]

Secondo il gruppo di monitoraggio della transizione nigeriana, Boko Haram è stata la prima organizzazione formata nei campi di addestramento creati nel deserto. «Si prevede che seguiranno poi Al-Shabaab, la cellula di Al Qaida in Somalia – per poter compiere operazioni nel Corno d'Africa –, quindi altri gruppi che hanno come obiettivo l'Algeria e altri Paesi del Sahel.»[219] Il biglietto da visita di Al-Shabaab è stato lo spaventoso e sanguinario attacco dell'aprile 2015 all'Università di Garissa, in Kenya, che ha provocato centocinquanta morti, quasi tutti studenti.

Sfruttando il caos generalizzato in gran parte del Mali, i

ben equipaggiati membri di Al Qaida nel Maghreb islamico stanno reclutando «giovani in preda alla miseria, offrendo loro denaro se entreranno a far parte dell'organizzazione», come informa il CFR.[220] Il Mali è diventato una calamita per tutti i fanatici delle classi sfavorite e dei disadattati pronti a uccidere chiunque sbarri loro la strada. Benedetta ignoranza! Quando le menti perverse finanziano e manipolano, diviene l'arma di distruzione di massa più efficace.

Nel Nord del Mali ci sono piste d'atterraggio isolate per i voli clandestini provenienti dal Qatar. «I fondi messi a disposizione dai sauditi e dal Qatar servono a reclutare giovani nelle armate del jihad. Agli adolescenti di molti Paesi dell'Africa occidentale vengono offerti 500 dollari al mese.»[221] Se si pensa che in tante parti del continente la popolazione vive con meno di un dollaro al giorno, quella è una somma enorme, nonché un potente incentivo a unirsi a qualsiasi operazione terroristica. «Dopo essere stati addestrati per la guerra, i terroristi […] potranno diventare il nucleo delle forze jihadiste nei Paesi d'origine. È quanto accaduto ai membri del Gruppo dei combattenti islamici libici, una volta rientrati in Libia dall'Afghanistan.»[222]

Oggi Al Qaida nel Maghreb islamico controlla nel Mali un territorio di 800.000 kmq, oltre metà del Paese. Secondo il ministro degli Esteri del Niger, Mohamed Bazoum, si è impossessata «di un grande quantitativo di armi e munizioni abbandonate dall'esercito nazionale»,[223] per non parlare del denaro saccheggiato nelle banche dei territori occupati. Nel Mali sono attivi anche altri gruppi radicali, come Ansar Dine[224] e il MUJAO, il movimento per l'Unicità e il jihad nell'Africa occidentale. «Il coordinamento tra Al Qaida nel Maghreb islamico e Al Qaida avviene tramite le reti salafite libiche», tanto per ribadire che il caos nel Mali è conseguenza diretta della distruzione dello Stato libico.[225]

Ve ne rendete conto? La Libia è in mano ai terroristi. La Nigeria è ostaggio di Boko Haram. Il Mali è in stato d'assedio. L'Egitto si sgretola sotto il peso dei conflitti interni. Il Kenya è flagellato da sanguinosi attentati. La Tunisia, un tempo gioiello del Mediterraneo, è in una situazione di stallo, colpita com'è dagli attacchi contro i turisti occidentali. All'estremo opposto dell'Africa, Somalia, Etiopia ed Eritrea affogano nel sangue dei massacri settari. L'epidemia di ebola ha praticamente isolato l'Africa occidentale dal resto del mondo.[226] Liberia, Guinea e Sierra Leone sono Stati falliti, in mano alle mafie del narcotraffico.

## La povertà fa il gioco di Al Qaida

Gli studi dimostrano che in quasi tutta l'Africa la situazione economica è spaventosa. A causa della crisi economica mondiale, la maggioranza delle industrie di Stato è fallita, e la stessa sorte è toccata all'industria alimentare di Paesi come la Nigeria. La fame è un problema diffuso e, abbinata a una paurosa disoccupazione urbana, sta creando un intero ceto di emarginati che si sentono abbandonati dai governi.[227] L'unico settore in crescita è la criminalità: oggi si ammazza a pagamento, e si è ben remunerati per farlo. Questo calderone di analfabetismo e miseria «getta le basi di un profondo pessimismo. I giovani che studiano nelle madrase, senza speranze per il futuro, diventano bombe a orologeria».[228] È così che sono nati Boko Haram, Al Qaida nel Maghreb islamico, Al-Shabaab e l'ISIS, tra vuoto politico e anarchia.

Stando ad alcuni rapporti, nel Burkina Faso, che confina con il Mali, c'è chi si limita a mangiare foglie e vermi per restare in vita. L'Organizzazione mondiale della sanità denuncia che nel Paese oltre un milione di bambini sono gravemente denutriti. I contadini che hanno la fortuna di possedere degli animali li vendono per acquistare qualche chilo di riso, per poi ritrovarsi in miseria.

Il Niger e il Ciad sono sostanzialmente Stati falliti, desolante prefigurazione di ciò che accadrà in Nigeria. Provate solo a immaginare 174 milioni di nigeriani ridotti a vivere in campi profughi o a dipendere dagli aiuti internazionali per sopravvivere. Non è un caso! Più persone vengono eliminate, più territorio viene devastato, più dolore fisico e psichico viene inflitto all'innocente popolazione africana, più sarà facile per i grandi gruppi occidentali calare come avvoltoi appena si presenterà l'occasione.

La fame è una creazione politica. «Se il cibo è una risorsa, e se viene usato per comprare armi o per manipolare popolazioni sfollate e affamate, ecco gli alimenti trasformati in armi da guerra, come gli aiuti umanitari e l'infrastruttura che vi ruota attorno.»[229] È già accaduto in Somalia e nel Darfur, e adesso sta succedendo in Etiopia, Nigeria, Ruanda, Mali e molti altri Paesi.

Con il crollo dell'economia mondiale e il blocco di qualsiasi sviluppo in Africa, le rivolte dilagheranno. Gli interventi militari esterni non potranno mai risolvere i conflitti di un continente così vasto. Gli strateghi dell'élite dal portafoglio rigonfio lo sanno benissimo. Il piano degli Stati Uniti di mandare in Africa gli specialisti di intelligence e di controinsurrezione già attivi in Iraq e in Afghanistan non farà altro che perpetuare i conflitti, prolungandoli indefinitamente.

## Una politica che viene da lontano

Dietro le quinte, la guerra viene scatenata tanto per il controllo delle risorse naturali, quanto per reclamare la proprietà di interi continenti.

È una strategia elaborata quasi mezzo secolo fa. Nella riunione del Club Bilderberg di Mont-Tremblant (Canada) del 26-28 aprile 1968, George Ball, sottosegretario all'Economia di John Fitzgerald Kennedy e di Lyndon Baines Johnson, presentò una relazione dal titolo *Internazionalizzare l'impresa*, in cui erano delineate le future politiche di globalizzazione e il Nuovo ordine mondiale.

La tesi di fondo era che gli Stati-nazione fossero ormai superati, dato il loro brutto vizio di credere che le risorse naturali appartenessero al Paese. Per Ball, la struttura stessa dello Stato-nazione, fondato sull'idea di un destino comune e del benessere generale di un popolo, costituiva il principale ostacolo a qualunque tentativo di saccheggiare il pianeta a piacimento, nonché il maggiore impedimento alla creazione di un impero mondiale neocoloniale. In altri termini, secondo il Club Bilderberg le risorse di un Paese non appartengono a quel Paese, ma all'Impresa Mondiale S.p.A. in mano all'élite.

Il problema non riguarda solo l'Africa, che è soltanto la rampa di lancio verso l'Europa e altre aree geografiche. Noi non siamo al riparo. Non tanto dai terroristi, ma da chi li finanzia, li arma, li addestra e li usa per i propri scopi. Come in ogni operazione di intelligence, gli obiettivi sono molteplici. Delle ambizioni politiche e territoriali dell'oligarchia abbiamo già parlato, ma ci sono anche obiettivi culturali da non dimenticare: la campagna «antiterrorismo» contro i fondamentalisti islamici ha contribuito a demonizzare i musulmani, che agli occhi degli occidentali sono sempre più sinonimo di jihadisti. Negli Stati Uniti, in Canada, in Australia e nel Regno Unito, «chiunque si azzardi a mettere in discussione la 'guerra globale contro il terrore' viene accusato di terrorismo e punito di conseguenza. Il fine ultimo della 'guerra contro il terrore' è soggiogare i cittadini, estromettere la politica dalla vita della società, impedire che le persone pensino con la propria testa, analizzino i fatti e mettano in discussione la legittimità dell'ordine sociale inquisitorio che governa i loro Paesi».[230]

L'amministrazione Obama «ha imposto un consenso diabolico con l'aiuto dei suoi alleati, per non parlare della complicità del Consiglio di sicurezza dell'ONU. I mezzi di comunicazione occidentali hanno abbracciato questa linea, descrivendo lo Stato islamico come un'entità indipendente, un nemico esterno che minaccia l'Occidente».[231] La grande menzogna è diventata l'unica verità.

Il primo passo è spaventare la popolazione per farle accettare un certo punto di vista, attuando così un condizionamento mentale di massa. Questa è sostanzialmente una dittatura, perché toglie alle persone la libertà di scelta, trasmettendo loro una sensazione di insicurezza e spingendole a unirsi contro un nemico: gli ebrei, gli arabi, i comunisti, i fascisti. L'idea che il buon cittadino debba fare quadrato attorno alla bandiera e approvare la guerra è già in sé un diktat sociale.

Per sviluppare una coscienza occorre pensare con la propria testa. Finché ci si limita ad accettare le idee degli altri, si è soltanto corpi inerti. La narrativa da fessi che ci arriva premasticata dai grandi media rispecchia il dramma dell'uomo contemporaneo, minacciato dalla costruzione di uno Stato tirannico e condizionato dalla cultura di massa, dal pensiero di gruppo, da un'imponente propaganda e dalla mobilitazione popolare.

Un ulteriore obiettivo tanto caldeggiato dall'amministrazione Obama, quello di limitare le differenze individuali in nome di un astratto bene comune (che può andare dalla lotta al terrorismo allo schierare in campo un fronte unito contro una minaccia fantasma), è una *reductio ad absurdum* paragonabile solo al terrore di Stalin, alla follia di Hitler o a loro parodie minori, più insignificanti e meno sanguinarie.

L'idea totalitaria di dover modellare la mente per adattarsi a pensare come gli altri è la più colossale manipolazione della storia dell'umanità.

## Prossima fermata, l'Europa

«Gli europei devono prepararsi a subire attacchi da parte di terroristi provenienti dai Paesi del Nordafrica come la Libia, che diventano sempre più un covo di combattenti», afferma un ex jihadista occidentale pentitosi dopo l'11 settembre e diventato agente segreto per le autorità canadesi.[232] Queste parole sono state pronunciate poco dopo l'attentato contro il Museo Nazionale del Bardo a Tunisi, il 18 marzo 2015, perpetrato da uomini addestrati in Libia.[233] In un'intervista a *Paris Match*, il presidente tunisino Beji Caid Essebsi ha dichiarato che i giovani jihadisti tunisini sono diecimila: «Quattromila hanno aderito al jihad in Siria, Libia e altrove, e circa cinquecento sono tornati qui, dove costituiscono una minaccia».[234] In totale, nei Paesi occidentali circa duemilacinquecento individui si sono uniti alla lotta contro l'Occidente.

Ormai non dovreste più sorprendervi, se dico che la minaccia terroristica è un'invenzione. Come ho dimostrato in questo libro, il terrorismo serve agli obiettivi di lungo periodo dell'élite. Certo, i terroristi esistono, ma chi li ha messi lì? Chi ha gettato le basi, chi li ha finanziati, armati, osservati scorrazzare e uccidere impunemente in tutto il Medio Oriente? «A soffiare sulle braci sono i governi e i media occidentali, con l'obiettivo di sopprimere la libertà e instaurare uno Stato di polizia. Gli attacchi perpetrati da presunti jihadisti e gli allarmi sono sempre atti manipolati e pianificati per tempo, che mirano a creare un clima di paura e intimidazione.»[235]

Non si dimentichi che, dopo gli attentati dell'11 settembre, si è aperta una nuova era in cui ai cittadini è stato chiesto di accettare cambiamenti enormi in nome della lotta al terrorismo. Mentre le persone appiccicavano patriotticamente l'adesivo a stelle e strisce sull'automobile, il governo degli Stati Uniti si preoccupava di mantenerle nella paura e introdurre mutamenti talmente sostanziali da stravolgere il futuro dell'umanità.

Oggi gli arresti, i processi e le pene detentive per «i 'terroristi islamici' suffragano la legittimità del dipartimento della Sicurezza interna degli Stati Uniti e di un apparato d'ordine sempre più militarizzato. L'obiettivo ultimo è quello di stampare a fuoco nella mente di milioni di americani l'idea che il nemico sia reale e che il governo proteggerà la vita dei suoi cittadini».[236]

Ci viene dunque chiesto di rinunciare a diritti conquistati a caro prezzo in cambio della nostra sicurezza personale. Benjamin Franklin, uno dei padri fondatori degli Stati Uniti, diceva che chi cede le libertà fondamentali per una piccola sicurezza temporanea non merita né la libertà, né la sicurezza. Una verità valida oggi come allora.

Perché questa smania da parte dei governanti di sapere tutto su di noi? Che cosa c'entra con la sicurezza? Si tratta in realtà di controllo e potere: più ci controllano, più sono potenti. L'ex direttore della CIA David Petraeus caldeggiava questa «trasformazione», che avrebbe aperto ai servizi segreti un universo di nuove opportunità, permettendo loro di spiarci ancora più facilmente. Ecco quel che ci aspetta nell'immediato futuro.

Istintivamente, vorremmo respingere queste conclusioni, anche se sostenute da prove solide. Eppure, dobbiamo trovare il coraggio di lasciare che l'evidenza parli da sola, perché la verità è che la cospirazione esiste, è già in atto e l'11 settembre 2001 è stato solo un preludio di ciò che hanno previsto per noi.

Siamo davvero davanti alle porte dell'inferno e la strada finisce qui, a prescindere dal fatto che vivremo questo secolo in Stati-nazione sovrani o come una massa di schiavi disumanizzati, soggiogati e tormentati dal terrore fabbricato in laboratorio.

# 4

# Parigi e Bruxelles

La paura è un potente strumento di controllo fin dall'alba dei tempi. Il terrorismo genera paura, e la paura mette gli sprovveduti nelle mani di quello stesso governo responsabile di avere creato il terrorismo che ha instillato la paura nella popolazione. «I manuali sul terrorismo ne definiscono gli effetti in quattro fasi: prima l'orrore, poi la pubblicità, quindi il protagonismo dei politici, infine il giro di vite. La fase iniziale è banale.»[1]

Con i ripetuti attentati di Bruxelles e le emozioni che impazzano, la maggior parte dell'opinione pubblica è prigioniera in un vortice di propaganda emotiva e retorica sensazionalistica. Le vittime invocano giustizia, quel particolare genere di giustizia che mira a infliggere ai carnefici il massimo dolore possibile. Il risultato è che l'estremismo, negli Stati Uniti come in Europa occidentale, diventa sempre più diffuso, politicizzato – specie in materia di politica estera – e potente. È una trasformazione tanto culturale quanto politica, o meglio, è inestricabilmente l'una e l'altra cosa al tempo stesso. Il torvo estremismo politico non è più mera sottocultura: si sta rapidamente trasformando in una forza, forse la forza dominante nella nostra vita.

Ciò detto, va compreso che «l'élite occidentale non ha alcuna intenzione di vincere la 'guerra al terrore', perché la 'guerra al terrore' è sempre stata concepita come perenne. L'élite crea gruppi di terroristi perché senza la finta 'guerra al terrore' lo Stato di polizia perde l'intero presupposto su cui è stato costruito».[2]

Per ogni élite totalitaria, è essenziale «che esista uno stato di guerra» o, come scrive Orwell in *1984*: «Non importa che la guerra si combatta per davvero e, poiché una vittoria definitiva è impossibile, non importa nemmeno se la guerra vada bene o male: serve solo che uno stato di belligeranza persista. [...] Nello stesso tempo, la consapevolezza di essere in guerra, e quindi in pericolo, fa sì che la concentrazione di tutto il potere nelle mani di una piccola casta sembri l'unica e inevitabile condizione per poter sopravvivere».[3]

All'indomani degli attentati di Bruxelles del 22 marzo 2016, che hanno ucciso trentacinque persone e ne hanno ferite duecentocinquanta, grandi media come il *Financial Times*, il *New York Times*, il *Washington Post*, la CNN, Voice of America e *Haaretz* hanno divulgato la notizia che gran parte dei terroristi che avevano partecipato a quegli attacchi e a quelli di Parigi (il 7 gennaio 2015 alla redazione di *Charlie Hebdo* e il 13 novembre in vari punti della città) erano già nel mirino delle intelligence francese e belga.[4] Per esempio, in riferimento agli attentati di Bruxelles, *Haaretz* scriveva che «i servizi di sicurezza sapevano, con un elevato grado di certezza, che fosse in programma un attentato imminente all'aeroporto e, pare, anche alla metropolitana».[5]

In effetti, le autorità belghe avevano ricevuto «precise notizie di intelligence» sugli attacchi a Bruxelles e conoscevano i sospetti terroristi, Khalid El Bakraoui, autore dell'attentato alla stazione della metropolitana, e il fratello Ibrahim, che ha fatto esplodere la bomba all'aeroporto.[6]

Secondo il *Telegraph*, Ibrahim El Bakraoui figurava nella lista di sorveglianza dell'antiterrorismo statunitense ancor prima degli attacchi di Parigi.[7] Il World Socialist Web Site affermava che «Khalid El Bakraoui ha affittato, sotto falsa identità, un appartamento a Charleroi per permettere agli attentatori del 13 novembre una sosta lungo il viaggio per Parigi. Ha inoltre affittato l'appartamento del quartiere brussellese di Forest dove, il 15 marzo, la polizia ha individuato per la prima volta Salah Abdeslam, e in cui è rimasto ucciso Mohamed Belkaid nello scontro a fuoco che ha permesso ad Abdeslam di sottrarsi al raid delle forze dell'ordine».[8]

La principale agenzia di stampa tedesca, Deutsche Presse-Agentur, riferiva che Khalid El Bakraoui era già stato condannato all'inizio del 2011 a cinque anni di detenzione per furto d'auto e possesso di un kalashnikov e che suo fratello Ibrahim nel 2010 aveva ricevuto una condanna di nove anni per avere aperto il fuoco contro la polizia a colpi di kalashnikov durante una rapina.[9]

Il sito francese Mediapart riportava la notizia che Abdelhamid Abaaoud, l'organizzatore degli attacchi del 13 novembre, e Chérif Kouachi, uno degli attentatori alla redazione di *Charlie Hebdo*, conoscevano entrambi Farid Melouk, figura di spicco tra gli islamici francesi.[10]

Abaaoud, morto il 18 novembre 2015 nel vasto blitz delle forze dell'ordine a Saint-Denis, era noto alla polizia fin dal 2002. Era poi finito nel radar dei servizi di intelligence nel febbraio 2014, dopo essersi fatto riprendere in un video al volante di un fuoristrada che trascinava a terra i corpi senza vita di alcuni infedeli.

Vi sorprendereste se vi dicessi che un incontro tra Chérif Kouachi e Farid Melouk dell'11 aprile 2010 era stato fotografato dagli investigatori dell'antiterrorismo francese, la SDAT? Eppure, non è stato fatto nulla.

Qualcuno è in grado di dirmi come sia possibile che terroristi così nel mirino, ben noti alla giustizia e all'intelligence in Francia, si siano potuti tranquillamente incontrare per poi andarsene senza essere arrestati? Il *Wall Street Journal* prova a dare una spiegazione: «Stando ad alcuni funzionari americani, gli Stati Uniti hanno informato la Francia che gli autori dell'attentato a *Charlie Hebdo* avevano ricevuto addestramento nello Yemen nel 2011, sollecitando le autorità francesi a tenere d'occhio i due fratelli. Ma la sorveglianza di Said e Chérif Kouachi è cessata la scorsa primavera, dichiarano ancora i funzionari americani, dopo che anni di monitoraggio non avevano fatto emergere nulla di sospetto».[11]

Secondo Jean-Charles Brisard, autore del libro *Zarqaoui. Le nouveau visage d'Al-Qaida* (Al-Zarqawi. Il nuovo volto di Al Qaida), dal 2012 la Francia ha messo sotto controllo oltre mille cittadini recatisi in Iraq e Siria e sospettati di avere combattuto a fianco dei terroristi. Un quinto di loro era costantemente monitorato.[12] In effetti, il *New York Times*, in un articolo del 24 marzo 2016, riconosceva che «la rete franco-belga si inquadra nel più vasto fenomeno dei combattenti europei in Siria e Iraq, il cui numero è stimato dai servizi di sicurezza tra i 4.000 e i 6.000».[13]

Se tutto ciò non bastasse a disgustarvi, «la polizia aveva un fascicolo su Omar Ismail Mostefai, uno degli attentatori suicidi del *Bataclan*, anche prima che questi si recasse in Siria nel 2013, mentre Samy Amimour, uno di quelli che hanno aperto il fuoco al teatro *Bataclan*, era stato arrestato nel 2012 per sospetti legami con il terrorismo».[14]

Quando Abaaoud è stato identificato come una delle possibili menti dell'attacco, David Thomson, giornalista esperto di jihad in Francia e autore di *Les Français jihadistes* (I francesi jihadisti), ha scritto: «Se la notizia troverà conferma, le implicazioni andranno ben al di là dello sbigottimento di fronte all'inettitudine dei servizi di sicurezza». E ha spiegato: «Rendiamoci conto di chi sia Abaaoud. È il volto pubblico del jihad che parla francese. La sua faccia è stata mostrata per giorni, dalla mattina alla sera, su tutti i principali canali televisivi di notizie francesi. Nel 2013 e nel 2014, senza occultare la propria identità, ha postato sulla sua pagina Facebook video che lo ritraevano al fronte in Siria, con una granata in mano, esortando le persone a unirsi a lui».

Come riferisce Global Research, «la facilità con cui Abaaoud viaggiava in Europa, pianificando un grave attentato e procurandosi l'occorrente, può essere spiegata solo con gli stretti legami tra ambienti del terrorismo islamico e l'intelligence francese, che usa simili personaggi per combattere una guerra imperialista che porti a un cambiamento di regime in Siria. Pertanto, gli attentatori di Parigi hanno potuto sfruttare per le loro operazioni la protezione ufficiale di settori dello Stato francese».[15]

Ma c'è molto altro da dire.

Il presidente turco Recep Tayyip Erdoğan ha dichiarato che Ibrahim El Bakraoui era stato fermato in Turchia e identificato come combattente islamico, quindi estradato in Olanda. «Uno degli autori degli attentati di Bruxelles è una persona che avevamo arrestato nel giugno 2005 a Gaziantep e poi espulso. Abbiamo informato l'ambasciata belga del processo di estradizione con una nota del 14 luglio 2015. Tuttavia, i belgi hanno rilasciato l'attentatore.» Perciò, l'allarme lanciato dai turchi è stato ignorato dalle autorità belghe.

Politicamente, sono dettagli di enorme peso. «Contraddicono le dichiarazioni ufficiali per cui gli attentatori sarebbero sfuggiti all'attenzione delle intelligence francese ed europea, secondo le quali l'unico sistema per prevenire gli attacchi è accettare una condizione di emergenza permanente, con misure degne di uno Stato di poizia. Se i terroristi sono riusciti a pianificare e portare a termine atti coordinati di tali dimensioni, è perché i servizi segreti non hanno fatto uso dei poteri già in loro possesso per prevenire attentati compiuti da forze del terrorismo islamico con le quali hanno stretti legami politici»,[16] come ho ampiamente dimostrato in queste pagine.

### Terroristi affittasi. Il programma «Cattura e rilascia»

C'è un altro aspetto inquietante da considerare. Come scrive Tony Cartalucci su *New Eastern Outlook*, «praticamente ogni sospettato coinvolto nei recenti attentati di Bruxelles era stato schedato, arrestato e preso in custodia o dai servizi di sicurezza europei o dalle autorità dei loro alleati, eppure inspiegabilmente scarcerato e lasciato libero di perpetrare sia gli attentati di Bruxelles sia gli attacchi a Parigi che li hanno preceduti».[17]

Il *Wall Street Journal* ammetteva che Mohamed Abrini («l'uomo con il cappello») «ha confessato di essere il terzo attentatore dell'aeroporto di Bruxelles».[18] Secondo la stessa testata, Abrini era già stato arrestato per sospette attività terroristiche e accusato di cercare potenziali obiettivi nel Regno Unito.[19] Il suo soggiorno di una settimana a Birmingham nel 2015, «per incontrare alcuni jihadisti e individuare nuovi obiettivi», era stato documentato dal *Telegraph*. «Con ben cinquanta precedenti sulla fedina penale», anche lui era stato inspiegabilmente rimesso in libertà.[20] Come scriveva ancora il *Wall Street Journal*, «dopo essere stato in Gran Bretagna, Abrini si è recato a Parigi e quindi a Bruxelles, dove, stando a due testimoni, è stato arrestato e rilasciato. Ma i belgi avevano informato gli inglesi del suo viaggio nel Regno Unito e delle immagini trovate nel suo cellulare, come confermano le fonti».[21]

239

Le autorità vorrebbero farci credere che si tratti di incidenti isolati e casuali, scivoloni nella decennale «guerra al terrore». Gli indizi, tuttavia, tracciano un quadro ben più sinistro, come conferma anche la sparatoria perpetrata al Museo Ebraico di Bruxelles il 24 maggio 2014 da Mehdi Nemmouche, combattente dell'ISIS di Roubaix. Il *New York Times* osservava che «persino quando la polizia ha rinvenuto un video in suo possesso nel quale rivendicava la paternità dell'attentato accanto a una bandiera recante la scritta 'Stato islamico di Iraq e Siria', la viceprocuratrice del Belgio Ine Van Wymersch escludeva ogni legame. 'È probabile che abbia agito da solo', ha infatti dichiarato alla stampa».[22]

Ma non era così: i tabulati telefonici di Nemmouche, analizzati dall'intelligence, hanno dimostrato che si teneva in stretto contatto con Abdelhamid Abaaoud, il volto pubblico delle operazioni di reclutamento dell'ISIS sui social network poi sfociate negli attacchi del 13 novembre a Parigi.

Il *New York Times* scriveva: «Nei mesi che hanno preceduto l'attacco al Museo Ebraico, i tabulati telefonici di Nemmouche rivelano una chiamata di 24 minuti ad Abaaoud, stando a un rapporto di 55 pagine dell'unità antiterrorismo della polizia francese stilato dopo gli attacchi di Parigi». Inoltre, l'articolo del quotidiano newyorkese ricostruiva nei particolari i movimenti di un agente di basso livello dell'ISIS, Reda Hame, un informatico parigino di ventinove anni che era stato in Siria nel 2014 e si era offerto volontario per compiere atti di terrorismo in Europa. Hame è stato arrestato nell'agosto 2015, prima che potesse effettuare gli attentati. A quanto pare, è uno dei ventuno agenti dell'ISIS fermati prima che entrassero in azione.[23]

Ora ecco che figure ufficiali vengono a dirci che i segnali di questa ben oliata macchina del terrore erano evidenti in Europa già all'inizio del 2014. «Non sono fenomeni spuntati dal nulla negli ultimi sei mesi», ha dichiarato Michael T. Flynn, tenente generale dell'esercito in pensione e direttore della Defense Intelligence Agency dal 2012 al 2014. «Stanno progettando attacchi all'estero fin da quando il gruppo si è spostato in Siria, nel 2012.»

Ancora una volta, per quale ragione le agenzie di intelligence occidentali avrebbero dovuto catturare questi noti terroristi per poi rilasciarli? Per mantenere l'illusione della «guerra al terrore», pur foraggiando al tempo stesso le organizzazioni terroristiche di mezzo mondo.

«Il fatto che tutti i sospetti autori degli attentati di Bruxelles e Parigi fossero noti alle forze dell'ordine, e spesso fossero stati detenuti e poi scarcerati e lasciati liberi di agire con successo, dimostra che la guerra al terrore piace all'Occidente, proprio come la pesca piace agli appassionati, che sono i primi a preoccuparsi di mantenere sana e numerosa la popolazione ittica.»[24]

## Esercitazioni di terrore

Come se non bastasse, tre settimane prima degli attentati di Bruxelles, in Inghilterra si tenne un'esercitazione in cui veniva simulato un attacco alla metropolitana di Londra, alla quale parteciparono sette Paesi, tra cui il Belgio.[25]

Che cosa c'entra? C'entra eccome, se si pensa a quanto spesso queste simulazioni, guarda caso, coincidano con attentati reali: un numero impressionante di casi di esercitazioni antiterrorismo negli Stati Uniti e in Europa è stato effettuato prima o il giorno stesso di un vero attacco. Queste sono occasioni perfette per confondere gli addetti alle emergenze che cercano di fare il proprio lavoro. È solo iella, oppure è una colossale presa in giro dell'opinione pubblica? Facciamo un breve ripasso.

Il 7 luglio 2005, gli attentati di Londra hanno avuto luogo in contemporanea con un'esercitazione che prevedeva l'esplosione simultanea di una serie di ordigni nelle stazioni della metropolitana.

La mattina dell'11 settembre 2001, a pochi minuti dall'attacco al World Trade Center e al Pentagono, la CIA aveva tenuto presso il National Reconnaissance Office della sua sede di Chantilly, in Virginia, «una simulazione programmata per testare una risposta d'emergenza nel caso in cui un edificio fosse stato colpito da un aeroplano.

«Come documenta Webster Tarpley nel libro *La Fabbrica del Terrore made in USA*, nei mesi precedenti all'11 settembre e la mattina stessa erano state effettuate non meno di 46 esercitazioni, tutte direttamente collegabili agli eventi di quel giorno. L'amministrazione Bush la definì una 'singolare coincidenza'».[26] E i media ne parlarono solo un anno dopo.

La risposta del governo degli Stati Uniti è poco plausibile, dal momento che il National Reconnaissance Office gestisce buona parte dei satelliti spia americani e il suo organico proviene dall'esercito e dalla CIA. Non avrebbe forse dovuto sapere come stessero veramente le cose? A quanto pare, no.

La vicenda è talmente sconvolgente che la notizia sulla simulazione di Chantilly fu resa nota solo il 6 settembre 2002, sotto forma di un normale annuncio a una conferenza sulla sicurezza nazionale tenutasi a Chicago («Sicurezza interna: la sfida della leadership americana»).

Inoltre, che ci crediate o no, la mattina del 13 novembre 2015 si tenne a Parigi un'esercitazione che prevedeva l'intervento in caso di più attentati simultanei, che coinvolse addetti ai primi soccorsi, personale sanitario, agenti di polizia e vigili del fuoco.[27]

Fare gli gnorri non serve a nulla: si sapeva benissimo almeno da metà agosto 2015 che un luogo di grande assembramento, come una sala da concerti, poteva essere un probabile obiettivo di un attentato. Ai primi di ottobre 2015, *Paris Match* aveva più volte lanciato l'allarme di un «11 septembre à la française».[28] C'è da domandarsi se gli attentati di Parigi non siano stati solo un pretesto per «intervenire militarmente in Siria in violazione del diritto internazionale».[29]

Tornando agli attacchi di Bruxelles del marzo 2016, come scrive Global Research, «queste notizie fanno sorgere serissimi dubbi sul come e il perché i servizi di intelligence belgi e alleati abbiano permesso quegli attentati. Nel quindicesimo anno di 'guerra al terrore' dichiarata da Washington e dai suoi alleati europei dopo l'11 settembre 2001, i servizi segreti hanno a disposizione sofisticate tecniche di spionaggio in grado di rintracciare fino all'ultimo telefono cellulare e ogni attività sul Web. Sostenere che gli attentati siano avvenuti per una presunta incapacità delle intelligence occidentali di 'unire i puntini' non è assolutamente credibile».[30]

## La rete di sorveglianza totale

Dieci anni fa, la spina dorsale della rete di sorveglianza totale era un'attività denominata *data mining*, o estrazione di informazioni, vale a dire la raccolta automatica di informazioni nascoste in database che contenevano una massiccia mole di dati sulla vita delle persone, a partire dalle fonti più diverse. Un'impressionante pletora di tecnologie di punta e software su misura, tra cui microchip RFID (Radio-Frequency Identification), dati biometrici, chip a DNA e chip a GPS sottocutanei, programmi di ricerca di parole chiave che setacciavano enormi database di documenti di testo e messaggi in cerca di determinate parole o frasi sulla base di complessi algoritmi. I programmi di riconoscimento vocale trasformavano le conversazioni, agendo sulla voce individuale, in messaggi di testo per analisi più dettagliate. Tutto ciò, però, avveniva dieci anni fa: ere geologiche, in termini di evoluzione informatica.

Oggi il sistema è diventato ancora più occhiuto, grazie all'Advanced Wide FOV (Field of View) Architectures for Image Reconstruction and Exploitation (AWARE) della Defense Advanced Research Projects Agency (DARPA), che consente di vedere anche al buio e malgrado le schermature ed è essenziale per ogni operazione militare. L'obiettivo principale di queste tecnologie è garantire la sicurezza alle truppe di terra e alle loro piattaforme di supporto tramite i migliori strumenti di imaging.

«Il programma AWARE permetterà di avere un campo visivo ampliato, una capacità di imaging multibanda e una risoluzione più elevata per circoscrivere e ricercare con maggiore precisione il bersaglio in ogni condizione meteorologica, di notte come di giorno, e una maggiore capacità operativa (la possibilità di visionare panoramiche che permettano di individuare più obiettivi), con analisi spettrometriche effettuate tramite sensori a banda larga.»[31] Inoltre, di recente la DARPA ha testato con successo una fotocamera con una risoluzione compresa tra 0,96 e 1,4 gigapixel, che permette scatti ad altissima definizione e di minore dimensione digitale.[32]

Questi programmi di ricerca mirano a far progredire l'imaging militare nello spettro infrarosso, per ottenere una conoscenza più approfondita della situazione sul campo e rendere possibile il rilevamento, il riconoscimento e l'individuazione di obiettivi a distanze sempre maggiori.[33] Si tratta di un approccio che segna uno spettacolare progresso tecnologico e consente il controllo virtuale di qualunque cosa si muova sulla faccia della Terra. Il governo degli Stati Uniti la chiama «Full Spectrum Dominance», dominazione a pieno spettro.

# Tecnologie futuristiche

Il convergere di più tecnologie diverse ci ha già portati nel mondo degli smartphone, e ora ci conduce verso quello della visione artificiale. La realtà tridimensionale aumentata (Three-D Augmented Reality) è diventata la porta d'ingresso all'universo virtuale e consente di vedere ciò che ci circonda aggiungendovi un illimitato numero di dettagli. Questa nuova tecnologia osserva una scena ed è in grado di individuare gli elementi che la compongono: persone, oggetti, la loro storia passata e le loro vicende presenti.

Ma a che cosa serve tutta questa tecnologia?

I due programmi della DARPA Video and Image Retrieval and Analysis Tool (VIRAT) e Persistent Stare Exploitation and Analysis System (PerSEAS) confidano di poter permettere tra breve un migliore esame istantaneo della montagna di dati generata da più tipologie di sensori.

Grazie alla capacità di VIRAT di individuare ed evidenziare azioni chiave, e grazie al fatto che PerSEAS consentirà di «scorgere» attività minacciose nell'abbinamento di azioni diverse, gli addetti ai lavori saranno presto in grado di concentrare ulteriormente le loro analisi e capire meglio i dati. VIRAT opera su materiale video raccolto dai Predator e dagli aerostati, consentendo agli analisti sia un monitoraggio in tempo reale delle aree di interesse, sia la ricerca tra i dati già raccolti. La chiave di ricerca è la videoregistrazione stessa.

Mentre VIRAT può localizzare azioni di brevissima durata in zone geografiche ristrette, PerSEAS osserva azioni multiple su un lungo periodo e una vasta area geografica allo scopo di individuare attività minacciose complesse, utilizzando i dati raccolti con Constant Hawk, Gorgon Stare, ARGUS-IS e altri sensori. Gli algoritmi di VIRAT rendono possibili alcune funzioni intrinseche di PerSEAS.[34]

Alla luce di queste sofisticatissime dotazioni tecnologiche, è impossibile credere, per esempio, che i terroristi che hanno agito a Bruxelles abbiano potuto preparare indisturbati i loro attacchi. In realtà, è nell'interesse delle autorità continuare a farci credere che quella cellula dell'ISIS sia riuscita a raccogliere in gran segreto il materiale per fabbricare gli ordigni e a programmare, preparare e perpetrare atti così devastanti.

Finora, questo implausibile fiasco dei servizi segreti belgi ed europei è rimasto impunito. Per quale motivo? «Perché potenti forze in seno all'élite dominante e agli Stati, tutt'altro che dispiaciute per questi attentati, dal punto di vista politico li considerano invece una manna dal cielo che permetterà di fare pressioni per raggiungere i loro obiettivi: escalation militare in Medio Oriente, Stato di polizia in Europa e istigazione al razzismo contro i musulmani.»[35]


## Lo «scontro di civiltà»

Naturalmente, questo modus operandi non è una novità. L'abbiamo già visto in atto. Nel 2005, con il pretesto della libertà di espressione, un importante quotidiano danese pubblicava una serie di vignette provocatorie contro l'islam, nel chiaro intento di offendere gratuitamente i musulmani. Le strisce, apparse su *Jyllands-Posten*, erano una provocazione deliberata con lo scopo di indignare e aizzare i musulmani, convincendo così gli americani e gli europei che sarebbe in corso uno «scontro di civiltà», che in realtà è stato costruito a tavolino nel quadro della «strategia della tensione» messa in atto dal neoconservatorismo straussiano di Washington.

La teoria dello «scontro di civiltà» è stata sfornata dal Project for the New American Century. È stato proprio lo PNAC a chiedere una nuova Pearl Harbor, in modo da poter dichiarare guerra al mondo musulmano.

La «strategia della tensione» si regge su tre pilastri: il terrorismo neofascista, l'intelligence e l'oligarchia finanziaria sinarchica. L'intento, in un contesto di grave crisi economica e finanziaria, è quello di instaurare uno stato di emergenza permanente, gestito in modo autoritario quando non apertamente fascista.

Il Movimento sinarchico dell'impero fu fondato nel 1922 e il suo obiettivo era imporre il fascismo in Occidente, specie nell'Europa occidentale ma anche in Gran Bretagna e negli Stati Uniti, utilizzando le guerre. Queste sono infatti un fondamentale *instrumentum imperii* e consentono l'istituzione di una governance mondiale a prescindere da chi vinca o perda. I sinarchici erano finanziati da banchieri internazionali determinati a unire l'Europa, e poi il mondo, sotto un governo in mano all'establishment militare/industriale/finanziario/accademico/mediatico. Un Nuovo ordine mondiale che facesse rivivere in chiave moderna i fasti dell'impero romano.

L'intero progetto mirava a un impero planetario del libero scambio, sotto il dominio di un'oligarchia europea, in contrapposizione all'autorità di una comunità ecumenica di diritto tra Stati-nazione sovrani.

Non è forse ciò che, dietro le quinte, ci stanno facendo?

## Misure da Stato di polizia

Secondo il presidente francese Hollande, gli attacchi del 13 novembre 2015 a Parigi sono stati «pianificati e organizzati all'estero dallo Stato islamico, ma con un appoggio interno». Ha accusato l'ISIS di averli perpetrati prima ancora che giungesse una rivendicazione: «La Francia è in guerra», ha proclamato. Parole che ricordano quelle di George Bush nel discorso dell'11 settembre.

Dopo gli attentati, Hollande ha ordinato per decreto, senza consultare l'Assemblea nazionale, lo stato di emergenza in tutto il territorio francese, la chiusura delle frontiere e la sospensione delle garanzie costituzionali. In nome dell'*égalité* e della *fraternité*, come riportava Al Jazeera America, «esponenti del governo stanno in pratica chiedendo ai francesi di rinunciare alle libertà personali in cambio della sensazione di sicurezza e della promessa di una futura *liberté*, uno degli ideali della rivoluzione francese».[36]

Il chiaro intento di Hollande è limitare le libertà individuali in nome di un astratto obiettivo o bene comune, dalla sconfitta del terrorismo al fare quadrato di fronte a una minaccia fantasma. Tra i provvedimenti che conducono in questa direzione ci sono procedure che consentono alla polizia arresti arbitrari e perquisizioni senza mandato nell'area metropolitana di Parigi, «incrementando enormemente la probabilità di ondate d'odio e violenza contro i musulmani di Francia, mettendo il Paese in una situazione tanto pericolosa quanto costosa».[37]

Con il pretesto dello «scontro di civiltà», Hollande ha premuto sul Parlamento per la modifica della Costituzione e per conferire al governo vasti poteri supplementari, «allo scopo di rafforzare le capacità di difesa della Francia da potenziali atti di terrorismo sul suo territorio».[38] Tra questi poteri figurano l'imposizione del coprifuoco, il controllo governativo sui media, una maggiore vigilanza, la sorveglianza rigorosa delle frontiere, i posti di blocco sulle strade, la revoca di una serie di diritti civili e il divieto di proteste e manifestazioni.

Ribadisco ancora una volta che gli attentati di Parigi del gennaio e novembre 2015, così come quelli di Bruxelles del marzo 2016, «sono stati tutti eseguiti dalla stessa rete di terroristi, che ha utilizzato combattenti attivi o dormienti nelle operazioni di destabilizzazione e cambio regime volute dall'Occidente in Medio Oriente e in tutta l'Eurasia. Tale rete è ben nota alle intelligence di Francia, Stati Uniti ed Europa. Tutte queste forze sono legate all'originaria rete di Al Qaida nata dalla collaborazione tra la CIA e i servizi segreti di Pakistan e Arabia Saudita per mobilitare i combattenti islamici contro l'Unione Sovietica e il regime afgano sostenuto dai russi negli anni Ottanta».[39]

Attacchi come quelli di Bruxelles non si spiegano con «falle nell'intelligence», ma piuttosto con «la profonda integrazione e le connivenze istituzionali tra le reti terroristiche e i servizi segreti europei e americani».[40]

In realtà, l'ISIS non è un sintomo di miopia politica. È semmai il risultato di un concertato patrocinio multinazionale. Questi terroristi non sono il prodotto di «errori politici», ma di «enormi reti finanziarie preesistenti, di un supporto logistico regionale, di collusioni politiche internazionali, del lavoro di intelligence, della pianificazione militare e di un'organizzazione perfetta. L'Occidente e i suoi alleati mediorientali, Arabia Saudita, Qatar e Turchia in particolare, costituiscono chiaramente questo immenso sostegno internazionale di Stato di cui ha finora goduto l'ISIS».

# Appendice

## Guida delle organizzazioni terroristiche coinvolte nei conflitti bellici di tutto il pianeta[1]

### Gruppi terroristici in India e Pakistan

**Babbar Khalsa International (BKI):** è tra le organizzazioni terroristiche del Khalistan più antiche e strutturate, le cui origini risalgono al Movimento Babbar Akali degli anni Venti. Fondata in Canada nel 1981 sotto la guida del defunto Talwinder Singh Parmar, rivendica uno Stato sikh indipendente, il Khalistan.

**Brigata 313**: braccio militare di Al Qaida in Pakistan, composto da talebani e gruppi jihadisti alleati. I membri di Lashkar-e-Jhangvi, Harkat ul-Jihad al-Islami, Lashkar-e-Taiba, Jaish-e-Mohammed, Jundallah (Soldati di Dio) e altri gruppi terroristici pachistani si sono uniti ad Al Qaida dando vita alla Brigata 313, capeggiata da Ilyas Kashmiri, ucciso nel 2011 con un raid da droni americani.

**Harkat ul-Ansar (HUA, oggi ritornato a uno dei suoi due nomi originari, Harkat ul-Mujahidin, HUM):** è nato dalla fusione di Harkat ul-Jihad al-Islami e Harkat ul-Mujahidin. L'unione di questi due gruppi politici e la trasformazione in banda armata sono avvenute nel contesto del jihad afgano. Di ideologia panislamica, l'organizzazione si batte per ottenere la secessione dello Stato di Jammu e Kashmir dal resto dell'India, tramite la violenza e con l'obiettivo ultimo dell'annessione al Pakistan. Il 60 per cento del suo nucleo, valutato in un migliaio di militanti, è costituito da pachistani e afgani.

**Harkat ul-Jihad al-Islami (HUJI, Movimento del jihad islamico):** questo gruppo terroristico con sede in Afghanistan dispone di un'organizzazione affiliata nel Bangladesh. Pur essendo sconosciuta la data esatta della sua creazione, le origini del movimento risalgono alla guerra afgano-sovietica. Si riconosce nella scuola di pensiero deobandi e indottrina le reclute all'islam radicale. Si definisce come «la seconda linea di difesa di tutti i musulmani» e mira a imporre un governo islamico con la guerra.

**Harkat ul-Mujahidin (HUM):** organizzazione con base in Pakistan che opera prevalentemente nel Kashmir. I seguaci sono perlopiù pachistani e kashmiri, oltre ad afgani e veterani arabi della guerra in Afghanistan.

**Hizb-ul-Mujahidin (HM):** uno dei più vasti gruppi oggi attivi in Jammu e Kashmir, composto sia da autoctoni sia da stranieri. È una delle organizzazioni più importanti e incisive nel compiere atti violenti in tutta l'India a intervalli regolari. Come si evince da vari documenti, è strettamente legato all'intelligence pachistana (ISI) e al Consiglio unito del jihad, nonché ad altre entità terroristiche che operano all'esterno del Pakistan.

**Jaish-e-Mohammed (JEM, Esercito di Maometto):** questa organizzazione, che ha sede in Pakistan, è cresciuta enormemente da quando Maulana Masood Azhar, ex capo ultrafondamentalista di Harkat ul-Ansar, la fondò nel febbraio 2000. Il suo obiettivo è strappare la regione del Kashmir all'India per unirla al Pakistan. Dal punto di vista politico è in sintonia con Jamiat Ulema-e-Islam (JUI-F, Assemblea dei religiosi islamici), un partito politico radicale e filotalebano. Dispone anche di campi di addestramento in Afghanistan. Il suo apparato militare e le risorse materiali provengono soprattutto dai gruppi armati Harkat ul-Jihad al-Islami e Harkat ul-Mujahidin. Ha stretti legami con gli arabi afgani e i talebani.

**Lashkar-e-Taiba (LET, Esercito dei giusti):** formato nel 1990, ha base a Muridke, nei pressi di Lahore in Pakistan. È il braccio armato di Markaz-ud-Dawa-wal-Irshad (MDI), organizzazione religiosa sunnita antiamericana fondata nel 1989. È uno dei tre gruppi principali e meglio addestrati in lotta contro l'India nel Kashmir. L'ideologia che professa non si limita a rimettere in discussione la sovranità indiana sullo Stato di Jammu e Kashmir: tra i suoi piani figura l'imposizione del predominio islamico in India. Mira inoltre a unire tutti i territori a maggioranza musulmana nei Paesi che circondano il Pakistan.

**Movimento degli studenti islamici dell'India (SIMI)**: organizzazione fondamentalista islamica che mira alla «liberazione dell'India» trasformandola in un territorio islamico. Questo gruppo di giovani studenti radicali ha dichiarato il jihad in India con l'obiettivo di fondare il dar al-Islam (casa dell'islam), costringendo la popolazione a convertirsi con la forza.

**Tehrik-e-Taliban Pakistan (TTP, Movimento dei talebani in Pakistan)**: è il principale gruppo armato pachistano. Alla fondazione contava cinquantamila membri. È responsabile dell'attacco suicida contro una base della CIA a Khost, in Afghanistan, il 31 dicembre 2009 e nel 2010 ha rivendicato la paternità del fallito attentato a Times Square, a New York. Ha stretti legami con Al Qaida e dipende in larga misura dal suo supporto finanziario, logistico e ideologico.

## Organizzazioni terroristiche globali

**Al Qaida**: fondata da Osama bin Laden attorno al 1990, mira a coordinare una rete transnazionale di mujaheddin. L'obiettivo dichiarato è «ripristinare lo Stato musulmano» in tutto il pianeta, rovesciando i regimi corrotti nel mondo islamico e mettendo fine alla presenza straniera (specie statunitense e israeliana) in Medio Oriente. Al Qaida è il nucleo di una vasta organizzazione quadro composta da appartenenti a numerosi gruppi radicali islamici sunniti, tra cui fazioni del Jihad islamico egiziano (EIJ), al-Gama'at al-Islamiyya (GI) e Harkat ul-Mujahidin (HUM).

**Fratelli musulmani**: gruppo politico e religioso sunnita noto anche come Jama'at al-Ikhwan al-Muslimin. Fondato in Egitto nel 1928 da Hasan al-Banna, si è rapidamente trasformato in un'infrastruttura educativa, economica, militare e politica. Si è dimostrato particolarmente forte e sanguinario e ha all'attivo un numero impressionante di tentati omicidi di capi di Stato.

**Hizb ut-Tahrir (HUT, Partito della liberazione)**: una delle organizzazioni armate più violente dell'Asia centrale, con base in Gran Bretagna e attiva in oltre cento Paesi. Si occupa di distruggere Stati-nazione sovrani e mira all'instaurazione di un califfato.

**Stato islamico (ISIS/ISIL/ISI/IS/Daesh)**: noto anche come Stato islamico di Iraq e Siria o Stato islamico dell'Iraq e del Levante, è un'organizzazione armata salafita che punta a instaurare ed espandere un califfato.

## Gruppi terroristici in Africa

**Al Qaida nel Maghreb islamico (AQMI)**: gruppo terroristico sunnita di origine algerina che ha come obiettivo il rovesciamento dell'attuale governo algerino, l'istituzione di uno Stato islamico e la cancellazione di ogni influenza occidentale in Africa. Fino al 2005 era noto come Gruppo salafita per la predicazione e il combattimento, le cui origini risalgono alla guerra civile algerina. La nascita di AQMI è stata formalizzata nel 2006 con la fusione tra questa organizzazione regionale e il più vasto movimento di Al Qaida.

**Al-Shabaab**: è il principale gruppo islamico in lotta contro il governo di transizione in Somalia. Può essere considerato un partito politico, una milizia e un movimento sociale. Ha stretti legami con Al Qaida e propugna l'ideologia jihadista globale.

**Boko Haram**: setta radicale sunnita che si oppone all'istruzione occidentale e punta a stabilire uno Stato islamico in Nigeria. Riceve fondi e addestramento da Al Qaida nel Maghreb islamico.

**Gruppo islamico armato (GIA)**: nato in Algeria nel 1991, ha iniziato le attività terroristiche l'anno successivo, dopo il rifiuto delle autorità di Algeri di accettare un governo islamico eletto democraticamente. Il GIA è responsabile di numerose stragi di civili e omicidi di leader politici algerini.

## Gruppi terroristici in Siria

**Ahrar al-Sham**: è uno dei principali componenti dell'organizzazione quadro Fronte islamico, nonché una potente forza di opposizione nella guerra civile in Siria.

**Brigata al-Daoud**: originariamente faceva parte della Brigata Suqour al-Sham. In segno di protesta per il conflitto tra quest'ultima e l'ISIS, la Brigata al-Daoud ha dapprima disertato per unirsi allo Stato islamico, per poi prendere le distanze da entrambe le organizzazioni.

**Brigata al-Tawhid**: uno dei numerosi gruppi ribelli in lotta per rovesciare il presidente siriano Bashar al-Assad.

**Brigata Suqour al-Sham**: membro dell'organizzazione quadro nota come Fronte islamico, è una forza di opposizione nella guerra civile siriana. Inizialmente uno dei gruppi più forti in campo, si è indebolita dopo lo scontro con l'ISIS.

**Esercito siriano libero (ESL)**: non si tratta di un unico gruppo armato di opposizione, in quanto ingloba più forze legate al Consiglio militare supremo che combatte contro Assad. È finanziato dagli Stati Uniti dal 2013.

**Fronte al-Nusra**: organizzazione militare jihadista che mira a rovesciare il regime di Assad per sostituirlo con un governo islamico sunnita. È l'unico gruppo ufficialmente affiliato ad Al Qaida in Siria.

**Fronte islamico**: il 22 novembre 2013, sette fazioni ribelli siriane annunciavano la creazione del Fronte islamico come alleanza di opposizione al presidente siriano. Obiettivo dichiarato: cacciare Assad e ricostruire la Siria.

**Jaish al-Islam (JAS)**: l'Esercito dell'islam, in precedenza noto come Brigata Suyouf al-Haq, è una delle più forti formazioni che avevano dato vita alla Brigata Suqour al-Sham. Separatasi da questa organizzazione in segno di dissenso per la lotta contro l'ISIS, ha dapprima giurato lealtà allo Stato islamico, poi si è dichiarata indipendente sia da questo sia dalla Brigata Suqour al-Sham. È uno dei molti gruppi ribelli in lotta per esautorare il presidente siriano.

## Gruppi terroristici in Iraq

**Ansar al-Islam (AI)**: già nota come Ansar al-Sunna (AS), questa organizzazione radicale sunnita, composta principalmente da curdi iracheni, mira a instaurare in Iraq uno Stato islamico salafita governato secondo la sua interpretazione della sharia.

**Fronte islamico curdo (KIF)**: fondato nel 2013 dallo sceicco Abu Abdullah al-Kurdi con l'aiuto di potenti forze dell'opposizione siriana, come Ahrar al-Sham. Ha lottato accanto a questo e all'ISIS contro le Unità di protezione popolare (YPG), milizia attiva nella regione curda semiautonoma nel Nordest della Siria. Poco dopo la sua nascita ha concorso a fondare il Fronte islamico, di cui rimane tuttora un'organizzazione affiliata.

**Jaish Rijal al-Tariq al-Naqshbandi (JRTN)**: l'Esercito degli uomini dell'ordine di Naqshbandi, fondato nel 2006 dopo l'esecuzione capitale di Saddam Hussein, si compone di ex membri del partito Baath ed ex funzionari del regime di Saddam. Il suo appoggio alle operazioni dell'ISIS è stato determinante.

## Gruppi terroristici in Palestina, Egitto e Libano

**Al-Fatah**: finanziata dal re saudita Faisal, è un'organizzazione fondata dai sauditi e dal cartello del petrolio statunitense per epurare la resistenza palestinese da tutti quelli che non fossero movimenti nazionalistici islamici e arabi.

**Al-Gama'at al-Islamiyya (GI)**: gruppo armato egiziano che risale agli anni Settanta, con un braccio esterno che opera a livello mondiale. Il suo obiettivo è sempre stato rovesciare il governo del Paese e istituire uno Stato islamico. Sebbene nel febbraio 1998 avesse sottoscritto la fatwa di Osama bin Laden contro gli Stati Uniti, non l'ha poi appoggiata. Dal 1993 fino a quando ha deposto le armi, nel 2003, GI ha perpetrato attentati contro i turisti in Egitto, come quello del 17 novembre 1997 a Luxor, in cui persero la vita cinquantotto turisti stranieri e quattro egiziani.

**Hamas**: sorto dai Fratelli musulmani durante la prima Intifada (1987), è diventato il principale gruppo religioso di opposizione agli israeliani nei territori occupati. Noto soprattutto per il ricorso a terroristi kamikaze, è poco organizzato ed è presente principalmente a Gaza e in alcune aree della Cisgiordania.

**Hezbollah**: gruppo politico e militare sciita con sede in Libano. Dalla fondazione, avvenuta nel 1982, si è tramutato in un'organizzazione ibrida, parte integrante del tessuto sociale libanese tramite i servizi sociali e la partecipazione attiva alla vita politica, pur compiendo attentati internazionali e operazioni militari regionali.

## Gruppi terroristici in Afghanistan

**Lashkar al-Zil (Esercito ombra)**: una delle formazioni paramilitari di Al Qaida riorganizzate di recente che erano state ridotte ai minimi termini con l'invasione statunitense dell'Afghanistan nel 2001-2002. Principale gruppo del movimento neotalebano, attua strategie terroristiche regionali finalizzate in ultima istanza a sfibrare le forze americane. I suoi membri provengono da varie organizzazioni terroristiche di Pakistan e Afghanistan, come Tehrik-e-Taliban e la Rete Haqqani.

**Rete Haqqani**: organizzazione ribelle che agisce nel Sudest dell'Afghanistan e nelle Aree tribali di amministrazione federale (FATA) nel Nordest del Pakistan. Di ideologia nazionalista islamica e guidata da Maula Jalaluddin Haqqani, la rete e la struttura centrale di comando contano oltre diecimila combattenti, che ne fanno una delle principali formazioni militari sostenute dai talebani in Asia. Durante la guerra afgano-sovietica ha ricevuto fiumi di denaro dagli Stati Uniti.

**Talebani**: gruppo islamico armato nato nel 1994 da un movimento studentesco denominato Jamiat Ulema-e-Islam. Fondata con l'appoggio dei servizi di intelligence pachistani, l'organizzazione è stata creata per contribuire a instaurare in Afghanistan un governo compiacente verso il Pakistan. I talebani sono stati rovesciati con l'invasione dell'Afghanistan da parte della coalizione guidata dagli Stati Uniti nel 2001, il che li ha portati a trasformarsi in un movimento insurrezionalista con base nelle regioni tribali del Pakistan. Strettamente legati ad Al Qaida e alla Rete Haqqani, che li appoggiano, i talebani contano oltre trentacinquemila combattenti.

## Gruppi terroristici nell'ex Unione Sovietica e nel Sudest asiatico

**Abu Sayyaf**: è l'organizzazione separatista islamica più radicale del Sud delle Filippine, fondata a metà degli anni Ottanta allo scopo di creare una «patria islamica bangsamoro pura» e indipendente. Molti dei suoi attivisti si sono addestrati e hanno combattuto a fianco dei mujaheddin afgani.

**Jemaah Islamiyah (JI)**: gruppo estremista legato ad Al Qaida e ad altre organizzazioni regionali. Ha cellule che operano in tutto il Sudest asiatico e si è reso responsabile di attentati internazionali in mete del turismo occidentale, quali Indonesia, Singapore e Filippine.

**Movimento islamico dell'Uzbekistan (IMU)**: organizzazione armata islamica che conta fra cinquecento e mille militanti, il cui l'obiettivo è rovesciare il governo uzbeko e instaurare un regime islamico che applichi la sharia. Ha base nel Nord dell'Afghanistan e compie operazioni in Kirghizistan, Uzbekistan e Tagikistan. Ha stretti legami con Al Qaida e i talebani e svolge frequenti azioni congiunte con entrambi i gruppi.

**Tigri Tamil dello Sri Lanka**: una delle organizzazioni terroristiche più pericolose e sanguinarie al mondo, per un certo periodo è stata l'unica ad avere un «esercito» proprio.

# Note

## Introduzione

1. John McMurtry, «Planning Chaos in the Middle East: Destruction of Societies for Foreign Money Control», *Canadian Challenger*, 27 aprile 2015.
2. *Ibidem*.
3. *Ibidem*.
4. Dmitry Kalinichenko, «Grandmaster Putin's Golden Trap», Gold-Eagle.com, 23 novembre 2014.
5. Arundhati Roy, «Brutality smeared in peanut butter. Why America must stop the war now», *The Guardian*, 23 ottobre 2001, www.theguardian.com/world/2001/oct/23/afghanistan.terrorism8
6. Daniel Estulin, *Cospirazione Octopus*, Castelvecchi, Roma 2013, p. 208.

## 1. Il gioco del diavolo

1. Robert Dreyfuss, «Muslim Brotherhood: London's Shock Troops for the New Dark Ages», *Executive Intelligence Review*, vol. 6 (n. 18), 8 maggio 1979, p. 14.
2. David Rothkopf, «What if the United States Had a Middle East Strategy?», *Foreign Policy*, 12 agosto 2014, http://foreignpolicy.com/2014/08/12/what-if-the-united-states-had-a-middle-east-strategy

3. Mark Alexander, *The Dawning of a New Dark Age: A Collection of Essays on Islam*, Author House, Londra 2003.

4. Leonid G. Ivashov, sito Web dell'Agenzia di consulenze marketing e analisi informazioni, www.iamik.ru, 7 agosto 2006.

5. David Livingstone, *Terrorism and the Illuminati: A Three Thousand Year History*, BookSurge LLC, Charleston (South Carolina) 2007, p. 184.

6. Robert Dreyfuss, «Muslim Brotherhood», cit., p. 14.

7. Barry M. Rubin, *Guide to Islamist Movements, vol. 2*, M.E. Sharpe, New York 2010, p. 462.

8. Robert Dreyfuss, «Muslim Brotherhood», cit., p. 14.

9. Robert Dreyfuss, «The Roots of the Brotherhood», *Executive Intelligence Review*, vol. 7 (n. 1), 8 gennaio 1980, p. 33.

10. Aldous Huxley collaborò per tutta la vita con Arnold Joseph Toynbee, studioso di storia economica che scrisse un'analisi in 12 volumi (*Panorami della storia*) sull'ascesa e il declino delle civiltà, analizzando la storia in una prospettiva globale.

11. Padre dell'agente doppiogiochista Kim Philby, nonché uno dei protagonisti più appassionati del Grande Gioco.

12. Il principale esperto britannico di misticismo islamico, persiano e sufi.

13. Robert Dreyfuss, «The Roots of the Brotherhood», cit., p. 33.

14. La quarta crociata (1202-1204) fu l'evento culminante dello scisma tra la Chiesa ortodossa e quella cattolica romana, nonché un punto di svolta nel declino dell'impero bizantino.

15. Robert Dreyfuss, «The Roots of the Brotherhood», cit., p. 33.

16. Ramtanu Maitra, «The Muslim Brotherhood: The Many Faces of Their Majesty's Service», *Executive Intelligence Review*, vol. 40 (n. 31), 9 agosto 2013.

17. Sotto la guida del diplomatico egiziano-saudita Salem Azzam, politicamente legato al fondatore dei Fratelli musulmani, Hasan al-Banna.

18. Robert Dreyfuss, «Muslim Brotherhood», cit., p. 14.

19. Lazard Frères fu la banca che portò al potere Adolf Hitler. Il fascismo in Francia ruotava attorno a una gerarchia di società segrete che si autodefinivano «sinarchiche». Di fatto, la sinarchia era perfettamente sovrapponibile all'organigramma della Banque Worms, fondata da Lazard Frères per la famiglia di industriali Worms.

20. Robert Dreyfuss, «Muslim Brotherhood», cit., p. 14.

21. Abdullah e al-Sabah furono addestrati entrambi all'Hendon Police College di Londra. Altre fonti di finanziamento nel Golfo Persico

per la rete dei Fratelli musulmani sono il Qatar, il Bahrein e gli Emirati, Dubai in particolare.

22. Robert Dreyfuss, «Muslim Brotherhood», cit., p. 14.

23. *Ibidem*.

24. www.islamicfinder.org/prayerDetail.php?country= germany& city=Aachen-West&state=&&home=2012-2-3&lang=english

25. Robert Dreyfuss, «Muslim Brotherhood», cit., p. 16.

26. *Idem*, p. 14.

27. Daniel Estulin, *L'Istituto Tavistock*, Macro, Cesena 2014, p. 103.

28. Joseph S. Ravago, *The Black Nobility Still Serves St. Peter*, 20 novembre 2009, http://royalcello.websitetoolbox.com/post/italys-black -nobility-3977429

29. Lyndon H. LaRouche Jr., «How to Profile the Terrorist Infrastructure», *Executive Intelligence Review*, vol. 5 (n. 37), 26 settembre 1978.

30. Mitologia greca, www.theoi.com/Cult/ApollonCult.html

31. Jacques Brunschwig e Geoffrey R.E. Lloyd (a cura di), *Il sapere greco*, Einaudi, Torino 2007.

32. Lyndon H. LaRouche Jr., «How to Profile the Terrorist Infrastructure», cit.

33. *Ibidem*.

34. Robert Dreyfuss, «Muslim Brotherhood», cit., p. 14.

35. Thierry Lalevée, «Networks and Ideology of the Sufi Cult Spread Throughout the Mediterranean Region», *Executive Intelligence Review*, vol. 10 (n. 20), 24 maggio 1983, pp. 38-42.

36. Khaleb El-Khazari, «Sufism and the Struggle within Islam: Paradoxical Legacies of the Militant Mystics», World War 4 Report, www. ww4report.com/node/2151

37. Thierry Lalevée, «Networks and Ideology of the Sufi Cult», cit., pp. 38-42.

38. Peter Goodgame, *The Globalists and the Islamists: Fomenting the «Clash of Civilizations» for a New World Order*, Omnia Veritas Ltd., Dublino 2015.

39. Khosrow Soltani, «Iran-Saudi Arabia: a Troubled Affair. A Detente Between the Two Countries Is Crucial to Regional Stability and to their National Interests», Al Jazeera, 20 novembre 2013, www. aljazeera.com/indepth/opinion/2013/11/iran-saudi-arabia-troubled -affair-2013111961213978211.html

40. Henner Fürtig, «Iran and Saudi Arabia: Eternal 'Gamecocks'?», Middle East Institute, 29 gennaio 2009, www.mei.edu/content/iran-and -saudi-arabia-eternal-gamecocks

41. Robert Dreyfuss, «The Muslim Brotherhood Plot against Saudi Arabia», *Executive Intelligence Review*, vol. 6 (n. 48), 11 dicembre 1979.

42. Graham Fuller e Thomas S. Szayna, «The Saudi Arabian Prospective Case», *RAND Monograph Report*, cap. 6, p. 16, www.rand.org/content/dam/rand/pubs/monograph_reports/MR1188/MR1188.ch6.pdf

43. Toby Craig Jones, «America, Oil, and War in the Middle East», *The Journal of American History*, vol. 99 (n. 1), giugno 2012, pp. 208-218, http://jah.oxfordjournals.org/content/99/1/208.full

44. Judith Wyer, «Saudis Fight British SDR Takeover of OPEC», *Executive Intelligence Review*, vol. 5 (n. 10), 14 marzo 1978, p. 5.

45. Robert Dreyfuss, «The Muslim Brotherhood Plot against Saudi Arabia», cit.

46. Edmund L. Andrews e John Kifner, «George Habash, Palestinian Terrorism Tactician, Dies at 82», *The New York Times*, 27 gennaio 2008, www.nytimes.com/2008/01/27/world/middleeast/27habash.html

47. Robert Dreyfuss, «The Muslim Brotherhood Plot against Saudi Arabia», cit.

48. O'Brien Browne, «Creating Chaos: Lawrence of Arabia and the 1916 Arab Revolt», *MHQ*, 10 agosto 2010, www.historynet.com/creating-chaos-lawrence-of-arabia-and-the-1916-arab-revolt.htm

49. Robert Dreyfuss, «The Muslim Brotherhood Plot against Saudi Arabia», cit.

50. Richard Freeman, «The Policy of Controlled Disintegration», *Executive Intelligence Review*, vol. 26 (n. 41), 15 ottobre 1999.

51. *Ibidem.*

52. «A History of Rigged & Fraudulent Oil Prices (and What It Can Teach Us about Gold & Silver)», intervista di Lars Schall a F. William Engdahl, www.chaostheorien.de

53. *Ibidem.*

54. John Hoefle, «British Geopolitics and the Dollar», *Executive Intelligence Review*, vol. 35 (n. 20), 16 maggio 2008, pp. 51-52.

55. *Ibidem.*

56. *Ibidem.*

57. Mark Burdman, «How the Club of Rome Planned Iran's Devastation», *Executive Intelligence Review*, vol. 7 (n. 27), 15 luglio 1980, p. 24.

58. Harry V. Martin, «Real Iranian Hostage Story from the Files of Fara Mansoor», *Free America*, 1995.

59. Robert Dreyfuss, *Hostage to Khomeini*, New Benjamin Franklin House, New York 1980, p. 3.

60. *Idem*, pp. 106-108.

61. Elaine Sciolino, «Iran's Durable Revolution», *Foreign Affairs*, vol. 61 (n. 4), 1983, www.foreignaffairs.com/articles/iran/1983-03-01/irans -durable-revolution

62. Babak Ganji, *Politics of Confrontation: The Foreign Policy of the USA and Revolutionary Iran*, Tauris Academic Studies, Londra 2006, p. 194.

63. Mark Burdman, «How the Club of Rome Planned Iran's Devastation», cit., p. 24.

64. David Allen Rivera, *Final Warning: A History of the New World Order Part One*, InteliBooks, Oakland (California) 2004, p. 43.

65. Daniel Bell, *The Coming of Post-industrial Society*, Perseus Books Group, Cambridge (Massachusetts) 1999, p. xviii.

66. Donella H. Meadows, Dennis L. Meadows, Jorgen Randers e William W. Behrens III, *I limiti dello sviluppo. Rapporto del System Dynamics Group Massachusetts Institute of Technology (MIT) per il progetto Club di Roma sui dilemmi dell'umanità*, Edizioni scientifiche e tecniche Mondadori, Milano 1983.

67. Robert Dreyfuss, *Hostage to Khomeini*, cit., pp. 106-108.

68. Mark Burdman, «How the Club of Rome Planned Iran's Devastation», cit., p. 24.

69. Robert Dreyfuss, «Why London's Muslim Brotherhood Killed President Sadat», *Executive Intelligence Review*, vol. 8 (n. 41), 20 ottobre 1981, p. 18.

70. D.L. Cuddy, «A Chronological History of the New World Order», *Constitution Society*, 12 luglio 1998.

71. *The Changing World Order: Challenge to World Faiths*, documento di lavoro di 12 pagine, Lisbona 7-11 novembre 1977.

72. Mark Burdman, «How the Club of Rome Planned Iran's Devastation», cit., p. 24.

73. *Contract Number URH(489)-2150 Policy Research Report Number 4/4/74*, maggio 1974. Esisteva un rapporto ciclostilato di 319 pagine, intitolato *La cospirazione dell'Acquario*, prodotto da un team di quattordici ricercatori sotto la guida di un comitato di esperti di controllo mentale, tra i quali l'antropologa Margaret Mead, lo psicologo B.F. Skinner, Ervin László dell'ONU e sir Geoffrey Vickers dell'intelligence britannica. La supervisione dell'intero progetto fu affidata al «futurista visionario» Willis Harman.

74. Judith Wyer, «How Carter and Brzezinski Played the Islamic Card», *Executive Intelligence Review*, vol. 7 (n. 31), 12 agosto 1980.

75. *Ibidem*.
76. Harry V. Martin, «Real Iranian Hostage Story from the Files of Fara Mansoor», cit.
77. Linda De Hoyos, «1981: the Year of the Global Assassins», *Executive Intelligence Review*, vol. 9 (n. 1), 5 gennaio 1982, p. 30.
78. Robert Dreyfuss, *Devil's Game: How the United States Helped Unleash Fundamentalist Islam*, Metropolitan Books, New York 2006, p. 110.
79. Peter Goodgame, *The Globalists and the Islamists*, cit.
80. Robert Dreyfuss e Judith Wyer, «The Secret Behind the Ayatollah Khomeini», *Executive Intelligence Review*, vol. 6 (n. 44), 13 novembre 1979, p. 18.
81. Anche a un'analisi superficiale delle prove, risulta chiaro che quanto accadde il 4 novembre in Iran fu una montatura. 1) Bruce Laingen, attaché commerciale dell'ambasciata degli Stati Uniti, casualmente non si trovava nei locali al momento dell'attacco, ma nell'ufficio del ministro degli Esteri iraniano, Ebrahim Yazdi. 2) Tutto avvenne subito dopo un incontro tra Brzezinski e Yazdi ad Algeri. 3) Due settimane prima, il dipartimento di Stato aveva già approntato un gruppo di lavoro congiunto con il dipartimento dell'Energia per coordinare la sicurezza nazionale in caso di interruzione della fornitura di petrolio estero... a causa di una crisi! Poi, il giorno dopo la presa degli ostaggi, secondo il *New York Times* il dipartimento di Stato avvertì l'Iran che «per rendere credibile un embargo petrolifero avrebbe dovuto ridurre la produzione». 4) Quando la folla di studenti entrò per errore nell'ambasciata britannica, nei pressi di quella statunitense, obbedì immediatamente agli ordini della polizia segreta dell'ayatollah, uscendo in fretta e furia e richiudendosi la porta alle spalle. Persino il *Washington Post* non poté fare a meno di commentare: «Non è una moltitudine in libertà. È un esercito controllato in modo ferreo».
82. F. William Engdahl, *A Century of War: Anglo-American Oil Politics and the New World Order*, Pluto Press, Londra 2004.
83. David Marquand, *Reinventing Federalism: Europe and the Left*, Polity Press, Cambridge (Massachusetts) 1994, p. 25.
84. Robert Dreyfuss e Judith Wyer, «The Secret Behind the Ayatollah Khomeini», cit., p. 18.
85. *Ibidem*.
86. *Ibidem*.
87. F. William Engdahl, *A Century of War*, cit.
88. «In retrospettiva, i 25 anni di alleanza con il consorzio [British

Petroleum] e i 50 anni di rapporti con BP che l'hanno preceduta non sono risultati soddisfacenti per l'Iran. [...] Per il futuro, la National Iranian Oil Company dovrà pianificare in autonomia la gestione di tutte le operazioni», *Kayhan International*, settembre 1978.

89. «What Khomeini Has Destroyed», *Executive Intelligence Review*, vol. 7 (n. 27), 15 luglio 1980, p. 23.

90. Lloyd Ridgeon (a cura di), *The Cambridge Companion to Sufism*, Cambridge University Press, New York 2015.

91. Thierry Lalevée, «Behind the Conspiracy to Create a Unified, Fundamentalist Islam», *Executive Intelligence Review*, vol. 12 (n. 20), 21 maggio 1985, p. 38.

92. Ehud Yaari, «Sunni Hamas and Shiite Iran Form a Common Political Theology», Washington Institute, 9 novembre 2010, www.washington institute.org/policy-analysis/view/sunni-hamas-and-shiite-iran-form-a -common-political-theology

93. Ruhollah Khomeini, «Affronteremo il mondo con la nostra ideologia», discorso trasmesso da Radio Teheran il 21 marzo 1980, Middle East Research and Information Project, www.merip.org/mer/mer88/ khomeini-we-shall-confront-world-our-ideology

94. Paul Goldstein, «Lebanon and the Islamic Jihad: Khomeini's Dream Come True», *Executive Intelligence Review*, vol. 12 (n. 14), 9 aprile 1985, p. 31.

95. Robert Dreyfuss, «Who Toppled Iran's Shah», *Executive Intelligence Review*, vol. 6 (n. 7), 20 febbraio 1979, p. 29.

96. *Ibidem*.

97. Benjamin B. Smith, *Hard Times in the Lands of Plenty: Oil Politics in Iran and Indonesia*, Cornell University Press, New York 2007, p. 139.

98. *Ibidem*.

99. Robert Dreyfuss, «Who Toppled Iran's Shah», cit., p. 29.

100. Robert Dreyfuss, «How Operation Pahlavi Works», *Executive Intelligence Review*, vol. 6 (n. 7), 20 febbraio 1979, p. 31.

101. *Human Rights Abuses in Shahist Iran*, Amnesty International, Iran, novembre 1976, p. 6.

102. Robert Dreyfuss, «How Operation Pahlavi Works», cit., p. 31.

103. Richard Falk, «Was it Wrong to Support the Iranian Revolution in 1978 (Because it Turned out Badly)?», 9 ottobre 2012, http://richard falk.wordpress.com/2012/10/09/

104. Moojan Momen, «Conspiracies and Forgeries: The Attack upon the Baha'i Community in Iran», *Persian Heritage*, vol. 9 (n. 35), 2004, pp. 27-29.

105. Ahmad Kasravi, *Bahá'i-gari*, Teheran 1323 (1944), pp. 88-89.

106. Robert Dreyfuss, «How Operation Pahlavi Works», cit., p. 31.

107. Christopher Henzel, «The Origins of al Qaeda's Ideology: Implications for US Strategy», Strategic Studies Institute, primavera 1995, p. 69, http://strategicstudiesinstitute.army.mil/pubs/parameters/articles/05spring/henzel.pdf

108. Iran Chamber Society, www.iranchamber.com/history/constitutional_revolution/constitutional_revolution.php

109. «Persian Gulf into the 'Grand Design'», *Executive Intelligence Review*, vol. 5 (n. 25), 27 giugno 1978, p. 5.

110. Robert Dreyfuss, «How Operation Pahlavi Works», cit., p. 31.

111. http://global.britannica.com/EBchecked/topic/316812/Ruhollah-Khomeini

112. «Call to Investigate the Institute for Policy Studies», *Executive Intelligence Review*, vol. 4 (n. 26), 28 giugno 1977.

113. Daniel Estulin, *L'Istituto Tavistock*, cit.

114. «Call to Investigate the Institute for Policy Studies», cit.

115. Thomas R. Dye, *Who's Running America? Institutional Leadership in the United States*, Prentice-Hall, Englewood Cliffs (New Jersey) 1976.

116. Asher Susser, «The Decline of the Arabs», *Middle East Quarterly*, autunno 2003, pp. 3-15, www.meforum.org/564

117. Adam Cagliarini, Christopher Kent e Glenn Stevens, «Fifty Years of Monetary Policy: What Have We Learned?», *RBA Annual Conference Volume*, 2010, paragrafo 3.1, pp. 12 e 17, www.rba.gov.au/publications/confs/2010/pdf/cagliarini-kent-stevens.pdf

118. Robert Dreyfuss, «Why London's Muslim Brotherhood Killed President Sadat», cit., p. 18.

119. *The Salina Journal*, Salina (Kansas) 6 ottobre 1981, p. 1, www.newspapers.com/newspage/11976831

120. Vadim Simhakov, «Arab-Israeli Wars: 60 Years of Conflict», ABC-CLIO, *History and the Headlines*.

121. Gilles Perrault, «Henri Curiel, Citizen of the Third World», *Le Monde Diplomatique*, edizione inglese, aprile 1998, http://mondediplo.com/1998/04/13curiel

122. *Henri Curiel, the PLO, and the Israeli Council for Israeli-Palestinian Peace*, University of California Press, Berkeley 1998.

123. Jonathan Frankel e Avraham Harman (a cura di), *Dark Times, Dire Decisions: Jews and Communism*, Oxford University Press, Londra 2004, p. 232; «The Anglo-Soviet Connection: General Shazli and

Ramsey Clark's Leftwing Agents», *Executive Intelligence Review*, vol. 8 (n. 41), 20 ottobre 1981.

124. Western Goals Advisory Board, *Red Locusts: Soviet Support for Terrorism in Southern Africa*, Western Goals Foundation, Alexandria (Virginia) 1981, p. 15.

125. Christopher Dobson e Ronald Payne, *The Carlos Complex: A Study in Terror*, Putnam, New York 1977, cap. 7.

126. Thierry Lalevée, «Genoud, the KGB, and the Comeback of Carlos», *Executive Intelligence Review*, vol. 11 (n. 2), 17 gennaio 1984, p. 36.

127. Thierry Lalevée, «The Revival of the Nazi-Communist Pact: Soviets Foster Worldwide Terrorism», *Executive Intelligence Review*, vol. 11 (n. 1), 3 gennaio 1984, p. 16.

128. Nadia Ramsis Farah, *Religious Strife in Egypt*, Gordon and Breach Science Publishers, New York 1986.

129. Thierry Lalevée, «The Revival of the Nazi-Communist Pact», cit., p. 16.

130. *Ibidem.*

131. David Urquhart, *Recent Event in the East*, Forgotten Books, Londra 2013, pp. 302-303 (opera pubblicata per la prima volta nel 1854); Linda De Hoyos, «The British Monarchy Rapes Transcaucasus, Again», *Executive Intelligence Review*, vol. 23 (n. 16), 12 aprile 1996, p. 4.

132. David Urquhart, *Recent Event in the East*, cit., pp. 302-303.

133. Linda De Hoyos, «The British Monarchy Rapes Transcaucasus, Again», *Executive Intelligence Review*, vol. 23 (n. 16), 12 aprile 1996, p. 4.

134. Webster Tarpley, *Lord Palmerston's Multicultural Human Zoo*, intervento alla conferenza dello Schiller Institute di Washington del 20 febbraio 1995.

135. Wilfrid Scawen Blunt, *Secret History of The English Occupation of Egypt: Being a Personal Narrative of Events*, Alfred A. Knopf, New York 1922, prefazione all'edizione del 1895, www.gutenberg.org/ebooks/41373

136. Linda De Hoyos, «The British Monarchy Rapes Transcaucasus, Again», cit., p. 4.

137. *Ibidem.*

138. Andrew Gavin Marshall, «Creating an 'Arc of Crisis': The Destabilization of the Middle East and Central Asia», Global Research, 7 dicembre 2008, www.globalresearch.ca/creating-an-arc-of-crisis-the-destabilization-of-the-middle-east-and-central-asia/11313

139. *Foreign Affairs* (rivista trimestrale del Council on Foreign Relations), autunno 1992.

140. Joseph Brewda, «New Bernard Lewis Plan Will Carve Up the Mideast», *Executive Intelligence Review*, vol. 19 (n. 43), 30 ottobre 1992, p. 26.

141. Mark Burdman, «UNPO Plays Key Role in Transcaucasus Blowup», *Executive Intelligence Review*, vol. 23 (n. 16), 12 aprile 1996, p. 31.

142. Andrew Gavin Marshall, «Creating an 'Arc of Crisis'», cit.

143. *Ibidem.*

144. «How to Stop the Muslim Brotherhood», *Executive Intelligence Review*, vol. 7 (n. 1), 8 gennaio 1980, p. 18.

145. Mueniwa Muiu e Guy Martin, *A New Paradigm of the African State, Fundi Wa Afrika*, Palgrave Macmillan, New York 2009, p. 81.

146. Andrew Gavin Marshall, «Creating an 'Arc of Crisis'», cit.

147. Linda De Hoyos, «The British Monarchy Rapes Transcaucasus, Again», cit., p. 4.

148. Mark Burdman, «Map of Mideast Being Redrawn after Camp David», *Executive Intelligence Review*, vol. 5 (n. 38), 3 ottobre 1978, p. 33.

149. Andrew Gavin Marshall, «Divide and Conquer: The Anglo-American Imperial Project», Global Research, 10 luglio 2008.

150. Frank Viviano, «Energy future rides on U.S. war: conflict centered in world's oil patch», *The San Francisco Chronicle*, 26 settembre 2001, www.sfgate.com/politics/article/Energy-future-rides-on-U-S-war-Conflict-2875780.php

151. Linda S. Heard, «The Prophecy of Oded Yinon. Is the US Waging Israel's Wars?», *CounterPunch*, 25 aprile 2006, www.rense.com/general82/posd.htm

152. Andrew Gavin Marshall, «Divide and Conquer: The Anglo-American Imperial Project», cit.

153. Richard Perle, James Colbert, Charles Fairbanks *et al.*, *A Clean Break: A New Strategy for Securing the Realm*, The Institute for Advanced Strategic and Political Studies, giugno 1996, web.archive.org/web/20140125123844/http://www.iasps.org/strat1.htm

154. *Ibidem.*

155. Lo studio era diretto da Richard Perle, che sedette nel Defense Policy Board Advisory Committee del Pentagono dal 1987 al 2004 e ne fu presidente dal 2001 al 2004, svolgendovi un ruolo chiave a mano a mano che si avvicinava la guerra in Iraq. Inoltre, fece parte di numerosi comitati di esperti, come l'American Enterprise Institute. Tra i membri e gli affiliati del comitato del Pentagono figuravano parecchi personaggi legati all'amministrazione di George W. Bush, quali Dick Cheney,

Donald Rumsfeld, Paul Wolfowitz, John Bolton, Richard Armitage, Jeb Bush, Elliott Abrams, Eliot A. Cohen, Paula Dobriansky, Francis Fukuyama, Zalmay Khalilzad, I. Lewis «Scooter» Libby, Peter Rodman, Dov Zakheim e Robert B. Zoellick. Il titolo originale del rapporto era *Rebuilding America's Defenses: Strategy, Forces and Resources for a New Century*, settembre 2000.

156. Project for the New American Century, *Rebuilding America's Defenses*, cit., p. 17.

157. *Idem*, p. 14.

158. Leslie Gelb, «The Three State Solution», *The New York Times*, 25 novembre 2003, www.cfr.org/publication/6559/threestate_solution.html? breadcrumb=%2Fbios%2F3325%2Fleslie_h_ gelb%3Fpage%3D3

159. *Ibidem*.

160. Michel Chossudovsky, «Osamagate», Global Research, 9 ottobre 2001, www.globalresearch.ca/articles/CHO110A.html

161. Pepe Escobar, «Exit strategy: Civil war», *Asia Times*, 10 giugno 2005.

162. Ralph Peters, «Blood Borders: How a Better Middle East Would Look», *Armed Forces Journal*, giugno 2006, http://armedforcesjournal. com/blood-borders/

163. Nafeez Ahmed, «US Army Contemplates Redrawing Middle East Map to Stave Off Looming Global Meltdown», *Dissident Voice*, 1° settembre 2006, www.opednews.com/articles/opedne_nafeez_m_ 060831_us_army_contemplates.htm

164. Mahdi Darius Nazemroaya, «Plans for Redrawing the Middle East: The Project for a 'New Middle East'», Global Research, 18 novembre 2006, www.globalresearch.ca/index. php?context=va&aid=3882

165. Sarah Baxter, «America Ponders Cutting Iraq in Three», *The Times*, 8 ottobre 2006.

166. Gareth Stansfield, «The only solution left for Iraq: a five-way split», *The Telegraph*, 29 ottobre 2006, www.telegraph.co.uk/comment/ personal-view/3633688/The-only-solution-left-for-Iraq-a-five-way -split.html

167. Raja Abdulrahim, «Syria being carved up by Islamic State, Nusra Front and regime», *Los Angeles Times*, 28 novembre 2014, www.timesherald online.com/article/ZZ/20141128/NEWS/141126925

168. Bernard Lewis, «The End of Pan-Arabism», *Foreign Affairs*, inverno 1978-1979.

169. Joseph Brewda, «New Bernard Lewis Plan Will Carve Up the Mideast», cit., p. 26.

170. *Ibidem.*
171. Linda De Hoyos, «The British Monarchy Rapes Transcaucasus, Again», cit., p. 4.
172. Daniel Estulin, *L'Istituto Tavistock*, cit., p. 250.

## 2. I sauditi

1. Curtin Winsor Jr., «Saudi Arabia, Wahhabism and the Spread of Sunni Theofascism», LiveLeak, www.liveleak.com/view?i=b95_136 8351158#ybIJyuh532zLxH8u.99
2. *Ibidem.*
3. Abdullah Mohammad Sindi, «Britain and the Rise of Wahhabism and the House of Saud», *Kana'an Online*, vol. IV (n. 361), 16 gennaio 2004, kanaanonline.org//articles/00361.pdf
4. Hussein Askary, «British-Saudi Pan-Islamism: Britain's Assault on the Muslim Nation-States and the World», *Executive Intelligence Review*, vol. 35 (n. 50), 26 dicembre 2008, p. 18.
5. Nome e luogo sono scomparsi nelle brume della storia, ma nel settembre 1898 la Gran Bretagna e la Francia furono sull'orlo della guerra come non accadeva dalla battaglia di Waterloo, nel 1815, perché a Fascioda gli ufficiali francesi che guidavano le truppe africane si scontrarono con quelli britannici, a loro volta a capo di africani, reclamando entrambi la sovranità e la ritirata dell'avversario.
6. Valerie Bondura, *Custodians of the Two Holy Mosques and More: Saudi Arabia's Treatment of the Past in Relation to Urban Heritage and Concepts of Modernity*, Brown University, Providence (Rhode Island) 2010, www.brown.edu/Departments/Joukowsky_Institute/undergrad/prizes/Bondura2010.pdf
7. La Mecca è la destinazione dell'*haji*, il pellegrinaggio che ogni musulmano che ne sia fisicamente capace deve compiere nell'arco della vita.
8. Ramtanu Maitra, «The House of Saud: British-Programmed Killer of Muslims», *Executive Intelligence Review*, vol. 39 (n. 38), 28 settembre 2012, p. 34.
9. Hussein Askary e Ramtanu Maitra, «The Two Kingdoms of Terror», *Executive Intelligence Review*, vol. 39 (n. 43), 2 novembre 2012, p. 22.
10. *Ibidem.*
11. Ramtanu Maitra, «Look Who Created the Taliban: Saudi Arabia

and the Brits», *Executive Intelligence Review*, vol. 36 (n. 38), 2 ottobre 2009, p. 36.

12. «Sleeping With the Devil: How U.S. and Saudi Backing of Al Qaeda Led to 9/11», *Washington's Blog*, 5 settembre 2012.

13. Ramtanu Maitra, «British Pawn Saudi Arabia Moves To Incite Sectarian Bloodbath», *Executive Intelligence Review*, vol. 38 (n. 12), 25 marzo 2011, p. 29.

14. Ramtanu Maitra, «Look Who Created the Taliban», cit., p. 36.

15. Ramtanu Maitra, «The House of Saud», cit., p. 34.

16. *Ibidem.*

17. Ramtanu Maitra, «Look Who Created the Taliban», cit., p. 36.

18. Curtin Winsor Jr., «Saudi Arabia, Wahhabism, and the Spread of Sunni Theofascism», cit.

19. *Ibidem.*

20. Ramtanu Maitra, «The House of Saud», cit., p. 34.

21. *Ibidem.*

22. www.satp.org

23. http://hafsite.org/sites/default/files/JamaatBrief.pdf

24. South Asia Terrorism Portal, Terrorist and Extremist Groups Bangladesh, www.satp.org; State Department, Foreign Terrorist Organizations, 28 settembre 2012, www.state.gov/j/ct/rls/other/des/1230 85.htm

25. «US, UN declare Harkat-ul Jihad al-Islami a Terrorist Group», *AFP*, 7 agosto 2010, www.asdnews.com/news-29658/US,_ UN_declare_Harakat -ul_Jihad_al-Islami_a_terrorist_group.htm

26. B. Raman, «The Harkat-Ul-Jihad-Al-Islami Of Bangladesh (HUJI-B)», *Outlook India*, 4 settembre 2007, www.outlookindia.com/article.aspx?235478

27. Jenny Taylor, «What is the Tablighi Jamaat?», *The Guardian*, 8 settembre 2009, www.theguardian.com/commentisfree/belief/2009/sep/08/religion-islam-tablighi-jamaat

28. Ramtanu Maitra, «The British/Saudi Slush Fund and the Rise of Wahhabism», *Executive Intelligence Review*, vol. 35 (n. 41), 17 ottobre 2008, p. 38.

29. *Kashmir Herald*, vol. 2 (n. 5), ottobre 2002, www.kashmirherald.com/profiles/Harkat%20ul-Jihad-i-Islami.html

30. «Bin Laden Has 'Tentacles' in Bangladesh», *Pacific Rim Bureau*, 20 gennaio 2012, hindunet.org/hvk/articles/0102/101.html

31. William Scates Frances, «Why ban Hizb ut-Tahrir? They're not Isis - they're Isis's whipping boys», *The Guardian*, 12 febbraio 2015,

www.theguardian.com/commentisfree/2015feb/13/why-ban-hizb
-ut-tahrir-theyre-not-isis-theyre-isiss-whipping-boys

32. Ramtanu Maitra, «The British/Saudi Slush Fund and the Rise of Wahhabism», cit., p. 38.

33. Curtin Winsor Jr., «Saudi Arabia, Wahhabism and the Spread of Sunni Theofascism - Part 2», On Line Opinion, 17 luglio 2007.

34. Hussein Askary e Ramtanu Maitra, «The Two Kingdoms of Terror», cit., p. 22.

35. Ramtanu Maitra, «Afghan Opium and Terror in South Asia», Countercurrents.org, 6 gennaio 2009, http://intellibriefs.blogspot.com. es/2009/01/afghan-opium-and-terror-in-south-asia.html

36. J.C. Reynard, «Sleeping with the Enemy: Did Saudi King Salman Finance ISIS, Al-Qaeda and Taliban?», National Monitor, 4 febbraio 2015.

37. Jeffrey Steinberg e Edward Spannaus, «Saudi Bankrolling of al-Qaeda Well Known to U.S. Government», Executive Intelligence Review, 27 settembre 2013, p. 54.

38. Ibidem.

39. www.9-11commission.gov/report/911Report.pdf

40. www.un.rg/sc/committees/1267/NSQDe093E.shtml

41. Comitato del Consiglio di sicurezza in virtù delle risoluzioni 1267 (1999) e 1989 (2011) relative ad Al Qaida e a individui ed enti associati ad Al Qaida, 6 ottobre 2001.

42. «New Saudi King Tied to Al Qaeda, Bin Laden and Islamic Terrorism», Washington's Blog, 3 febbraio 2015.

43. Glenn R. Simpson, «U.S. Tracks Saudi Bank Favored by Extremists: Officials Debated What to Do about Al Rajhi, Intelligence Files Show», The Wall Street Journal, 26 luglio 2007.

44. Jeffrey Steinberg e Edward Spannaus, «Saudi Bankrolling of al-Qaeda Well Known to U.S. Government», cit., p. 54.

45. Permanent Subcommittee on Investigations, U.S. Vulnerabilities to Money Laundering, Drugs, and Terrorist Financing: HSBC Case History, 17 luglio 2012.

46. United States Congressional Research Service, Saudi Arabia: Terrorist Financing Issues, CRS Report for Congress, 14 settembre 2007.

47. Tra i cinquecento azionisti c'erano anche membri della famiglia bin Laden.

48. Bernard Haykel, «The Enemy of My Enemy Is Still My Enemy», The New York Times, www.nytimes.com/ref/opinion/26haykel. html?_r=0

49. Ramtanu Maitra, «How al-Qaeda Is a British-Saudi Project», *Executive Intelligence Review*, vol. 38 (n. 31), 12 agosto 2011, p. 34.

50. Jeffrey Steinberg e Edward Spannaus, «Saudi Bankrolling of al-Qaeda Well Known to U.S. Government», cit., p. 54.

51. Ramtanu Maitra, «Look Who Created the Taliban», cit., p. 36.

52. Gary Berntsen e Ralph Pezzullo, *Jawbreaker: The Attack on Bin Laden and Al-Qaeda: A Personal Account by the CIA's Key Field Commander*, Crown, New York 2005.

53. Hussein Askary e Ramtanu Maitra, «The Two Kingdoms of Terror», cit., p. 22.

54. www.hizb.org.uk

55. www.hrw.org/reports/2004/uzbekistan0304/4.htm

56. Patrick Bascio, *Defeating Islamic Terrorism: An Alternative Strategy*, Branden Publishing Company, Boston 2007, pp. 207-209.

57. «The Muslim Brotherhood: The Globalists and the Islamists», *Veil of Politics*, 31 gennaio 2011.

58. Qishloq Ovozi, «The Islamic Movement of Uzbekistan: An Evolving Threat», Radio Free Europe, 31 maggio 2014, www.rferl.org/content/islamic-movement-uzbekistan-roundtable/25405614.html

59. Angel M. Rabasa, Matthew Waxman, Eric V. Larson e Cheryl Y. Marcum, *The Muslim World After 9/11*, RAND Project Air Force, 2004, p. 351.

60. Ramtanu Maitra, «Look Who Created the Taliban», cit., p. 36.

61. Hussein Askary e Ramtanu Maitra, «The Two Kingdoms of Terror», cit., p. 22.

62. Jeffrey Steinberg, «BCCI: The Truth, But Nowhere Near the Whole Truth, Comes Out», *Executive Intelligence Review*, vol. 18 (n. 30), 9 agosto 1991.

63. http://fas.org/irp/congress/1992_rpt/bcci

64. William Engdahl e Jeffrey Steinberg, «The Real Story of the BCCI», *Executive Intelligence Review*, vol. 22 (n. 41), 13 ottobre 1995.

65. *Ibidem.*

66. *Ibidem.*

67. Cynthia R. Rush, «Anglo-Americans Rattled by Argentine Bank Raids», *Executive Intelligence Review*, vol. 29 (n. 4), 1° febbraio 2002.

68. «HSBC failed to act on money laundering, says US Senate», *The Guardian*, www.theguardian.com/business/2012/jul/17/hsbc-money-laundering-us-senate

69. www.hsgac.senate.gov/subcommittees/investigations/media/

hsbc-exposed-us-finacial-system-to-money-laundering-drug-terrorist
-financing-risks

70. Michele Steinberg, «Shut Down Dubai's London/Saudi Drug and Terror Cesspool», *Executive Intelligence Review*, vol. 36 (n. 49), 18 dicembre 2009, p. 16.

71. John A. Cassara, *Hide and Seek: Intelligence, Law Enforcement, and the Stalled War on Terrorist Finance*, Potomac Books, Herndon (Virginia) 2006, p. 304.

72. Misha Glenny, *McMafia. Droga, armi esseri umani. Viaggio attraverso il nuovo crimine organizzato globale*, Mondadori, Milano 2008.

73. Michele Steinberg, «Shut Down Dubai's London/Saudi Drug and Terror Cesspool», cit., p. 16.

74. *Ibidem.*

75. Mike Whitney, «Afghan Opium Production Hits All-Time High», *CounterPunch*, 14 novembre 2014.

76. Ely Brown, Luis Martinez e Devin Dwyer, «US, NATO Mark End of Mission in Afghanistan», ABC News, 28 dicembre 2014.

77. Loretta Napoleoni, *La nuova economia del terrorismo*, Tropea, Milano 2004, p. 122.

78. Michele Steinberg, «Shut Down Dubai's London/Saudi Drug and Terror Cesspool», cit., p. 16.

79. *Ibidem.*

80. *Ibidem.*

81. «Underworld Don Dawood Ibrahim to be Shifted to Safe Base out of Pakistan by ISI?», Channel 2 News, 26 novembre 2014.

82. Michele Steinberg, «Shut Down Dubai's London/Saudi Drug and Terror Cesspool», cit., p. 16.

83. Greg Miller, «CIA Pays for Support in Pakistan: It Has Spent Millions Funding the ISI Spy Agency, Despite Fears of Corruption. But Some Say It Is Worth It», *Los Angeles Times*, 15 novembre 2009.

84. Anand Gopal, *No Good Men Among the Living: America, the Taliban, and the War through Afghan Eyes*, Metropolitan Books, New York 2014.

85. Mike Whitney, «Afghan Opium Production Hits All-Time High», cit.

86. Victor Ivanov, 56ª Sessione delle Nazioni Unite sulla Droga, Vienna, 11 marzo 2013.

87. Henry Kissinger, *National Security Study Memorandum 200*, 10 dicembre 1974.

88. Alexander Mercouris, «The Empire of Chaos and the War on Drugs», *Sputnik*, 5 novembre 2014.

89. Mark Koba, «$2 Trillion Underground Economy May Be Recovery's Savior», CNBC, 24 aprile 2013.

90. Jeffrey Steinberg, «Dope, Inc. Is $600 Billion and Growing», *Executive Intelligence Review*, vol. 28 (n. 48), 14 dicembre 2001.

91. *Ibidem*.

92. www.bea.gov/newsreleases/international/trade/tradnews release.htm

93. James Petras, «'Dirty Money' Foundation of U.S. Growth and Empire», tratto da *La Jornada*, 19 maggio 2001, The Narco News Bulletin, 2001, www.narconews.com

94. *Ibidem*.

95. «£13tn hoard hidden from taxman by global elite», *The Guardian*, 21 luglio 2012, www.theguardian.com/business/2012/jul/21/global -elite-tax-offshore-economy

96. Anthony C. Lobaido, «A Tale of Two Valleys», *Wayne Madsen Report*, 30 luglio 2000.

97. Bill Weinberg, «The Syrian Connection», *High Times*, marzo 1993.

98. *Ibidem*.

99. Jonathan Beaty e S.C. Gwynne, «B.C.C.I.: The Dirtiest Bank of All», *Time*, 29 luglio 1991.

100. Malia Zimmerman, «Terror Triumvirate: ISIS, Al Qaeda, Boko Haram Training Together in Mauritania», FoxNews.com, 23 marzo 2015.

101. Robert Baer, *Dormire con il diavolo. Come Washington ha venduto l'anima per il petrolio dell'Arabia Saudita*, Piemme, Casale Monferrato 2006.

102. Farouk Chothia, «Boko Haram Crisis: How Have Nigeria's Militants Become so Strong?», BBC News, 26 gennaio 2015.

103. Bill Weinberg, «International Drug Trade Funds Boko Haram Insurgency», *High Times*, 27 gennaio 2015.

104. Matthew Levitt, «Hizbullah Narco-Terrorism», *IHS Defense, Risk and Security Consulting*, Washington Institute, settembre 2012, p. 39.

105. *Ibidem*.

106. *Ibidem*.

107. Nikhil S. Dixit, «Boko Haram Ties Up with Dawood to Smuggle Drugs in India», *DNA India*, 31 luglio 2014.

108. Lana Lam, «Edward Snowden: US government has been hacking Hong Kong and China for years», *South China Morning Post*, 13 giugno 2013.

109. Bill Blunden e Violet Cheung, *Behold a Pale Farce: Cyberwar, Threat Inflation, & the Malware Industrial Complex*, Trineday Press, Walterville (Oregon) 2014.

110. «'Follow the Money': NSA Spies on International Payments», *Der Spiegel*, 15 settembre 2013, www.spiegel.de/international/world/how-the-nsa-spies-on-international-bank-transactions-a-922430.html

111. «NSA stores metadata of millions of web users for up to a year, secret files show», *The Guardian*, 30 settembre 2013, www.theguardian.com/world/2013/sep/30/nsa-americans-metadata-year-documents

112. Glenn Greenwald, «The NSA's mass and indiscriminate spying on Brazilians», *The Guardian*, 6 luglio 2013, www.theguardian.com/commentisfree/2013/jul/07/nsa-brazilians-globo-spying

113. Craig Timberg ed Ellen Nakashima, «Agreements with Private Companies Protect U.S. Access to Cables' Data for Surveillance», *The Washington Post*, 6 luglio 2013, www.washingtonpost.com/business/technology/agreements-with-private-companies-protect-us-access-to-cables-data-for-surveillance/2013/07/06/aa5d017a-df77-11e2-b2d4-ea6d8f477a01_story.html

114. Team d'inchiesta di EIR, «Xinjiang's Uighur Jihadists and the Wahhabi Empire of al-Qaeda», *Executive Intelligence Review*, vol. 41 (n. 16), 18 aprile 2014, p. 44.

115. Ramtanu Maitra, «Afghan Warlords Prepare For Another Civil War», *Executive Intelligence Review*, vol. 39 (n. 478), 30 novembre 2012, p. 31.

116. *Ibidem.*

117. *Ibidem.*

118. Jonathan C. Randal, *Osama*, Piemme, Casale Monferrato 2011.

119. History Commons, *Complete 9/11 Timeline*, www.historycommons.org/project.jsp?project=911_project

120. Ramtanu Maitra, «The House of Saud», cit., p. 34.

121. *Ibidem.*

122. Michele Steinberg, «Why the Real Name Is 'Osama bin London'», *Executive Intelligence Review*, vol. 28 (n. 38), 5 ottobre 2001.

123. Jeffrey Steinberg, «9/11 Cover Is Blown», *Executive Intelligence Review*, vol. 36 (n. 27), 17 luglio 2009.

124. Frank Kane, «The Eventful Life of Khalid bin Mahfouz», *The National*, 2 settembre 2009, www.thenational.ae/business/the-eventful-life-of-khalid-bin-mahfouz

125. Ramtanu Maitra, «How al-Qaeda Is a British-Saudi Project», cit., p. 34.

126. Audrey Gillan, Richard Norton-Taylor, John Hooper, Jon Henley e Giles Tremlett, «Allies point the finger at Britain as Al-Qaida's 'revolving door'», *The Guardian*, 14 febbraio 2002.

127. Edward Spannaus, «How Britain Creates and Controls Jihadi Terrorists», *Executive Intelligence Review*, vol. 35 (n. 50), 26 dicembre 2008, p. 25.

128. Policy Exchange, «When Progressives Treat with Reactionaries: The British State's Flirtation with Radical Islam», 1° luglio 2006.

129. Joseph Brewda, «London Is Haven for Global Terrorism», *Executive Intelligence Review*, vol. 24 (n. 47), 21 novembre 1997, p. 40.

130. «Radical Islamic sect 'has half of Britain's mosques in its grip'», *Mail Online*, 7 settembre 2007, www.dailymail.co.uk/news/article -480470/Radical-Islamic-sect-half-Britains-mosques-grip.html#ixzz 3VXipWQ5s

131. Edward Spannaus, «How Britain Creates and Controls Jihadi Terrorists», cit., p. 27.

132. Michael Burleigh e Tom Whitehead, «Abu Qatada: the Evil Let Loose on Our Streets», *Telegraph*, 10 febbraio 2012, www.telegraph.co.uk/ news/uknews/terrorism-in-the-uk/9074335/Abu-Qatada-the-evil-let -loose-on-our-streets.html

133. Daniel McGrory e Richard Ford, «Al-Qaeda Cleric Exposed as an MI5 Double Agent», *The Times*, 25 marzo 2004, www.thetimes.co.uk/ tto/news/world/article1969239.ece

134. Nafeez Mosaddeq Ahmed, «Abu Qatada: The Asset We Can't Get Rid of», *Huffington Post*, 15 novembre 2012, www.huffingtonpost.co.uk/ dr-nafeez-mosaddeq-ahmed/abu-qatada-deportation_b_2137969.html

135. Edward Spannaus, «How Britain Creates and Controls Jihadi Terrorists», cit., p. 27.

136. Joseph Brewda, «London Is Haven for Global Terrorism», cit., p. 40.

137. *Ibidem*.

138. Global Security, www.globalsecurity.org/military/world/para/ hamas.htm

139. David M. Castlewitz, «Glubb Pasha and the Arab Legion», History Net, 12 giugno 2006. Apparso per la prima volta sul numero di aprile 1998 di *Military History*, www.historynet.com/glubb-pasha-and -the-arab-legion.htm

140. M.A. Khan, *Islamic Jihad: A Legacy of Forced Conversion, Imperialism, and Slavery*, iUniverse, New York 2009, p. 98.

141. Joseph Brewda, «London Is Haven for Global Terrorism», cit., p. 40.

142. Michael Crowley, «The Man Who Haunts Israel», *Time*, 29 luglio 2014, http://time.com/khaled-mashaal

143. «The PLO, Fatah, and King Faisal», *Executive Intelligence Review*, vol. 1 (n. 24), 14 ottobre 1974, p. 6.

144. *Ibidem.*

145. Abbas Alnasrawi, *Arab Nationalism, Oil, and the Political Economy of Dependency*, Greenwood Press, Westport (Connecticut) 1991, p. 84.

146. «The PLO, Fatah, and King Faisal», cit.

147. Amos Elon, *Israeliani. Padri fondatori e figli*, Editoriale Viscontea, Pavia 1988.

148. Hannah Arendt, *La banalità del male. Eichmann a Gerusalemme*, Feltrinelli, Milano 2000, p. 67.

149. Nancy Bradeen Spannaus, «Israeli Psychosis Rockefeller's Solution to the Jewish Question», *The Campaigner*, agosto 1975, p. 42.

150. *Ibidem.*

151. Daniel Estulin, *L'Istituto Tavistock*, Macro, Cesena 2014, p. 13.

152. Carol Menzel, «Coersive Psychology: Capitalism's Monster Science», *The Campaigner*, febbraio-marzo 1974.

153. Daniel Estulin, *L'Istituto Tavistock*, cit., pp. 13-14.

154. *Idem*, p. 20.

155. «Rockefeller's Fascism with a Democratic Face», *The Campaigner*, vol. 8 (nn. 1-2), novembre-dicembre 1974, p. 55.

156. *Ibidem.*

157. *Ibidem.*

158. Daniel Estulin, *L'Istituto Tavistock*, cit., p. 16.

159. Minnicino, M., «The Tavistock Grin, Low Intensity Operations: The Reesian Theory of War», *The Campaigner*, aprile 1974, pp. 39-40.

160. *Idem*, p. 14.

161. «Rockefeller's Fascism with a Democratic Face», cit., p. 63.

162. Daniel Estulin, *Istituto Tavistock*, Macro, Cesena 2014, p. 39.

163. M. Minnicino, «The Tavistock Grin, Low Intensity Operations», cit., p. 16.

164. Nancy Bradeen Spannaus, «Israeli Psychosis Rockefeller's Solution to the Jewish Question», cit., p. 42.

165. La «Conferenza internazionale sullo stress psicologico e l'adattamento in tempi di guerra e di pace» si tenne a Tel Aviv nel gennaio 1975.

166. Nancy Bradeen Spannaus, «Israeli Psychosis Rockefeller's Solution to the Jewish Question», cit., p. 42.

167. *Ibidem.*

168. «Terror in Reading: Inside the CIA's Domestic Operations», *New Solidarity,* vol. 6 (n. 34), 21 luglio 1975; «Bare CIA Role in Black September», *New Solidarity,* vol. 6 (n. 32), 14 luglio1975.

169. «LEAA Gestapo Operation in Reading, Pennsylvania», *Executive Intelligence Review,* vol. 2 (n. 32), 23 luglio 1975.

170. Nancy Bradeen Spannaus, «Israeli Psychosis Rockefeller's Solution to the Jewish Question», cit., p. 42.

171. *Ibidem.*

172. «Pro-Khalistani Terrorists Residing in Pakistan», *South Asia Intelligence Review,* www.satp.org/satporgtp/countries/india/document/papers/pakistan_report/anex_h.htm

173. Joseph Brewda e Omar Abdul-Aziz, «EIR's 'Yellow Pages' of Terrorist Groups in London», *Executive Intelligence Review,* vol. 24 (n. 15), 4 aprile 1997.

174. www.satp.org/satporgtp/countries/india/states/punjab/terrorist_outfits/BKI.htm

175. «India Losing Credibility among Kashmiris: Analyst», http://edition.presstv.ir/detail/276928.html

176. «Londonistan's Links to *Charlie Hebdo* Killers», *Executive Intelligence Review,* 14 gennaio 2015.

177. Jeffrey Steinberg, «Londonistan Is Source of Terror Wave, Paris Attack», *Executive Intelligence Review,* vol. 42 (n. 3), 16 gennaio 2015.

178. Joshua L. Gleis, «National Security Implications of Al-Takfir Wal-Hijra», *Al Nakhlah,* primavera 2005, articolo 3.

179. *Day 2. United States of America v. Usama bin Laden, et al.,* 6 febbraio 2001, Archivio digitale del Court Reporters Office, Southern District of New York.

180. History Commons, www.historycommons.org/context.jsp?item=a93alqaedagia

181. www.historycommons.org/searchResults.jsp?searchtext=ram

182. Ben Macintyre e Stewart Tendler, «Middle Eastern Activists Funded by Exile Tycoon», *The Times,* 5 gennaio 1996.

183. «Londonistan's Links to *Charlie Hebdo* Killers», cit.

184. Michele Steinberg, «J'Accuse: World Leaders Call London 'Terrorist Safe-Haven'», *Executive Intelligence Review,* vol. 28 (n. 44), 16 novembre 2001, p. 42.

185. Omar Abdul-Aziz, «New British Terror Offensive Unleashed Throughout Mideast», *Executive Intelligence Review,* vol. 24 (n. 11), 7 marzo 1997, p. 52.

186. Arab West Report, www.arabwestreport.info/persons/yasirtawfiq-ali-al-sirri?page=2

187. Adopt a Terrorist, http://atfp.org

188. Abdul Gafoor Abdul Majeed Noorani, *Islam & Jihad: Prejudice Versus Reality*, Zed Books, Londra 2002, p. 6.

189. Omar Abdul-Aziz, «New British Terror Offensive Unleashed Throughout Mideast», cit., p. 52.

190. Innes Bowen, «British Mosques Aren't that Moderate after All», *The Spectator*, 14 giugno 2014, www.spectator.co.uk/features/9230671/who-runs-our-mosques

191. Ramtanu Maitra, «Behind the Mumbai Bombings: Tracking the British Role», *Executive Intelligence Review*, vol. 33 (n. 31), 4 agosto 2006.

192. I gruppi terroristici/ribelli vanificano gli sforzi dell'India: Lashkar-e-Omar (LEO), Lashkar-e-Jabbar (LJ), Tehrik-ul-Mujahidin, Fronte di Liberazione del Jammu e Kashmir (JKLF), Conferenza di tutti i partiti Hurriyat (APHC) e Muttahida Jihad Council (MJC), www.satp.org/satporgtp/countries/india/states/jandk/terrorist_outfits/terrorists_list_j&k.htm; Ramtanu Maitra, «Jammu and Kashmir: Victim of Britain's Imperial Legacy», *Executive Intelligence Review*, vol. 37 (n. 39), 8 ottobre 2010, p. 45.

193. Samira Shackle, «The Mosques Aren't Working in Bradistan», *New Statesman*, 20 agosto 2010, www.newstatesman.com/society/2010/08/bradford-british-pakistan

194. Martin W. Lewis, «Deobandi Islam vs. Barelvi Islam in South Asia», GeoCurrents, 7 ottobre 2010, www.geocurrents.info/cultural-geography/deobandi-islam-vs-barelvi-islam-in-south-asia

195. Ramtanu Maitra, «Behind the Mumbai Bombings», cit.

196. «India-Pakistan Partition 1947», Global Security, www.globalsecurity.org/military/world/war/indo-pak-partition2.htm

197. Ramtanu Maitra, «Behind the Mumbai Bombings», cit.

198. Peter Marshall, «British India and the 'Great Rebellion'», BBC, 17 febbraio 2011, www.bbc.co.uk/history/british/victorians/indian_rebellion_01.shtml

199. William Dalrymple, *L'assedio di Delhi. 1857. Lo scontro finale fra l'ultima dinastia Moghul e l'impero britannico*, Rizzoli, Milano 2007.

200. Ramtanu Maitra, «The Planned Killing of Benazir Bhutto», *Executive Intelligence Review*, vol. 35 (n. 1), 4 gennaio 2008.

201. Narendra Singh Sarila, *The Shadow of the Great Game: The Untold Story of India's Partition*, HarperCollins India, Nuova Delhi 2009.

202. Samira Shackle, «The Mosques Aren't Working in Bradistan», cit.

203. Ramtanu Maitra, «Behind the Mumbai Bombings», cit.

204. «Hamid Gul Accepts Responsibility for Creating IJI», Dawn. com, 30 ottobre 2012, www.dawn.com/news/760219/hamidgul-accepts -responsibilty-for-creating-igi

205. Sabir Shah, «Maj-Gen Robert Cawthome was the Longest-Serving ISI Chief», *The News International*, 23 settembre 2014.

206. Ramtanu Maitra, «Behind the Mumbai Bombings», cit.

207. Nirode Mohanty, *America, Pakistan, and the India Factor*, Palgrave Macmillan, New York 2013.

208. Ramtanu Maitra, «Jammu and Kashmir», cit., p. 45.

209. Tra i fondatori del Partito della liberazione figuravano Imtiaz Malik, un giovane inglese di origini pachistane, Abdul Wajid e Abdul Basit Shaikh. Inoltre, i quattro terroristi suicidi di origini pachistane che perpetrarono l'attentato alla metropolitana di Londra del 7 luglio 2007 erano stati indottrinati, probabilmente nella capitale britannica, da membri di gruppi radicali armati come Al-Muhajiroun e HUT. Anche Asif Mohammed Hanif, il terrorista immolatosi in un bar di Tel Aviv il 29 aprile 2003, e il suo presunto complice Omar Khan Sharif, erano musulmani nati in Gran Bretagna e membri dell'HUT.

210. HUT-Bangladesh è stato fondato sotto la guida di Syed Golam Maula, con Nasimul Gani e Kawsar Shahnewaz; tutti e tre avevano frequentato l'università nel Regno Unito. Il 5 luglio 2009, il *Sunday Times* segnalava che «i combattenti britannici concorrono all'implosione dello Stato pachistano».

211. Ian Cobain, «Islamist group challenges Berlin's five-year ban in European court», *The Guardian*, 24 giugno 2008, www.theguardian.com/ world/2008/jun/24/islam.religion

212. A. Rabasa, P. Chalk, K. Cragin *et al.*, *Beyond al-Qaeda. The Outer Rings of the Terrorist Universe*, RAND Corp., Santa Monica 2006.

213. Dal 1984, la segreteria internazionale delle Tigri di liberazione del Tamil Eleam ha sede a Londra. Le Tigri Nere, divisione terroristica suicida del gruppo macchiatasi dell'omicidio di Rajiv Gandhi, sono dirette da Pampan Ajith da Londra; un'altra cellula suicida d'élite, le Tigri del Cielo, che fa uso di velivoli leggeri, è coordinata da Jeyarajan Maheshwaran, a sua volta residente nella capitale britannica.

214. Jeffrey Steinberg, «Scandal of the Century Rocks British Crown and City», *Executive Intelligence Review*, vol. 34 (n. 25), 22 giugno 2007, p. 4.

215. *Ibidem.*

216. Team d'inchiesta di EIR, «Bust the London-Riyadh Global Terror Axis», *Executive Intelligence Review*, vol. 40 (n. 32), 16 agosto 2013.

217. Jeffrey Steinberg, «Will BAE Scandal of Century Bring Down Dick Cheney?», *Executive Intelligence Review*, vol. 34 (n. 26), 29 giugno 2007.

218. Jeffrey Steinberg, «Scandal of the Century Rocks British Crown and City», cit., p. 4.

219. John Hoefle, «The BAE Systems Affair and the Anglo-Dutch Imperial Slime Mold», *Executive Intelligence Review*, vol. 34 (n. 27), 6 luglio 2007.

220. Jeffrey Steinberg, «Obama, Bandar, and 9/11: The War Danger Grows», *Executive Intelligence Review*, vol. 39 (n. 39), 27 luglio 2012. Il principe Bandar è sposato con la principessa Haifa (sorella dei principi Turki bin Faisal e Mohammed bin Faisal), ed è stato ambasciatore dell'Arabia Saudita negli Stati Uniti (1983-2005), segretario generale del consiglio per la Sicurezza nazionale saudita (dal 2005 a tutt'oggi) e direttore dell'intelligence saudita (dal luglio 2012 fino a poco tempo fa).

221. Team d'inchiesta di EIR, «Bust the London-Riyadh Global Terror Axis», cit.

222. Michael Isikoff, «9/11 Hijackers: A Saudi Money Trail?», *Newsweek*, 22 novembre 2002.

223. Anthony Summers e Robbyn Swan, *The Eleventh Day: The Full Story of 9/11 and Osama bin Laden*, Ballantine Books, New York 2011.

224. *Crown Prince Abdullah Meets President Bush*, U.S.-Saudi Arabian Business Council, comunicato stampa, 25 aprile 2002.

225. Joel Mowbray, «Foggy Bottom's Friends», *The Wall Street Journal*, 13 ottobre 2003, History Commons, www.historycommons.org/entity.jsp?entity=saud_al-faisal

226. Jeffrey Steinberg, «Scandal of the Century Rocks British Crown and City», cit., p. 4.

227. Ramtanu Maitra, «Look Who Created the Taliban», cit., p. 36.

228. *Ibidem.*

229. Matthew Levitt, «Charitable Organizations and Terrorist Financing: A War on Terror Status-Check», The Washington Institute, 19 marzo 2004, www.washingtoninstitute.org/policy-analysis/view/charitable-organizatións-and-terrorist-financing-a-war-on-terror-status-che

230. «Saudis Shut down Charity», Al Jazeera, 5 ottobre 2004, www.aljazeera.com/archive/2004/10/2008410143055412494.html

231. Peter Foster, «Saudi Princes 'Supported Al-Qaeda Before 9/11' Claims Twentieth Hijacker», *The Telegraph*, 4 febbraio 2015, www.telegraph.co.uk/news/worldnews/middleeast/saudiarabia/11390705/Saudi-princes-supported-al-Qaeda-before-911-claims-twentieth-hijacker.html

232. Ramtanu Maitra, «Who is the Enemy in Afghanistan», LaRouche PAC, 27 settembre 2009, http://archive.larouchepac.com/node/11908

233. Richard Freeman e William F. Wertz Jr., «The British Monarchy, Saudi Arabia, and 9/11», *Executive Intelligence Review*, vol. 41 (n. 21), 23 maggio 2014.

234. Fratello del principe Turki e della principessa Haifa.

235. Stando a un rapporto elaborato da Jean-Charles Brisard nel 2002 per il presidente del Consiglio di sicurezza dell'ONU.

236. Richard Freeman e William F. Wertz Jr., «The British Monarchy, Saudi Arabia, and 9/11», cit.

237. Un altro membro del consiglio di amministrazione dell'OCIS del principe Carlo, tra il 1985 e il 2006, era Yusuf al-Qaradawi, un leader radicale dei Fratelli musulmani residente nel Qatar. Qaradawi emanò la fatwa sul rovesciamento e assassinio del presidente libico Mu'ammar Gheddafi e di quello siriano Bashar al-Assad.

238. Richard Freeman e William F. Wertz Jr., «The British Monarchy, Saudi Arabia, and 9/11», cit.

239. Team d'inchiesta di EIR, «Bust the London-Riyadh Global Terror Axis», cit.

240. *Ibidem.*

## 3. L'ISIS e tutto il resto

1. Hussein Askary, «ISIS Offensive Targets Iraq For Sectarian Disintegration», *Executive Intelligence Review*, vol. 41 (n. 25), 20 giugno 2014, p. 33.

2. F. William Engdahl, «The Geopolitical Agenda behind the 2010 Nobel Peace Prize», Voltaire Network, ottobre 2010.

3. Discorso del ministro della Difesa Vladimir Zarudnitsky al III Congresso sulla sicurezza nazionale, Mosca 23 maggio 2014.

4. *Ibidem.*

5. *Ibidem.*

6. F. William Engdahl, «Egypt's Revolution-Creative Destruction For a 'Greater Middle East'?», Global Research, 7 febbraio 2011.

7. Richard Perle, James Colbert, Charles Fairbanks *et al.*, *A Clean Break: A New Strategy for Securing the Realm*, The Institute for Advanced Strategic and Political Studies, Washington e Tel Aviv 1996, web.archive.org/web/20140125123844/http://www.iasps.org/strat1.htm

8. *Ibidem.*

9. Zbigniew Brzezinski, *La grande scacchiera*, Longanesi, Milano 1998, p. 40.

10. Srdja Trifkovic, «Lies, Kerry's Lies, and Color Revolution Statistics», Information Clearing House, 18 marzo 2015, www.information clearinghouse.info/article41278.htm

11. Gene Sharp, *Come abbattere un regime. Manuale di liberazione nonviolenta*, Chiarelettere, Milano 2011; Nancy Spannaus, «'Color Revolutions' Are War», *Executive Intelligence Review*, vol. 41 (n. 40), 10 ottobre 2014.

12. In un articolo pubblicato sul *New York Times* il 26 novembre 2000, intitolato «Who Really Brought Down Milošević», Roger Cohen condivide le sorprendenti dichiarazioni rilasciate durante un'intervista da Paul McCarthy, funzionario del NED che nel 1999 era in cerca di un movimento di opposizione serbo da usare per destabilizzare il governo di Milošević. La scelta cadde sulla rete Otpor!.

13. Richard Miles, ambasciatore degli Stati Uniti in Georgia durante l'operazione di cambio regime del 2003, era già stato ambasciatore a Belgrado proprio durante la caduta di Milošević, tre anni prima.

14. Così battezzata dall'allora sottosegretario di Stato per la democrazia e gli affari globali, Paula Dobriansky.

15. Jeremy R. Hammond, «Has the U.S. Played a Role in Fomenting Unrest During Iran's Election?», *Foreign Policy Journal*, 23 giugno 2009.

16. Seymour M. Hersh, «Our Men in Iran?», *The New Yorker*, 5 aprile 2012.

17. Thomas Carothers, «The 'Jasmine Revolution' in Tunisia: Not Just Another Color», Carnegie Endowment for International Peace, 19 gennaio 2011, http://carnegieendowment.org/2011/01/19/jasmine -revolution-in-tunisia-not-just-another-color

18. Kifaya, creata dai Fratelli musulmani, è un movimento politico formato da una coalizione che si opponeva al regime di Mubarak. Fa parte dell'amorfo Movimento 6 aprile e non ha tardato a sfruttare le nuove tecnologie digitali e i social network come principale strumento di mobilitazione. In particolare, per divulgare il proprio messaggio ha usato sapientemente blog politici, fotografie e brevi video su YouTube senza censure.

19. «American Conquest by Subversion: Victoria Nuland's Admits Washington Has Spent $5 Billion to 'Subvert Ukraine'», Global Research, 7 febbraio 2014, www.globalresearch.ca/american-conquestby-subversion -victoria-nulands-admits-washington-has-spent-5-billion-tosubvert -ukraine/5367782

20. I membri del consiglio di amministrazione del NED, oggi come nel passato, sono Frank Carlucci del Gruppo Carlyle, ex segretario della Difesa e vicedirettore della CIA; il generale in pensione Wesley Clark, della NATO; il neoconservatore Warhawk Zalmay Khalilzad, che architettò l'invasione in Afghanistan voluta da George W. Bush, successivamente ambasciatore in Afghanistan e nell'Iraq occupato. Un altro membro del consiglio di amministrazione del NED, Vin Weber, presiedette (insieme con l'ex segretario di Stato Madeleine Albright) un importante gruppo di lavoro indipendente sulla politica americana per la riforma del mondo arabo, oltre a essere membro (in compagnia dell'ex vicepresidente degli Stati Uniti Dick Cheney e dell'ex segretario della Difesa Donald Rumsfeld) dell'iperaggressivo comitato di esperti Project for a New American Century, che sosteneva un cambio di regime in Iraq già a partire dal 1998.

21. I presidenti fondatori della Freedom House erano Zbigniew Brzezinski, Alexander Haig, che fu segretario di Stato di Ronald Reagan, l'ex direttore della Cia James Woolsey e l'ex deputato democratico di New York Stephen J. Solarz. L'American Committee for Peace in Chechnya opera nel quadro della Freedom House e della Fondazione Jamestown, gruppo di esperti di Washington risalente all'epoca della guerra fredda (con Brzezinski e Woolsey nel direttivo), con la missione di attuare operazioni che promuovano la «democrazia» in seno a Stati «totalitari».

22. Jeffrey Steinberg, «Neo-Cons Knee Deep in Caucasus Provocations», *Executive Intelligence Review*, vol. 31 (n. 36), 17 settembre 2004.

23. «Behind Chechen Terrorism: The London-Riyadh-Turkey Axis», *Executive Intelligence Review*, vol. 41 (n. 6), 17 febbraio 2014, p. 17.

24. Un rapporto della Defense Intelligence Agency datato 16 ottobre 1998, dal titolo *Usam Ben Laden's Current and Historical Examples*, sottolineava che «si è venuta a creare una rotta diretta per la Cecenia dal Pakistan e dall'Afghanistan, che passa attraverso la Turchia e l'Azerbaigian. Abu Sayyaf coordina non solo questo traffico di volontari, ma anche il narcotraffico, in qualità di rappresentante di bin Laden al ministero degli Esteri ceceno, sotto la protezione di Movladi Udugov».

25. «Behind Chechen Terrorism: The London-Riyadh-Turkey Axis», cit., p. 17.

26. *Ibidem*.

27. Ramazan Khalidov e Lee Jay Walker, «Russia Hit by Terrorist Attacks: Gulf Petrodollars, Syria and Caucasus Islamists», *Modern Tokyo Times*, 2 gennaio 2013.

28. William Wertz, «Obama/al-Qaeda Pact In Libya and Syria», *Executive Intelligence Review*, vol. 40 (n. 1), 4 gennaio 2013, p. 15.

29. La base etnica del LIFG è la tribù harabi, già oppositrice di Gheddafi, dalla quale proviene la maggior parte dei membri del Consiglio dei ribelli, compresi i due principali comandanti sul campo, Abdul Fatah Iunis e Mustafa Abdel Gelil. Dal 15 febbraio 2011, il LIFG si chiama Movimento islamico libico per il cambiamento.

30. Joseph Felter e Brian Fishman, *Al-Qa'ida's Foreign Fighters in Iraq: A First Look at the Sinjar Records*, Harmony Project, Combating Terrorism Center, Department of Social Sciences, US Military Academy, West Point (New York) dicembre 2007, p. 9.

31. Andrew McGregor, «Jamestown Foundation», *Terrorism Monitor*, 13 dicembre 2013.

32. Gordon Hahn, del Centro studi strategici e internazionali, «Hundreds Of Chechens Join ISIS, Including Group's No. 2 Leader», National Public Radio, 5 settembre 2014.

33. Webster G. Tarpley, «The CIA's Libya Rebels: The Same Terrorists who Killed US, NATO Troops in Iraq», 24 marzo 2011, TARPLEY.net, http://tarpley.net/2011/03/24/the-cia%E2%80%99s-libya-rebels-the -same-terrorists-who-killed-us-nato-troops-in-iraq/

34. *Ibidem.*

35. Jerome R. Corsi, «Generals Conclude Obama Backed al-Qaida: Probe of Military Experts Finds U.S. 'Switched Sides' in Terror War», Wayne Madsen Report, 19 gennaio 2015, www.wnd.com/2015/01/generals -conclude-obama-backed-al-qaida/

36. http://en.wikipedia.org/wiki/2012_Benghazi_attack; Katie Kieffer, «BENGHAZIGATE: Obama's Secret Gun-Running Program», TomHall.com, 29 aprile 2013.

37. «Gitmo's Al-Qaeda 'Double Agent' Revolving Door», 21st Century Wire, 27 novembre 2013, http://21stcenturywire.com/2013/11/27/ gitmos-al-qaeda-double-agent-revolving-door

38. «Arms to Al-Qaeda: U.S. Generals Admit Washington Has Backed Islamic Militants in Syria», 21st Century Wire, 21 gennaio 2015, http://21stcenturywire.com/2015/01/21/arms-to-isis-u-s-generals-admit -that-washington-has-backed-al-qaeda-in-syria/

39. «Gitmo's Al-Qaeda 'Double Agent' Revolving Door», cit.

40. www.hrw.org/reports/2007/russia0307/russia0307web.pdf

41. Patrick Henningsen, «Truth Revealed: McCain's 'Moderate Rebels' in Syria are ISIS», 21st Century Wire, 22 gennaio 2015, http://

21stcenturywire.com/2015/01/22/truth-revealed-mccains-moderate
-rebels-in-syria-are-isis/

42. Nell'agosto 2005, i media spagnoli parlavano di legami di Ziyad Hashem, presunto membro del LIFG, e di Abdelhakim Belhadj con il tunisino Serhane Ben Abdelmajid Fakhet, sospettato di essere a capo degli attentatori di Madrid nel 2004.

43. Wayne Madsen, «CIAs History of Dividing Arab World», Wayne Madsen Report, 9 agosto 2014.

44. «King Idris, Ousted in '69 by Qaddafi, Dies in Cairo», The New York Times, 26 maggio 1983.

45. www.ly.undp.org/content/libya/en/home/countryinfo.html

46. Al-Faqih era stato condannato in contumacia da un tribunale marocchino come complice degli attacchi suicidi di Casablanca nel maggio 2003.

47. Un passaggio del rapporto del dipartimento di Stato recita: «Il 3 novembre 2007, i principali capi di Al Qaida hanno annunciato che il LIFG era entrato ufficialmente a far parte di Al Qaida».

48. www.larouchepub.com/pr_lar/2012/121218_ly_alq_fact_sheet. html

49. Lyndon LaRouche Political Action Committee, «An Updated Fact Sheet: To Stop World War III, Oust President Obama for His Alliance with al-Qaeda in Libya and Syria», Executive Intelligence Review, comunicato stampa, 18 dicembre 2012.

50. Il leader del gruppo Ansar al-Sharia di Derna, esecutore materiale degli attentati contro la rappresentanza degli Stati Uniti e la sede della CIA a Bengasi l'11 settembre 2012, è Abu Sufian bin Qumu.

51. William Wertz, «Obama/al-Qaeda Pact In Libya and Syria», cit., p. 15.

52. Katie Pavlich, «60 Minutes: Al Qaeda Flags Were Flying All Over Benghazi Before 9/11 Attack», TownHall.com, 28 ottobre 2013; Patrick Henningsen, «Truth Revealed», cit.

53. Hussein Askary, «British/Saudi Terror Fuels Bloody Sectarian War in Iraq and Syria», Executive Intelligence Review, vol. 41 (n. 3), 17 gennaio 2014.

54. Hussein Askary, «ISIS Is the Effect, Not the Cause, of The New Dark Age!», Executive Intelligence Review, vol. 41 (n. 33), 22 agosto 2014.

55. Richard Spencer, «US and Europe in 'Major Airlift of Arms to Syrian Rebels through Zagreb'», The Telegraph, 8 marzo 2013.

56. «Obama Exports Fast and Furious: CIA Already Delivering Weapons to 'Rebels' in Syria», 21st Century Wire, 13 settembre 2013.

57. Seymour M. Hersh, «The Red Line and the Rat Line», *London Review of Books*, 17 aprile 2014, www.lrb.co.uk/v36/n08/seymour-m-hersh/the-red-line-and-the-rat-line

58. Michael R. Gordon e Sebnem Arsu, «Kerry Says U.S. Will Double Aid to Rebels in Syria», *The New York Times*, 20 aprile 2013.

59. Patrick Henningsen, «Truth Revealed», cit.

60. Jamie Dettmer, «U.S. Humanitarian Aid Going to ISIS», The Daily Beast, 19 ottobre 2014.

61. Aaron Klein, «Blowback! U.S. Trained Islamists Who Joined ISIS», Wayne Madsen Report, 17 giugno 2014, www.wnd.com/2014/06/officials-u-s-trained-isis-at-secret-base-in-jordan/

62. Feroze Mithiborwala, «ISIS – An American-CIA-Mossad-Saudi Intel Covert Operation», Countercurrents.org, 13 settembre 2014.

63. Patrick Henningsen, «Truth Revealed», cit.

64. Michel Chossudovsky, «The Islamic State, the Caliphate Project and the Global War on Terrorism», Global Research, 2 luglio 2014.

65. Joseph Felter e Brian Fishman, *Al-Qa'ida's Foreign Fighters in Iraq*, cit., p. 9.

66. *Ibidem.*

67. Eric Schmitt, «C.I.A. Said to Aid in Steering Arms to Syrian Opposition, *The New York Times*, 21 giugno 2012.

68. Conferenza stampa tenutasi a Mosca il 9 settembre 2013, con il ministro degli Esteri siriano Walid Muallem.

69. «'IS' Supply Channels through Turkey», Deutsche Welle, www.dw.de/is-supply-channels-through-turkey/av-18091048

70. Tony Cartalucci, «ISIS' Bloody Footprints Lead from NATO Territory», *New Eastern Outlook*, 17 dicembre 2014, http://journal-neo.org/2014/12/17/isis-bloody-footprints-lead-from-nato-territory

71. Tim Anderson, «Washington and ISIS: The Evidence», Information Clearing House, 8 marzo 2015, www.informationclearinghouse.info/article41168.htm

72. *Ibidem.*

73. Michel Chossudovsky e Cem Ertür, «Israeli Military Support to Syria Al Qaeda Terrorists, Operating out of the Golan Heights», Global Research, 19 febbraio 2014.

74. Elise Labott, «Sources: U.S. Helping Underwrite Syrian Rebel Training on Securing Chemical Weapons», CNN Report, 9 dicembre 2012.

75. Damien McElroy, «Syria: Bashar al-Assad 'Launching Chemical Weapons Attacks with Chlorine'», *The Telegraph*, 20 aprile 2014.

76. Tim Anderson, «The Insidious Relationship between Washington and ISIS», Global Research, 3 settembre 2015.

77. Tim Anderson, «Washington and ISIS», cit.

78. *Ibidem*.

79. *Ibidem*.

80. Niles Williamson, «American Imperialism and the Rise of Islamic Extremism in Syria and Iraq», Global Research, 9 settembre 2014.

81. Richard Barrett, *The Islamic State*, The Soufan Group, ottobre 2014, http://soufangroup.com/wpcontent/uploads/2014/10/TSG-The -Islamic-State-Nov14.pdf

82. Audrey Kurth Cronin, «ISIS Is Not a Terrorist Group. Why Counterterrorism Won't Stop the Latest Jihadist Threat», *Foreign Affairs*, marzo-aprile 2015.

83. Michel Chossudovsky, «Twenty-six Things About the Islamic State (ISIL) that Obama Does Not Want You to Know About», Global Research, 18 novembre 2014, http://www.globalresearch.ca/twenty-six -things-about-the-islamic-state-isil-that-obama-does-not-want-you-to -know-about/5414735

84. Eric Schmitt, «C.I.A. Said to Aid in Steering Arms to Syrian Opposition», cit.

85. Ben Hubbard, «Islamist Rebels Create Dilemma on Syria Policy», *The New York Times*, 28 aprile 2013.

86. Yitzhak Benhorin, «Biden in 2007 Interview: I am a Zionist», Ynetnews, 23 agosto 2008; Sandboxer, «Biden: Turks, Saudis, UAE Funded and Armed Al Nusra and Al Qaeda», 4 ottobre 2014, http://mideast shuffle.com/2014/10/04/biden-turks-saudis-uae-funded-and-armed -al-nusra-and-al-qaeda/

87. Souad Mekhennet, «The Terrorists Fighting Us Now? We Just Finished Training Them», *The Washington Post*, 18 agosto 2014, www. washingtonpost.com/posteverything/wp/2014/08/18/theterrorists -fighting-us-now-we-just-finished-training-them/

88. Sandboxer, «Biden: Turks, Saudis, UAE Funded and Armed Al Nusra and Al Qaeda», cit.

89. A. Odysseus Patrick, «Australian Jihadist Who Tweeted Gruesome Photo Has Long History of Mental Illness», *The Washington Post*, 29 agosto 2014, www.washingtonpost.com/world/asia_pacific/ australian-jihadist-who-tweeted-gruesome-photo-has-long-history -of-mental-illness/2014/08/29/94efff84-2d70-11e4-994d-202962a 9150c_story.html

90. «Report: Syrian Rebel Forces Trained by West are Moving To-

wards Damascus», *The Jerusalem Post*, 23 agosto 2013, www.jpost.com/Middle-East/Report-Syrian-rebel-forces-trained-by-West-are-moving-towards-Damascus-324033

91. Ron Friedman, «Rebel General Claims Mossad Operating in Syria», *The Times of Israel*, 25 aprile 2013, www.timesofisrael.com/rebel-general-claims-mossad-operating-in-syria/#ixzz3WjDlvzDg

92. Dan Williams, «In Public Shift, Israel Calls for Assad's Fall», Reuters, 17 settembre 2013.

93. Yuval Steinitz, «Don't Make a Bad Deal With Iran», *The New York Times*, 19 ottobre 2014, www.nytimes.com/2014/10/20/opinion/dont-make-a-bad-deal-with-iran.html?_r=1

94. Salma Abdelaziz e Holly Yan, «Video: Syrian Rebel Cuts Out Soldier's Heart, Eats It», CNN, 14 maggio 2013.

95. Curtin Winsor Jr., «Saudi Arabia, Wahhabism and the Spread of Sunni Theofascism», LiveLeak, www.liveleak.com/view?i=b95_1368351158#ybIJyuh532zLxH8u.99

96. Nel 2009, quando Israele attaccò Gaza, l'Arabia Saudita prese le parti di Israele e, in più occasioni, si riunì con il capo dell'intelligence israeliana per pianificare un attacco all'Iran, principale sostenitore di Hamas. «Mossad Chief Reportedly Visited Saudi Arabia for Talks on Iran», WorldNetDaily, 26 luglio 2010; Ramtanu Maitra, «An Open Secret: The Saudi-Israel Pact vs. the Palestinians and Iran», *Executive Intelligence Review*, vol. 40 (n. 43), 1° novembre 2013.

97. Ramtanu Maitra, «British Pawn Saudi Arabia Moves To Incite Sectarian Bloodbath», *Executive Intelligence Review*, vol. 38 (n. 12), 25 marzo 2011, p. 29.

98. Ehud Yaari, «Israel Is Cautiously Arming Syria's Rebels – And Has A Fragile Unspoken Truce With An Al Qaeda Affiliate», Business Insider, 7 ottobre 2014, www.businessinsider.com/its-not-too-late-to-empower-the-moderate-rebels-of-syria-2014-10?IR=T; «Confirmation Of Southern Damascus Attack Plans By Jabhat al-Nusra/CIA», www.moonofalabama.org/2014/09/

99. David Isenberg, «P2OG allows Pentagon to Fight Dirty», *Asia Times*, 5 novembre 2002, www.atimes.com/atimes/Middle_East/DK05Ak02.html

100. William Arkin, «The Secret War», *Los Angeles Times*, 27 ottobre 2002.

101. Fondato nel 2002 dal Defense Science Board, gestito dall'ufficio di Donald Rumsfeld.

102. David Isenberg, «P2OG allows Pentagon to Fight Dirty», cit.

103. Una delle operazioni più azzardate e sanguinarie del P2OG fu il massacro (cinquantadue morti) avvenuto il 31 ottobre 2010 nella cattedrale di Sayidat al-Najat, nel distretto di Karrada a Baghdad, dove convivono sunniti, sciiti e cristiani. Nonostante i principali media sostenessero che l'attacco fosse opera del precursore dell'ISIS, lo Stato islamico dell'Iraq, in quel periodo l'organizzazione non era operativa, e men che meno in grado di compiere un attentato come quello, con tutte le caratteristiche di un'operazione da reparti speciali. Per giunta, il presunto leader dell'organizzazione, Abu Omar al-Baghdadi, era solo un'invenzione.

104. Catherine Shakdam, «Zionism And ISIS: Opposing Forces or Two Sides Of The Same Coin?», MintPress News, 5 dicembre 2014.

105. Oded Yinon, *A Strategy for Israel in the Nineteen Eighties*, Special Document No. 1, Association of Arab-American University Graduates, Inc., Belmont (Massachusetts) 1982.

106. Mahdi Darius Nazemroaya, «Preparing the Chessboard for the 'Clash of Civilizations': Divide, Conquer and Rule the 'New Middle East'», Global Research, 26 novembre 2011, www.globalresearch.ca/preparing -the-chessboard-for-the-clash-of-civilizations-divide-conquer-and-rule -the-new-middle-east/27786

107. Livia Rokach, *Vivere con la spada. Il terrorismo sacro di Israele. Uno studio basato sul diario di Moshe Sharett e altri documenti*, Zambon Edizioni, Jesolo 2014; Catherine Shakdam, «Zionism And ISIS», cit.

108. Zeev Shiff, «The Censored Report Revealed», *Haaretz*, 8 ottobre 1993.

109. Soraya Sepahpour-Ulrich, «Why We Must Change the Narrative on Syria», Countercurrents.org, 26 aprile 2013.

110. Leonid G. Ivashov, sito Web dell'Agenzia di consulenze marke- ting e analisi informazioni, www.iamik.ru, 7 agosto 2006.

111. Gulf Daily News, «ISIS Leader Abu Bakr Al Baghdadi Trained by Israeli Mossad, NSA Documents Reveal», Global Research, 16 luglio 2014.

112. «ISIL/ISIS: Another Contrivance Brought to You by Mossad, MI6, and the CIA - Part I», Wayne Madsen Report, 8-9 settembre 2014.

113. *Ibidem*.

114. Al-Baghdadi è nato a Samarra, in Iraq. Il suo vero nome è Ibra- him Awwad Ibrahim Ali al-Badri al-Samarrai.

115. Frank Kearney, «The World's Most Dangerous Man», *Time Magazine*, 23 aprile 2014; Christophe Ayad, «Abou Bakr Al-Baghdadi, le nouveau Ben Laden», *Le Monde*, 29 maggio 2014.

116. David Ignatius, «The Return of al-Qaeda», *The Washington Post*, 10 giugno 2014.

117. Terrence McCoy, «How ISIS Leader Abu Bakr al-Baghdadi Became the World's Most Powerful Jihadist Leader», *The Washington Post*, 11 giugno 2014.

118. La campagna su al-Zarqawi è oggetto di diversi documenti militari americani riservati. «Screditare al-Zarqawi come un delinquente/rafforzare la risposta xenofoba», affermava un rapporto già nel 2004. E citava tre metodi: «Operazioni mediatiche», «operazioni speciali (626)» (si tratta del gruppo di lavoro 626, unità militare statunitense d'élite usata soprattutto per dare la caccia in Iraq ad alti funzionari del governo di Saddam Hussein) e «operazioni psicologiche», *The Washington Post*, 10 aprile 2006.

119. Michel Chossudovsky, «Origins of the Islamic State (ISIS): Who is Behind 'Al Qaeda in Iraq'? Pentagon Acknowledges Fabricating a 'Zarqawi Legend'», Global Research, 12 settembre 2014.

120. Michel Chossudovsky, «Historical Origins of the Islamic State (ISIS): Who Was Abu Musab Al-Zarqawi?», Global Research, 8 settembre 2014.

121. John Laughland, «Fill Full the Mouth of Famine», Scoop Independent News, 29 luglio 2004.

122. Keith Harmon Snow, «Oil in Darfur? Special Ops in Somalia?», Global Research, 7 febbraio 2007.

123. Eileen Kersey, «Saudi Arabia: Death-row Inmates Sent to Fight Assad in Syria», Global Research, 11 settembre 2013.

124. Douglas DeGroot, «Obama's Illegal Libya Action Ensures Another Permanent War», *Executive Intelligence Review*, vol. 38 (n. 35), 9 settembre 2011, p. 22.

125. Webster G. Tarpley, «The CIA's Libya Rebels: The Same Terrorists who Killed US, NATO Troops in Iraq», 24 marzo 2011, TARPLEY.net, http://tarpley.net/2011/03/24/the-cia%E2%80%99s-libya-rebels-the-same-terrorists-who-killed-us-nato-troops-in-iraq/

126. Michel Chossudovsky, «The Atlantic Alliance's 'Holy War' against the Islamic State (ISIS): NATO's Role in the Recruitment of Islamic Terrorists», Global Research, 5 settembre 2014.

127. Manlio Dinucci, «A Secret Army of Mercenaries for the Middle East and North Africa», Global Research, 18 maggio 2011.

128. Michel Chossudovsky, «The Atlantic Alliance's 'Holy War' against the Islamic State (ISIS)», cit.

129. Manlio Dinucci, «A Secret Army of Mercenaries for the Middle East and North Africa», cit.

130. Gareth Porter, «Houthi Arms Bonanza Came From Saleh, Not Iran», Middle East Eye, 24 aprile 2015, www.middleeasteye.net/columns/houthi-arms-bonanza-came-saleh-not-iran-1224808066

131. Ibidem.

132. «US Evacuates Troops from South Yemen Base: Military Source», Agence France-Press, 21 marzo 2015, www.yahoo.com/news/us-evacuates-troops-south-yemen-military-source-165916275.html?ref=gs

133. Ajamu Baraka, «Saudi Arabia's Invasion of Yemen», Counter-Punch, 27-29 marzo 2015.

134. Hussein Al-Nadeem, «Republic of Yemen Targeted by British for Destabilization», Executive Intelligence Review, vol. 26 (n. 6), 5 febbraio 1999, p. 55.

135. Wayne Madsen, «Two CIA-funded 'Cults' Team up in Middle East», Intrepid Report, 30 ottobre 2014, www.intrepidreport.com/archives/14294

136. Richard Barrett, The Islamic State, cit.

137. Michel Chossudovsky, «The Atlantic Alliance's 'Holy War' against the Islamic State (ISIS)», cit.

138. Ibidem.

139. Daniel Byman, Michael Doran, Kenneth Pollack e Salman Shaikh, Saving Syria: Assessing Options for Regime Change, Brookings Institution, 21 marzo 2012.

140. Adam Entous e Julian E. Barnes, «Iraqi Drama Catches U.S. Off Guard. The Quickly Unfolding Drama Prompted a White House Meeting Wednesday of Top Policy Makers and Military Leaders», The Wall Street Journal, 11 giugno 2014.

141. Ernesto Londoño e Greg Miller, «CIA Begins Weapons Delivery to Syrian Rebels», The Washington Post, 11 settembre 2013; Tony Cartalucci, «America's Covert Re-Invasion of Iraq», Land Destroyer Report, 13 giugno 2014, http://landdestroyer.blogspot.com.es/2014/06/americas-covert-re-invasion-of-iraq.html

142. Audrey Kurth Cronin, «ISIS Is Not a Terrorist Group», cit.

143. Alexander Dziadosz, «Al-Qaeda splinter group in Syria leaves two provinces: activists», The Daily Star, 14 marzo 2014, www.dailystar.com.lb/News/Middle-East/2014/Mar-14/250272-al-qaeda-splinter-group-in-syria-leaves-two-provinces-activists.ashx

144. Tony Cartalucci, «America's Covert Re-Invasion of Iraq», cit.

145. Tony Cartalucci, «NATO's Terror Hordes in Iraq a Pretext for

Syria Invasion», *New Eastern Outlook*, 13 giugno 2014, http://journal
-neo.org/2014/06/13/nato-s-terror-hordes-in-iraq-a-pretext-for-syria
-invasion/

146. Gli Stati del Consiglio di cooperazione del Golfo sono: Bahrein,
Kuwait, Oman, Qatar, Arabia Saudita ed Emirati Arabi Uniti.

147. Tony Cartalucci, «NATO's Terror Hordes in Iraq a Pretext for
Syria Invasion», cit.

148. Seymour M. Hersh, «The Redirection», *The New Yorker*, 5 marzo 2007, www.newyorker.com/magazine/2007/03/05/the-redirection

149. Tony Cartalucci, «America's Covert Re-Invasion of Iraq», cit.

150. Kim Sengupta, «War on Isis: US 'Planning to Bomb Oil Pipelines' to Halt Jihadists' Funding», *The Independent*, 23 ottobre 2014.

151. Maram Susli, «US Destroying Syria's Oil Infrastructure Under
Guise of Fighting ISIS», *New Eastern Outlook*, 11 gennaio 2014.

152. *Ibidem.*

153. Marc Lynch, «A Price of Proxies», *Foreign Policy*, 13 settembre
2013.

154. *Ibidem.*

155. *Ibidem.*

156. Nafeez Ahmed, «Syria intervention plan fueled by oil interests,
not chemical weapon concern», *The Guardian*, 30 agosto 2013, www.the
guardian.com/environment/earth-insight/2013/aug/30/syria-chemical
-attack-war-intervention-oil-gas-energy-pipelines

157. David Blair, «US Considers Air Strikes against Isil Oil Pipelines»,
*The Telegraph*, 23 ottobre 2014.

158. Maram Susli, «US Destroying Syria's Oil Infrastructure Under
Guise of Fighting ISIS», cit.

159. Niles Williamson, «American Imperialism and the Rise of Islamic Extremism in Syria and Iraq», cit.

160. Kenneth M. Pollack, «Army to Defeat Assad», *Foreign Affairs*,
settembre-ottobre 2014.

161. Audrey Kurth Cronin, «ISIS Is Not a Terrorist Group», cit.

162. Niles Williamson, «American Imperialism and the Rise of Islamic Extremism in Syria and Iraq», cit.

163. Patrick Martin, «ISIS Atrocities and US Imperialism», Global
Research, 4 settembre 2014.

164. Ramtanu Maitra, «ISIS: Saudi-Qatari-Funded Wahhabi Terrorists
Worldwide», *Executive Intelligence Review*, vol. 41 (n. 34), 29 agosto 2014.

165. «The World's 5 Richest Terrorist Groups», Money Jihad, 29 ago-

sto 2011, http://moneyjihad.wordpress.com/2011/08/29/the-worlds-5
-richest-terrorist-groups/

166. *Ibidem.*

167. *Ibidem.*

168. *Plan Colombia: a Progress Report*, 22 giugno 2005, www.fas.org/sgp/crs/row/RL32774.pdf

169. Zachary Laub, *Hamas*, CFR Backgrounders, 1° agosto 2014, www.cfr.org/israel/hamas/p8968

170. «Al Shabab: Economic Powerhouse», Money Jihad, 16 agosto 2011, http://moneyjihad.wordpress.com/2011/08/16/al-shabaab-economic-powerhouse/

171. http://govinfo.library.unt.edu/911/staff_statements/911_TerrFin_Ch2.pdf

172. Robert Fisk, «War with Isis: If Saudis Aren't Fuelling the Militant Inferno, Who Is?», *The Independent*, 4 febbraio 2015.

173. Il 5 dicembre 2010, il *Guardian* citava Wikileaks, che divulgava dichiarazioni del segretario di Stato Hillary Clinton sul fatto che l'Arabia Saudita sia la principale fonte mondiale di finanziamento di formazioni militari islamiche, come i talebani e Lashkar-e-Taiba. Quest'ultimo gruppo, autore degli attentati del 2008 a Mumbai, nel 2005 utilizzò una società di comodo con sede in Arabia Saudita per finanziare le proprie attività, stando a un articolo pubblicato dal *Guardian* il 10 agosto 2009, «US embassy cables: Lashkar-e-Taiba terrorists raise funds in Saudi Arabia», www.theguardian.com/world/us-embassy-cables-documents/220186

174. Jack Moore, «Mosul Seized: Jihadis Loot $429m from City's Central Bank to Make Isis World's Richest Terror Force», *International Business Times*, 11 giugno 2014; Terrence McCoy, «ISIS Just Stole $425 Million, Iraqi Governor Says, and Became the 'World's Richest Terrorist Group'», *The Washington Post*, 12 giugno 2014.

175. Jack Moore, «Mosul Seized», cit.

176. Tony Cartalucci, «NATO's Terror Hordes in Iraq a Pretext for Syria Invasion», cit.

177. Borzou Daragahi, «Biggest Bank Robbery That 'Never Happened'», *Financial Times*, 17 luglio 2014.

178. Ken Dilanian, «Islamic State group's war chest is growing Daily», Associated Press, 15 settembre 2014, http://newsinfo.inquirer.net/638030/islamic-state-groups-war-chest-is-growing-daily

179. Dexter Filkins, «The Fight of Their Lives», *The New Yorker*, 29 settembre 2014; Martin Chulov, «How an arrest in Iraq revealed Isis's

$2bn jihadist network», *The Guardian*, 15 giugno 2014, www.theguardian. com/world/2014/jun/15/iraq-isis-arrest-jihadists-wealth-power; *Remarks of Under Secretary for Terrorism and Financial Intelligence David S. Cohen at The Carnegie Endowment for International Peace, «Attacking ISIL's Financial Foundation»*, dipartimento del Tesoro degli Stati Uniti, 23 ottobre 2014, www.treasury.gov/press-center/press-releases/Pages/jl2672.aspx

180. «ISIL Receiving Up to $1 Billion Annually From Afghan Heroin», Sputnik News, 6 marzo 2015, http://sputniknews.com/middleeast/201 50306/1019139417.html#ixzz3WMlJ0RhG

181. Matthew Levitt, «Terrorist Financing and the Islamic State», The Washington Institute for Near East Policy, 13 novembre 2014, www. washingtoninstitute.org/policy-analysis/view/terrorist-financing-and -the-islamic-state

182. Janine Di Giovanni, Leah McGrath Goodman e Damien Sharkov, «How Does ISIS Fund Its Reign of Terror?», *Newsweek*, 6 novembre 2014.

183. *Ibidem.*

184. Il qatariota Salim al-Kuwari ha versato all'ISIS centinaia di migliaia di dollari e ha finanziato gli affiliati iracheni al gruppo terroristico. Un altro qatariota nel mirino del dipartimento del Tesoro degli Stati Uniti è Abd al-Rahman bin Umayr al-Nu'aymi, fondatore e istigatore dei gruppi islamici legati all'ISIS in Siria e Iraq; secondo un rapporto dello stesso dipartimento, «per un periodo ha supervisionato il trasferimento di oltre 2 milioni di dollari al mese [ad Al-Qaida] in Iraq».

185. *Treasury Targets Key Al-Qa'ida Funding and Support Network Using Iran as a Critical Transit Point*, U.S. Department of the Treasury, Press Centre, 28 luglio 2011 (www.treasury.gov/press-center/press-releases/Pages/ tg1261.aspx). Secondo il Financial Supervisory Service, gli investitori qatarioti avrebbero versato circa 11 milioni di dollari a «organizzazioni benefiche» anonime in Siria, in totale assenza di documentazione che precisi chi abbia ricevuto i fondi. *Vedi anche* Charlie Lister, «Cutting off ISIS' Cash Flow», Brookings Institution, 24 ottobre 2014, www.brookings.edu/blogs/ markaz/posts/2014/10/24-lister-cutting-off-isis-jabhat-al-nusra-cash-flow

186. Janine Di Giovanni, Leah McGrath Goodman e Damien Sharkov, «How Does ISIS Fund Its Reign of Terror?», cit.

187. Il religioso sunnita Shafi al-Ajmi e uno dei più importanti banchieri del Kuwait (nonché membro del consiglio direttivo di grandi enti finanziari islamici), Aagil Jasim al-Nashmi, sono due delle principali figure che raccolgono fondi per gli estremisti.

188. Secondo il Servizio di vigilanza finanziaria dell'Ufficio per il

coordinamento degli affari umanitari dell'ONU, dall'inizio della guerra civile in Siria nel 2011 al 22 ottobre 2014 erano stati donati circa 200 milioni di dollari senza alcuna pezza giustificativa ufficiale.

189. Intervista a Haras Rafiq, amministratore delegato della Quilliam Foundation, un think tank contro l'estremismo con sede a Londra, 11 novembre 2014.

190. Janine Di Giovanni, Leah McGrath Goodman e Damien Sharkov, «How Does ISIS Fund Its Reign of Terror?», cit.

191. *Ibidem*.

192. Daniel Estulin, *L'Istituto Tavistock*, Macro, Cesena 2014, p. 67.

193. en.wikipedia.org/wiki/Destruction_of_cultural_heritage_by_ISIL; www.globalpolicy.org/humanitarian-issues-in-iraq/consequences-of-the -war-and-occupation-of-iraq/destruction-of-iraqs-cultural-heritage.html

194. Janine Di Giovanni, Leah McGrath Goodman e Damien Sharkov, «How Does ISIS Fund Its Reign of Terror?», cit.

195. *Ibidem*.

196. Martin Chulov, «How an arrest in Iraq revealed Isis's $2bn jihadist network», cit.

197. Daniel Estulin, *L'Istituto Tavistock*, cit., p. 10.

198. Pierre Abramovici, «United States: The New Scramble for Africa», *Le Monde Diplomatique*, edizione inglese, luglio 2004; «Revealed: the new scramble for Africa», *The Guardian*, 1° giugno 2005, www.theguardian.com/uk/2005/jun/01/g8.development

199. «Monday Discourse with Dr. Aliyu U. Tilde (Discourse 261)», *We Are Boko Haram*, www.gamji.com/tilde/tilde99.htm

200. Chris Ngwodo, «Understanding Boko Haram: A Theology of Chaos», chrisngwodo.blogspot.com, 6 ottobre 2010, http://chrisngwodo. blogspot.com.es/2010/10/understanding-boko-haram-theology-of.html

201. *Ibidem*.

202. *Ibidem*.

203. Mohammed Aly Sergie e Toni Johnson, *Boko Haram*, CFR Backgrounders, 5 marzo 2015, www.cfr.org/nigeria/boko-haram/p25739

204. *Ibidem*.

205. «Boko Haram kills 90 civilians and wounds 500 in Cameroon attacks», *The Guardian*, 5 febbraio 2015; Thomas Fessy, «Niger Hit by Nigeria's Boko Haram Fallout», BBC News, 22 aprile 2014; «Boko Haram Mine Kills Two Soldiers in Southeast Niger», Reuters, 24 febbraio 2015.

206. Nigeria Security Tracker, www.cfr.org/nigeria/nigeria-security -tracker/p29483

207. Lawrence K. Freeman, «Will Nigeria Become a Tsunami for Africa?», *Executive Intelligence Review*, vol. 39 (n. 5), 3 febbraio 2012.

208. Chris Ngwodo, «Understanding Boko Haram», cit.

209. *More than Humanitarianism*, CFR Task Force Report 56, gennaio 2006, p. 40.

210. *Idem*, pp. 52-53.

211. Se lo sviluppo di nuove frontiere in un sistema economico si ferma, questo diventa un sistema logico-deduttivo chiuso, contraddistinto da un livello tecnologico e una base di risorse fissi. Irrimediabilmente, ogni sistema chiuso di questo tipo finirà con il crollare.

212. «The Extended NAWAPA: Engineering the Biosphere», *Executive Intelligence Review*, vol. 38 (n. 40), 14 ottobre 2011, p. 69.

213. Il presidente del Mali, Amadou Toumani Touré, fu rovesciato nel marzo 2012 con un colpo di Stato dei ribelli dell'esercito. *Vedi* Douglas DeGroot, «Obama, British Create Failed States, as Bases for Assaults on Sovereignty», *Executive Intelligence Review*, vol. 39 (n. 22), 1° giugno 2012.

214. Toivo Ndjebela, «Africa: Nato Blamed for Mali Unrest», 13 aprile 2012, allAfrica.com, http://allafrica.com/stories/201204131120.html; Douglas DeGroot, «Obama, British Create Failed States», cit.

215. Douglas DeGroot, «Mali: The Next Target of the 9/11 Coalition?», *Executive Intelligence Review*, vol. 39 (n. 40), 12 ottobre 2012.

216. «Obama Administration Sets Stage for Permanent War in Africa», *Africa News Digest, Executive Intelligence Review*, vol. 38 (n. 38), 30 settembre 2011.

217. Christopher S. Chivvis e Jeffrey Martini, *Libya after Qaddafi. Lessons and Implications for the Future*, 2014, www.rand.org/content/dam/rand/pubs/research_reports/RR500/RR577/RAND_RR577.pdf

218. Douglas DeGroot, «Obama, British Create Failed States», cit.

219. *Ibidem.*

220. Zachary Laub e Jonathan Masters, *Al-Qaeda in the Islamic Maghreb (AQIM)*, CFR Backgrounders, 27 marzo 2015, www.cfr.org/terrorist-organizations-and-networks/al-qaeda-islamic-maghreb-aqim/p12717

221. Douglas DeGroot, «Mali: The Next Target of the 9/11 Coalition?», cit.

222. *Ibidem.*

223. Robyn Dixon, «Leader of Boko Haram Says God Told Him to Carry Out Massacre», *Los Angeles Times*, 21 gennaio 2015.

224. Fazione alleata di Al Qaida nel Maghreb islamico che mira a instaurare la sharia nel Mali.

225. Douglas DeGroot, «Obama, British Create Failed States», cit.

226. www.cdc.gov/vhf/ebola/outbreaks/2014-west-africa/distribution-map.html#areas

227. International Labour Organization, *World Employment Social Outlook 2015*, pp. 51-53, www.ilo.org/wcmsp5/groups/public/---dgreports/---dcomm/---publ/documents/publication/wcms_368626.pdf; progetto di relazione di Paul Lubcek, *The Challenge of Global Islam for American Security: Explaining the Enigma of Radical Islamism in Nigeria*.

228. Lawrence K. Freeman, «Will Nigeria Become a Tsunami for Africa?», cit.

229. Keith Harmon Snow, «Oil in Darfur? Special Ops in Somalia?», cit.

230. Michel Chossudovsky, «Twenty-six Things About the Islamic State (ISIL) that Obama Does Not Want You to Know About», cit.

231. *Ibidem.*

232. Sean Piccoli, «Ex-Jihadist: N. Africa To Be Launchpad for Europe Terror Attacks», Newsmax TV, 27 marzo 2015.

233. «Tunisia Arrests More Than 20 Since Museum Attack», Newsmax, 21 marzo 2015, www.newsmax.com/World/GlobalTalk/Tunisia-Arrests-Museum-Attack/2015/03/21/id/631713

234. *Ibidem.*

235. Michel Chossudovsky, «Twenty-six Things About the Islamic State (ISIL) that Obama Does Not Want You to Know About», cit.

236. *Ibidem.*

# 4. Parigi e Bruxelles

1. Jonathan Cook, «A Lesson from Brussels We Refuse to Learn», Blog from Nazareth, 24 marzo 2016, www.jonathan-cook.net/blog/2016-03-24/a-lesson-from-brussels-we-refuse-to-learn/

2. Steven MacMillan, «Why the Western Elite Love Terror Attacks», The Analyst Report, 26 marzo 2016.

3. George Orwell, *1984*, http://vho.org/aaargh/fran/livres6/1984-it.pdf

4. Jim Brunsden, «Brussels terror: An attack foretold», *Financial Times*, 25 marzo, 2016, http//next.ft.com/content/342ca532-f275-11e5-aff5-19b4e253664a; Katrin Bennhold, «Paris Attacks Highlight Jihadists' Easy Path Between Europe and ISIS Territory», *The New York Times*, 18 novembre 2015; Steven Mufson e William Booth, «How officials may

have missed their chance to stop Paris terror suspects», *The Washington Post*, 19 novembre 2015.

5. Amos Harel, «Belgian Intelligence Had Precise Warning That Airport Targeted for Bombing», *Haaretz*, 23 marzo 2016, www.haaretz.com/world-news/1.710572

6. I due fratelli erano stati condannati per rapina a mano armata ed erano noti per i loro legami con gli attentati compiuti il 13 novembre a Parigi dall'ISIS.

7. Chris Graham, James Rothwell, David Lawler e David Millward, «Sources say Ibrahim El Bakraoui was on US counterterrorism watch list before Paris attacks», *The Telegraph*, 26 marzo 2016.

8. www.wsws.org/en/articles/2016/03/24/belg-m24.html

9. Alexandra Mayer-Hohdahl, «Belgian brothers known to police were among Brussels suicide bombers», Deutsche Presse-Agentur, 23 marzo 2016.

10. Melouk era un membro di spicco del GIA, l'organizzazione terroristica legata ad Al Qaida che si opponeva alla giunta militare durante la guerra civile algerina degli anni Novanta. Matthieu Suc, «Ces terroristes qui menacent la France 1/3: Le chaînon manquant entre les attentats de janvier et novembre 2015», Mediapart.fr, 13 marzo 2016.

11. Stacy Meichtry a Parigi, Margaret Coker a Londra e Julian E. Barnes a Washington, «Overburdened French Dropped Surveillance of Brothers», *The Wall Street Journal*, 9 gennaio 2015.

12. «French Intelligence Is Tracking 1,000 Who Have Been to Iraq, Syria», NBC News, 8 gennaio 2015.

13. Alissa J. Rubin e Rick Gladstone, «Brussels Attack Lapses Acknowledged by Belgian Officials», *The New York Times*, 24 marzo 2016.

14. Kumaran Ira, «Paris Attack: New Data on Police Foreknowledge of Terrorists Raises Questions», Global Research, 27 novembre 2015.

15. *Ibidem*.

16. *Ibidem*.

17. Tony Cartalucci, «The West's Terrorist 'Catch and Release' Program», *New Eastern Outlook*, 12 aprile 2016.

18. Laurence Norman, «Belgium Terror Suspect Is Said to Confess in Airport Attack», *The Wall Street Journal*, 9 aprile 2016.

19. Alexis Flynn e Genny Gross, «Terror Threat Weighs Heavy on Britain», *The Wall Street Journal Asia*, 13 aprile 2016.

20. John Bingham e Henry Samuel, «'Man in hat' left a trail across Europe that led to Britain», *The Telegraph*, 16 aprile 2016.

21. Benoit Faucon, Alexis Flynn e Julian E. Barnes, «Brussels Suspect

Mohamed Abrini: What We Know», *The Wall Street Journal*, 8 aprile 2016.

22. Rukmini Callimachi, «How ISIS Built the Machinery of Terror Under Europe's Gaze», *The New York Times*, 29 marzo 2016.

23. *Ibidem.*

24. Tony Cartalucci, «The West's Terrorist 'Catch and Release' Program», cit.

25. Stephanie Linning, «'Dead bodies are strewn over tube trains after a tower block collapses into a station' as emergency services carry out a drill for Europe's biggest disaster response», *Mail Online*, 29 febbraio 2016.

26. Associated Press, 21 agosto 2002; Webster Griffin Tarpley, *La Fabbrica del Terrore made in USA. Origini e obiettivi dell'11 settembre*, Arianna Editrice, Bologna 2007.

27. www.challenges.fr/france/20151115.CHA1650/comment-le-samu-s-est-prepare-aux-attentats-simultanes-de-paris.html

28. «On manque d'hommes pour neutraliser les terroristes», *Paris Match*, intervista di Frédéric Helbert, 30 settembre 2015.

29. Michel Chossudovsky, «Important Events Leading Up to the November 13 Paris Terrorist Attacks. Sheer Coincidence?», Global Research, 15 novembre 2015.

30. Stéphane Hugues e Alex Lantier, «Foreknowledge? Belgian Authorities Had 'Precise Intelligence Warnings' of Brussels Bombings», Global Research, 24 marzo 2016.

31. «Advanced Wide FOV Architectures for Image Reconstruction and Exploitation», www.darpa.mil/Our_Work/MTO/Programs/Advanced_Wide_FOV_"Architectures_for_Image_Reconstruction_and_Exploitation_%28AWARE%29.aspx (consultato nell'ottobre 2015).

32. «DARPA Successfully Tests Gigapixel-class Camera», DARPA, 5 luglio 2012.

33. «Advanced Infrared Capabilities Enable Today's Warfighter», DARPA, 21 febbraio 2012, www.darpa.mil/NewsEvents/Releases/2012/02/21.aspx (consultato nell'ottobre 2015).

34. www.darpa.mil/NewsEvents/Releases/2011/2011/06/23_DARPA_advances_video_analysis_tools.aspx (consultato nell'ottobre 2015).

35. Stéphane Hugues e Alex Lantier, «Foreknowledge?», cit.

36. Alfonso Serrano, «France's Hollande: Change constitution to tighten security powers», Al Jazeera America, 17 novembre 2015.

37. Peter Koenig, «Paris under Attack: Was it a False Flag? A Pretext

for NATO to Intervene in Syria and the Middle East?», Global Research, 15 novembre 2015.

38. *Ibidem.*

39. *Ibidem.*

40. Alex Lantier e Andre Damon, «Foreknowledge of the Brussels Bombing: Why the Dots Are Not Connected», World Socialist Web Site, 25 marzo 2016, www.wsws.org/en/articles/2016/03/25/pers-m25.html

41. Tony Cartalucci, «West Leverages Paris Attacks for Syria Endgame», *New Eastern Outlook*, 18 novembre 2015.

## Appendice

1. Informazioni tratte dal South Asia Terrorism Portal (www.satp.org) e dalla rappresentazione grafica delle formazioni militari dello Stanford History Education Group, http://web.stanford.edu/group/mappingmilitants/cgi-bin/maps/view/iraq

Finito di stampare presso ELCOGRAF S.p.A.
Stabilimento di Cles (TN)
Printed in Italy